하루 10분
일본어능력시험

N1
N2

NEW 일본어 단어장

하루 10분 일본어능력시험 N1 N2

NEW 일본어 단어장

초판 1쇄 인쇄 2007년 11월 16일
개정 2쇄 발행 2018년 09월 05일

지은이 | 오쿠무라 유지 · 임단비
펴낸이 | 양봉숙
디자인 | 박미영
편 집 | 조선희
마케팅 | 이주철

펴낸곳 | 예스북
출판등록 | 2005년 3월 21일 제320-2005-25호
주소 | 서울시 마포구 서강로 131 신촌아이스페이스 1107호
전화 | (02) 337-3054
팩스 | 0504-190-1001
E-mail | yesbooks@naver.com
홈페이지 | www.e-yesbook.co.kr

ISBN 978-89-92197-71-7 13730

값 13,500원

들어가며

일본어능력시험(JLPT)은 일본어 학습자가 습득한 일본어의 능력을 객관적으로 측정하여 공적으로 평가 받게 하기 위한 목적 하에 일본국제교류기금과 일본국제교육협회에서 일본어를 모국어로 하지 않는 사람들을 위해 1984년부터 시행하게 되었다.

♠ **실시 방법** : 2008년까지는 매년 12월에 연 1회 실시, 2009년부터는 7월과 12월 연 2회로 확대 실시.

N1 – 일본어 900시간 정도 학습한 수준으로 고도의 문법과 한자 2,000자 정도, 1만 어휘 정도를 습득해 일상생활이 가능하고, 대학에서 학습 · 연구가 가능한 수준

N2 – 일반적인 회화가 가능하고, 읽고 쓸 수 있는 능력을 갖춘 수준으로, 일본어 600시간 정도 학습하고 중급 일본어 코스를 마친 수준

N3 – 기존 JLPT의 N2와 N3 사이에 해당하는 레벨로 일상적인 화제나 정보, 그와 연관되어 난이도가 약간 높은 문장을 독해할 수 있으며, 자연스러운 속도로 구현되는 체계적 회화를 구체적으로 이해할 수 있는 수준

N4 – 일상적인 회화가 가능하고, 간단한 문장을 읽고 쓸 수 있는 수준으로, 일본어를 300시간 정도 학습하고 초급 일본어 코스를 마친 수준에 해당

N5 – 일상생활에서 활용되는 기본적인 한자, 히라가나나 가타카나로 이루어진 기본적 표현을 읽고 이해할 수 있는 수준.

♠ **시험 과목** : N1~N2는 언어지식(문자 · 어휘 · 문법) · 독해, 청해의 2과목, N3~N5는 언어지식(문자 · 어휘), 언어지식(문법) · 독해, 청해의 3과목.

♠ **점수** : 각 등급 모두 만점은 180점, 과락제도를 도입함으로 종합득점에서 합격선을 넘어도 과목별 최저점수를 충족해야 합격할 수 있게 되었다. 득점등화 방식도 新 JLPT 시험의 특징으로, 상대평가방식을 도입한 것이다.

2015년 1월

저자 오쿠무라 유지 · 임단비

▶ 일본어능력시험 공식 사이트 http://www.jlpt.or.kr/main/main2.asp

이 책의 특징

1개월에 단어장 한 권으로 일본어능력시험 공부 땡!

1. 인사말 · 동사 · い형용사 · な형용사 · 부사 · 접속사 · 명사 · 외래어
순으로 품사별로 엄선하여 정리하였다. 예문을 통해 품사별 활용과 접속에 주의하면서 학습한다.

2. 단어 하나에 여러 의미가 있을 경우 그 의미를 나누어 예문 삽입
자신이 모르는 단어라면 차근차근 학습해나가고, 만일 알고 있는 단어라면 두 번째 의미를 알고 있는지, 예문에 모르는 단어나 관용어, 문법이 포함되어 있는지 꼼꼼하게 학습한다.

3. MP3파일로 청취력 향상
단어장을 학습한 후에는 단어장을 덮고 mp3파일만을 들으면서, 들리는 단어를 메모해가며 듣기 연습을 한다. 단어의 의미를 충분히 이해하고 있는지, 예문을 완벽하게 소화하고 있는지 확인하면서 단어를 총정리 한다.

이 책의 구성

파트 표시

품사명

Part 2 동사 動詞

각 급수에 해당하는 단어
히라가나 순으로 배열

• 예시된 단어의 예문
• N1, N2급 문제에 나오는 유형으로 예문제시

愛する 사랑하다	• 人にとって一番大切なのは愛する心だ。 사람에게 제일 귀중한 것은 사랑하는 마음이다.
相次ぐ 잇따르다	• 最近になって飛行機の事故が相次いでいる。 요즘 들어 비행기 사고가 잇따르고 있다.
仰ぐ 우러러보다, 윗사람으로 모시다	• 山に登って空を仰ぐと本当に気持がいい。 산에 올라가 하늘을 우러러보면 정말로 기분이 좋다. • 教え子が教授を仰ぐのは当然だ。 제자가 교수를 모시는 것은 당연하다.
扇ぐ・煽ぐ 부채질 하다, 부치다	• 扇子でバタバタと扇げば少しは涼しくなる。 부채로 파닥파닥 부채질하면 조금은 시원해진다. ♠ バタバタ(と) 손발, 날개 등을 계속 움직이는 모양
仰向ける 위를 향하게 하다	• 天井を見ながら仰向けに寝た。 천정을 보면서 똑바로 누워 잤다.

16 일본어 단어장

• 단어의 의미

• 예시된 단어의 관용적 표현
• 예문에 나오는 관용적 표현
• 예문에 나오는 문법적 사항
• 어려운 단어 설명

contents

Part 1

인사말 挨拶語

あいさつご

외출할 때, 귀가할 때, 타인의 집이나 거래처를 방문할 때,
접대할 때, 회사에서 일할 때
사용하는 인사말들을 익히시길 바랍니다.

Part 1 인사말 挨拶語

行(い)ってらっしゃい 잘 다녀오세요

A 行(い)ってらっしゃい。
잘 다녀오세요.

B はい、行(い)ってきます。
네, 다녀오겠습니다.

お帰(かえ)りなさい 어서 오세요. 오셨어요

A ただいま。
다녀왔습니다.

B **お帰(かえ)りなさい。**
어서 오세요.

お掛(か)け下(くだ)さい 앉으세요

A 英会話(えいかいわ)を習(なら)いたいんですが…。
영어회화를 배우고 싶은데요….

B はい、どうぞこちらに**お掛(か)け下(くだ)さい。**
네, 이쪽으로 앉으세요.

お構(かま)い無(な)く 신경 쓰지 마세요

A いらっしゃいませ。どうぞお掛(か)け下(くだ)さい。お茶(ちゃ)はいかがですか。
어세오세요. 이쪽으로 앉으세요. 차는 뭐로 드시겠어요?

B いいえ、**お構(かま)い無(な)く。**
아니요. 신경 쓰지 마세요.

お気(き)の毒(どく)に 불쌍하게도. 딱하게도

A 昨年(さくねん)、一人息子(ひとりむすこ)に先立(さきだ)たれましてねえ。
작년에 외동아들이 먼저 죽어서요….

B それは**お気(き)の毒(どく)に**…。
그거 참 안 됐네요….

お先(さき)にしつれいします 먼저 실례하겠습니다

A 店長(てんちょう)、**お先(さき)にしつれいします**。
점장님, 먼저 실례하겠습니다.

B はい。お疲(つか)れ様(さま)。また明日(あした)ね。
그래. 수고 했다. 내일 보자.

お邪魔(じゃま)します 실례합니다

A どうぞ上(あ)がってください。
어서 들어오세요.

B はい、**お邪魔(じゃま)します**。
네, 실례하겠습니다.

お世話(せわ)になります 신세졌습니다

A もしもし、YES商事(しょうじ) 営業部(えいぎょうぶ)の山田(やまだ)と申(もう)しますが…。
여보세요. YES상사 영업부 야마다 라고 합니다만….

B いつも**お世話(せわ)になります**。
항상 신세 많이 지고 있습니다.

お待(ま)ち下(くだ)さい 기다려 주세요

A 営業部(えいぎょうぶ)の田中様(たなかさま)をお願(ねが)いしたいのですが。
영업부 다나카 님 부탁드립니다.

B かしこまりました。少々(しょうしょう)**お待(ま)ち下(くだ)さい**ませ。
알겠습니다. 잠시만 기다려 주세요.

お待(ま)ち遠様(どおさま)(でした) 오래 기다리셨습니다

A はい、**お待(ま)ち遠様(どおさま)でした**。天丼(てんどん)2つとカツカレー1つね。
자, 오래 기다리셨습니다. 튀김덮밥 2개와 돈까스 카레 하나죠?

おめでとう 축하해요

A お誕生日(たんじょうび)**おめでとう**。
생일 축하해.

B ありがとう。
고마워.

お休(やす)み 잘 자

A お父(とう)さん、お休(やす)みなさい。
아버지, 안녕히 주무세요.

B うん。**お休(やす)み**！
응. 잘 자.

構(かま)いません 괜찮습니다

A ビニール袋(ぶくろ)でもよろしいですか。
비닐봉투라도 괜찮습니까?

B ええ、**構(かま)いません**よ。
네, 괜찮습니다.

ご遠慮(えんりょ)なく 사양마시고

A お買(か)い上(あ)げ、ありがとうございます。製品(せいひん)について不都合(ふつごう)な点(てん)がございましたら、**ご遠慮(えんりょ)なく**お申(もう)しつけ下(くだ)さいませ。
구입해주셔서 감사드립니다. 제품에 대해 불편한 점이 있으시다면, 사양마시고 말씀해 주세요.

ご苦労様(くろうさま) 수고하셨습니다

A ただいま帰(かえ)りました。
다녀왔습니다.

B はい、**ご苦労様(くろうさま)**。
그래, 수고했네.

でございます 입니다(ですの 정중형)

A 大変(たいへん)お待(ま)たせいたしました。こちらがご注文(ちゅうもん)のステーキ**でございます**。
대단히 오래 기다리셨습니다. 이쪽이 주문하신 스테이크입니다.

ご存(ぞん)じですか 아십니까?

A 名古屋(なごや)には明治村(めいじむら)があるのを**ご存(ぞん)じですか**。
나고야에 메이지무라가 있는 것을 아십니까?

♠ 明治村(めいじむら) 우리나라 민속촌과 같이 메이지 시대의 건물과 생활상을 그대로 볼 수 있게 보존되어 있는 마을

ご覧(らん)なさい 보세요

A **ご覧(らん)なさい**。星(ほし)がきれいでしょう。
보세요. 별이 아름답죠?

どういたしまして 별말씀을. 천만에요

A 本当(ほんとう)に助(たす)かりました。ありがとうございます。
정말 도움 많이 받았습니다. 감사합니다.

B いいえ、**どういたしまして**。
아뇨, 별말씀을요.

하루 10분
일본어능력시험

N1
N2

NEW 일본어 단어장

Part 2

동사 動詞

どうし

사물의 동작이나 작용 또는 존재 등을 나타내는 말입니다.
훈독문제에서 주의해야하는 동사는 물론 복합동사까지 빠짐없이
모아놓았으므로 예문과 함께 완전히 자기 것으로 익히시기 바라며,
한자 읽기에 주의해서 학습하시길 바랍니다.

Part 2 동사 動詞

愛する(あい) 사랑하다	• 人(ひと)にとって一番大切(いちばんたいせつ)なのは**愛(あい)する**心(こころ)だ。 사람에게 제일 귀중한 것은 사랑하는 마음이다.
相次ぐ(あいつ) 잇따르다	• 最近(さいきん)になって飛行機(ひこうき)の事故(じこ)が**相次(あいつ)い**でいる。 요즘 들어 비행기 사고가 잇따르고 있다.
仰ぐ(あお) 우러러보다, 윗사람으로 모시다	• 山(やま)に登(のぼ)って空(そら)を**仰(あお)ぐ**と本当(ほんとう)に気持(きもち)がいい。 산에 올라가 하늘을 우러러보면 정말로 기분이 좋다. • 教(おし)え子(ご)が教授(きょうじゅ)を**仰(あお)ぐ**のは当然(とうぜん)だ。 제자가 교수를 모시는 것은 당연하다.
扇ぐ・煽ぐ(あお・あお) 부채질 하다, 부치다	• 扇子(せんす)でバタバタと**扇(あお)げ**ば少(すこ)しは涼(すず)しくなる。 부채로 파닥파닥 부채질하면 조금은 시원해진다. ♠ **バタバタ(と)** 손발, 날개 등을 계속 움직이는 모양
仰向ける(あおむ) 위를 향하게 하다	• 天井(てんじょう)を見(み)ながら**仰向(あおむ)け**に寝(ね)た。 천정을 보면서 똑바로 누워 잤다.

諦める（あきら）

포기하다

いえ じじょう だいがく しんがく あきら
- 家の事情で大学への進学を**諦め**た。
  집의 사정으로 대학 진학을 포기했다.

かのじょ けっこん あきら
- 彼女との結婚を**諦める**わけにはいかない。
  그녀와의 결혼을 포기할 수는 없다.

飽きる（あ）

만족하다, 싫증나다, 물리다

ぶどう た た あ
- 葡萄は食べても食べても**飽き**ない。
  포도는 먹어도 먹어도 안 질린다.

呆れる（あき）

어이없이 놀라다, 기가 막히다

かね か あき い
- お金を貸してくれなんて**呆れ**てものが言えない。
  돈을 빌려달라니 어이가 없어서 말도 안 나온다.

明ける（あ）

날이 밝다, 날이 새다, 새해가 되다

しごと し よ あ
- 仕事をしていて知らないうちに夜が**明け**た。
  일하다가 모르는 사이에 날이 밝았다.

あ
- **明け**ましておめでとうございます。
  새해 복 많이 받으세요.

空ける（あ）

(시간을) 비워 두다

しゅうまつ じかん あ
- 週末に時間を**空け**ておいてください。
  주말에 시간을 비워 두세요.

揚げる（あ）

튀기다, (기름) 올리다, 게양하다

つ さかな あぶら あ た いちばん
- 釣ったばかりの魚を油で**揚げ**て食べるのが一番おいしい。
  막 낚은 생선을 기름으로 튀겨서 먹는 것이 가장 맛있다.

あさ ちょうれいかい かなら こっき あ
- 朝の朝礼会では必ず国旗を**揚げる**ことになっている。
  아침 조회 때는 반드시 국기를 올리게 되어 있다.

② 동사

あ
挙げる

(손 등을) 들다,
(예 등을) 들다

- わ　ひと　て　あ
分かった人は手を**挙げ**てください。
안 사람은 손을 들어 주세요.
- わ　れい　あ　せつめい
分かりやすく例を**挙げ**て説明する。
알기 쉽게 예를 들어 설명하다.

あこが
憧れる

그리워하다, 동경하다

- ちい　ころ　げいのうじん　あこが
小さい頃から芸能人に**憧れ**ている。
어렸을 적부터 연예인을 동경해 왔다.

あざむ
欺く

속이다, 기만하다

- ひと　あざむ　や
人を**欺く**ようなことをするのは止めなさい。
사람을 속이는 그런 일은 그만둬.

わら
あざ笑う

비웃다, 코웃음 치다

- ひと　しっぱい　わら　けっ
人の失敗を**あざ笑う**のは決していいことではない。
남의 실패를 비웃는 것은 결코 좋은 일이 아니다.

あじ
味わう

맛을 보다, 맛을 즐기다

- しつれん　せつ　あじ
失恋して切なさを**味わ**った。
실연을 당해서 애절함을 맛보았다.

♠ **切(せつ)なさ** (슬픔이나 외로움 등으로) 가슴을 옥죄는 듯함. 애절함

あず
預かる

맡다, 보관하다

- かぎ　あず
フロントに鍵を**預か**ってもらった。
프런트에 열쇠를 맡겼다.

あず **預ける** 맡기다, 보관시키다	ぎんこう かね あず いちばんあんぜん • 銀行にお金を**預ける**のが一番安全だ。 은행에 돈을 맡기는 것이 가장 안전하다. かんりにん いえ かぎ あず で • 管理人に家の鍵を**預け**て出かけた。 관리인에게 집 열쇠를 맡기고 외출했다.
あせ **焦る** 조바심하다, 안달하다	こんかい しけん あせ しっぱい • 今回の試験は**焦**って失敗した。 이번 시험은 조바심을 내서 낭패를 봤다.
あ **褪せる** (빛깔이) 바래다, 퇴색하다	むかし いろ あ ふる しゃしん で • 昔のアルバムから色が**褪せ**た古い写真が出てきた。 옛날 앨범에서 색이 바랜 오래된 사진이 나왔다.
あたい **値する** 값어치가 있다, 가치가 있다	かれ かつやく しょうさん あたい • 彼の活躍ぶりは賞賛に**値する**。 그의 활약 방식은 칭찬할 가치가 있다.
あた **与える** 주다, 끼치다	にほん ぶんか えいきょう あた • 日本の文化に影響を**与え**た。 일본문화에 영향을 끼쳤다.
あたた **暖まる** 따뜻해지다, 훈훈해지다	しんせつ こころづかい こころ あたた • 親切な心遣に心が**暖まっ**た。 친절한 마음씀씀이에 마음이 따뜻해졌다.

② 동사

あたた
暖める

따뜻하게 하다, 데우다,
소중히 보존하다

ね まえ ふとん あたた きもち ね
- 寝る前に布団を**暖め**ておくと気持よく寝られる。
  자기 전에 이불을 따뜻하게 해 두면 기분 좋게 잘 수 있다.

ながねん あたた じっこう うつ き
- 長年**暖め**ておいたプランを実行に移すときが来た。
  오랫동안 소중히 보존해 둔 계획을 실행에 옮길 때가 왔다.

あ
当たる

맞다, 부딪히다, 쬐다

せんそうちゅう たま あ ばしょ いた
- 戦争中、 弾 に**当た**った場所がまだ痛む。
  전쟁 중 총에 맞은 곳이 아직도 아프다.

いえ ひ あ せんたくもの かわ
- この家は日が**当たら**ないので、 洗濯物が乾きづらい。
  이 집은 볕이 들지 않아서 세탁물이 마르기 어렵다.

あつか
扱う

다루다, 취급하다

とうてん にほんせいひん あつか
- 当店では日本製品を**扱**っていません。
  본점에서는 일본제품을 취급하지 않습니다.

あつら
誂える

맞추다, 주문하다

せいじんしき き ようふくてん あつら
- 成人式に着ていくスーツを洋服店で**誂え**た。
  성인식에 입을 양복을 양복점에서 맞췄다.

あ
当てはまる

들어맞다, 적합하다

せいひん ゆしゅつ きてい あ
- この製品は輸出の規定に**当てはま**っている。
  이 제품은 수출 규정에 들어맞는다.

あ
当てはめる

맞추다, 적용하다

しんぱん ばあい あ はんだん
- 審判はどんな場合にもルールに**当てはめ**て判断する。
  심판은 어떤 경우라도 룰에 맞추어 판단한다.

あ
当てる
맞히다, 충당하다, 대다

ゆみ まと あ
- 弓を的に当てる。
  활을 과녁에 맞히다.

しゅうにゅう ほじょきん あ
- バザーの収入を補助金に当てる。
  바자의 수입을 보조금으로 쓴다.

あ
宛てる
보내다

しんぶんしゃ あ とうしょ おく
- 新聞社に宛てて投書を送った。
  신문사 앞으로 투서를 보냈다.

あば
暴れる
날뛰다, 난폭하게 굴다

ともだち さけ の あば
- 友達がお酒を飲んで暴れている。
  친구가 술 마시고 날뛰고 있다.

どうぶつえん くま あば
- 動物園で熊が暴れる。
  동물원에 곰이 난폭하게 굴다.

あぶ
炙る
불에 쬐어 약간 굽다

のり ひ あぶ た
- 海苔は火に炙ってから食べるとおいしい。
  김은 구워서 먹으면 맛있다.

あふ
溢れる
흘러넘치다,
넘칠 만큼 많다

きのう おおあめ かわ みず あふ
- 昨日の大雨で川の水が溢れた。
  어제 폭우로 강물이 흘러넘쳤다.

しょうがつ まえ いちば ひと あふ
- 正月を前にして市場に人が溢れている。
  설날을 앞두고 시장에 사람이 넘쳐나고 있다.

あま
甘える
응석부리다, 어리광부리다

しょうがくせい かあ あま は
- 小学生にもなってお母さんに甘えるなんて恥ずかしい。
  초등학생이 되었는데도 엄마에게 응석부리다니 부끄럽다.

ことば あま しつれい
- お言葉に甘えて失礼します。
  말씀대로 (사양하지 않고) 실례하겠습니다.

余(あま)る 남다	• チケットが3枚(まい)**余(あま)**ってしまった。 티켓이 3장 남고 말았다.
編(あ)む 짜다, 뜨다, 엮다	• クリスマスのプレゼントにとセーターを**編(あ)ん**でいる。 크리스마스 선물로 스웨터를 뜨고 있다. • 最近(さいきん)の詩(し)を集(あつ)めて詩集(ししゅう)を**編(あ)む**。 최근의 시를 모아서 시집을 엮다.
操(あやつ)る 다루다, 조작하다, 조종하다	• 人形(にんぎょう)を上手(じょうず)に**操(あやつ)**って子供達(こどもたち)を喜(よろこ)ばせる。 인형을 능숙하게 다뤄서 아이들을 즐겁게 한다. • 会社(かいしゃ)は株主(かぶぬし)によって**操(あやつ)ら**れている。 회사는 주주에게 조종당하고 있다.
危(あや)ぶむ 위험스럽게 여기다, 걱정하다	• 株価(かぶか)の下落(げらく)を**危(あや)ぶむ**声(こえ)が上(あ)がっている。 주가의 하락을 걱정하는 목소리가 커져 가고 있다.
誤(あやま)る 실패하다, 실수하다, 틀리다	• 今回(こんかい)はデザインの選択(せんたく)を**誤(あやま)**った。 이번에는 디자인 선택을 잘못했다.
歩(あゆ)む 걷다, 걸어 나아가다	• 彼(かれ)は生涯不運(しょうがいふうん)な人生(じんせい)を**歩(あゆ)ん**だ。 그는 평생 불운한 인생을 걸었다. ♠ **生涯(しょうがい)** 생애, 일생, 평생

あ
荒らす

어지럽게 하다, 엉망으로 만들어 놓다, 털다

どろぼう　るす　いえ　あ
- 泥棒が留守の家を**荒らした**。
  도둑이 빈 집을 털었다.

あらそ
争う

다투다

きょうだい　ざいさん　そうぞくもんだい　あらそ
- 兄弟が財産の相続問題で**争った**。
  형제가 재산 상속 문제로 다투었다.

ち　あらそ
- やはり血は**争えない**。
  역시 피는 못 속인다.

あらた
改まる

바뀌다, 달라지다, 개선되다

ことし　がっこう　きそく　あらた
- 今年から学校の規則が**改まった**。
  올해부터 학교규칙이 바뀌었다.

りょうちょう しどう りょうせい せいかつたいど　あらた
- 寮長の指導で寮生の生活態度が**改まった**。
  기숙사 사감의 지도로 기숙사생의 생활 태도가 개선되었다.

あらた
改める

바꾸다, 변경하다, 검사(조사)하다

ことし　かいいんせいど　あらた
- 今年から会員制度を**改める**ことにした。
  올해부터 회원 제도를 변경하기로 했다.

けいさつ　したい　あらた
- 警察で死体を**改めた**。
  경찰서에서 시체를 조사했다.

あらわ　あらわ
表す・現す

나타내다

ひとびと　まえ　すがた　あらわ
- ボクシングチャンピオンが人々の前に姿を**現した**。
  복싱 챔피언이 사람들 앞에 모습을 드러냈다.

かんこくきぎょう はんどうたい　ぶんや　とうかく　あらわ
- 韓国企業が半導体の分野で頭角を**表した**。
  한국기업이 반도체 분야에서 두각을 나타냈다.

あらわ　あらわ
表れる・現れる

나타나다, 출현하다

いもうと　きぶん　わる　かお　あらわ
- 妹は気分が悪いとすぐに顔に**表れる**。
  여동생은 기분이 나쁘면 금방 얼굴에 나타난다.

やきゅうかい てんさい　あらわ
- 野球界に天才バッターが**現れた**。
  야구 계에 천재 타자가 출현했다.

有(あ)り触(ふ)れる 흔하게 있다, 흔해 빠지다	• **有(あ)り触(ふ)れ**たアイデアではなかなか成功(せいこう)できない。 흔해 빠진 아이디어로는 좀처럼 성공할 수 없다.
荒(あ)れる 거칠어지다, 까칠까칠해지다	• 今日(きょう)は台風(たいふう)の接近(せっきん)で海(うみ)が**荒(あ)れ**ている。 오늘은 태풍의 접근으로 바다가 거칠어지고 있다. • 母(はは)の手(て)は長年仕事(ながねんしごと)をしてきて**荒(あ)れ**ている。 엄마의 손은 오랫동안 일을 해서 까칠까칠하다.
合(あ)わす 모으다, 합치다 会(あ)わせる의 문어	• 皆(みんな)で力(ちから)を**合(あ)わし**て試合(しあい)に勝(か)とう。 모두 힘을 모아 시합에서 이기자.
合(あ)わせる 모으다, 합치다, 맞추다	• 毎朝仏壇(まいあさぶつだん)に手(て)を**合(あ)わせ**て祈(いの)っている。 매일 아침 불단에 손을 모으고 기도한다. • 学生達(がくせいたち)が歩調(ほちょう)を**合(あ)わせ**て行進(こうしん)してくる。 학생들이 보조를 맞춰서 행진해 온다.
慌(あわ)てる 당황하다, 몹시 서두르다	• 急(きゅう)に自分(じぶん)の名前(なまえ)を呼(よ)ばれて**慌(あわ)て**てしまった。 갑자기 내 이름을 불러서 당황해버렸다. • 姿勢(しせい)を注意(ちゅうい)されて**慌(あわ)て**て椅子(いす)に座(すわ)り直(なお)した。 자세를 주의 받아 부랴부랴 의자에 바로 앉았다.
案(あん)じる・案(あん)ずる 궁리해 내다, 염려하다	• 子供(こども)の将来(しょうらい)を**案(あん)じる**。 아이의 장래를 걱정하다. • **案(あん)ずる**より産(う)むが安(やす)し。 (아이 낳기를) 걱정하는 것보다 실제로 낳는 것이 쉽다. (일이란 실제로 해 보면 미리 걱정했던 것 보다 쉬운 법이다.)

言い出す
いだ

말을 시작하다, 말을 꺼내다, 제안하다

- 一度言い出したら後には退けない。（いちど いだ あと ひ）
  한번 말을 꺼내면 뒤로 물러서지 않는다.
- 彼は突然旅行に出ようと言い出した。（かれ とつぜんりょこう で いだ）
  그는 갑자기 여행을 떠나자고 제안했다.

言いつける
い

명령하다, 시키다, 고자질하다

- 部下に出張を言いつけた。（ぶか しゅっちょう い）
  부하에게 출장을 지시했다.
- いたずらされたことを先生に言いつけた。（せんせい い）
  괴롭힘 당한 것을 선생님에게 고자질했다.

生かす
い

살리다, 활용하다

- 語学の才能を生かしてスチュワーデスになるつもりだ。（ごがく さいのう い）
  어학의 재능을 살려 스튜어디스가 될 생각이다.

意気込む
いきご

의욕을 보이다, 분발하다

- 新しいプロジェクトに意気込んで参加した。（あたら いきご さんか）
  새 프로젝트에 의욕적으로 참가했다.

生ける·活ける
い い

꽂다, 꽂꽂이하다

- 由希子さんが花を生けている姿は本当に美しい。（ゆきこ はな い すがた ほんとう うつく）
  유키코 씨가 꽃을 꽂고 있는 모습은 정말 아름답다.

弄る
いじ

(취미삼아) 손대다, 만지작거리다

- 父の趣味は庭を弄ることだ。（ちち しゅみ にわ いじ）
  아빠의 취미는 정원을 손질하는 것이다.
- コンピューターを弄っていたら壊れてしまった。（いじ こわ）
  컴퓨터를 만지작거렸더니 고장 나 버렸다.

いだ
抱く

(마음에) 품다

- きぼう いだ たいせつ
  すべてのことに希望を抱くことが大切だ。
  모든 일에 희망을 품는 것이 중요하다.
- いま しごと ふまん いだ ひと けっこうおお
  今の仕事に不満を抱いている人は結構多い。
  지금의 일에 불만을 품고 있는 사람은 꽤 많다.

いた
痛む

아프다, 괴롭다

- きのう は いた
  昨日から歯がずきずきと痛む。
  어제부터 이가 욱신욱신 아프다.
- こども かな み むね いた
  子供が悲しんでいるのを見て胸が痛んだ。
  자식이 슬퍼하는 것을 보고 마음이 아팠다.

いた
炒める

기름에 볶다, 지지다

- はん ま いた
  ご飯とキムチを混ぜて炒めるとおいしい。
  밥과 김치를 섞어 볶으면 맛있다.

いた
傷める

(몸을) 상하다, 손상하다

- な たいせつ かた いた
  ボールを投げすぎて大切な肩を傷めてしまった。
  볼을 너무 많이 던져 중요한 어깨를 다치고 말았다.

いた
痛める

고민하다, 괴로워하다

- た もの がし こども し こころ いた
  食べ物がなくて餓死する子供がいると知って心を痛めた。
  먹을 것이 없어서 굶어 죽는 아이가 있다는 것을 알고 마음이 아팠다.

♠ **餓死(がし)する** 굶어죽다

いた
至る

다다르다,
(어떠한 상태로) 되다

- かいぎ あさ よる いた つづ
  会議は朝から夜に至るまで続いた。
  회의는 아침부터 밤이 될 때까지 계속됐다.
- さいわ だいじ いた
  幸い大事には至らなかった。
  다행히 큰일로 번지지 않았다.

労る(いたわ)

(노약자를 동정하여)
친절히 대하다, 돌보다, 노고를 위로하다

- 最近(さいきん)の若者(わかもの)には老人(ろうじん)を**労る**(いたわ)心(こころ)が足(た)りない。
  요즘 젊은이는 노인을 돌보는 마음이 부족하다.
- 苦労(くろう)している社員(しゃいん)を**労**(いたわ)って、特別(とくべつ)ボーナスを準備(じゅんび)した。
  고생하고 있는 사원의 노고를 위로하기 위해 특별한 보너스를 준비했다.

偽る(いつわ)

거짓말하다, 속이다

- 名前(なまえ)を**偽**(いつわ)って書類(しょるい)を出(だ)した。
  이름을 속여 서류를 냈다.

営む(いとな)

영위하다, 경영하다

- 父(ちち)は１０年前(ねんまえ)から眼鏡屋(めがねや)を**営ん**(いとな)でいる。
  아버지는 10년 전부터 안경점을 운영하고 있다.

挑む(いど)

도전하다

- 若者(わかもの)ならどんなことにでも勇気(ゆうき)を持(も)って**挑む**(いど)べきだ。
  젊은이라면 어떤 일이라도 용기를 가지고 응당 도전해야 한다.

祈る(いの)

기도하다, 기원하다

- 君(きみ)の健闘(けんとう)を**祈**(いの)っているよ。
  너의 건투를 빌어.

威張る(いば)

뽐내다, 으스대다

- 社長(しゃちょう)は社員(しゃいん)を前(まえ)にしていつも**威張**(いば)っている。
  사장은 사원을 앞에 두고 언제나 으스대고 있다.

嫌(いや)がる 싫어하다	• 何(なん)でも**嫌(いや)がら**ないでやることが大切(たいせつ)だ。 무엇이든 싫다하지 않고 하는 것이 중요하다.
煎(い)る・炒(い)る 볶다, 지지다	• 豆(まめ)は煮(に)るより**煎(い)っ**て食(た)べたほうがおいしい。 콩은 삶는 것보다 볶아서 먹는 것이 맛있다.
祝(いわ)う 축하하다, 행운을 빌다	• 大学合格(だいがくごうかく)を家族皆(かぞくみんな)で**祝(いわ)っ**た。 대학합격을 가족과 함께 축하했다. • 新郎新婦(しんろうしんぷ)の前途(ぜんと)を皆(みんな)で**祝(いわ)っ**た。 신랑신부의 앞날을 모두가 축복했다.
植(う)える (나무 등을) 심다	• 卒業記念(そつぎょうきねん)に**植(う)え**た松(まつ)の木(き)が大(おお)きくなった。 졸업 기념으로 심은 소나무가 크게 자랐다.
飢(う)える 주리다, 굶주리다	• アフリカでは**飢(う)え**ている人(ひと)がまだたくさんいる。 아프리카에서는 굶주리는 사람이 아직 많다.
浮(う)かぶ 뜨다, 나타나다	• 湖(みずうみ)にいくつかボートが**浮(う)かん**でいる。 호수에 몇 개인가 보트가 떠 있다. • 彼女(かのじょ)の目(め)にはみるみる大粒(おおつぶ)の涙(なみだ)が**浮(う)かん**だ。 그녀의 눈에는 순식간에 굵은 눈물방울이 맺혔다.

うかぶ 浮かべる 뜨게 하다, 나타내다, 띄우다	• 母は話を聞いただけで涙を**浮かべ**た。 어머니는 이야기를 듣는 것만으로도 눈물을 글썽였다. • 彼女は口元に笑みを**浮かべ**て挨拶してくれた。 그녀는 입가에 미소를 띠며 인사해 주었다.
受かる 시험에 합격하다	• ソウル大学に**受か**ったのは奇跡に近い。 서울 대학에 합격한 것은 기적에 가깝다.
浮く 뜨다, 싱숭생숭해지다	• 学校で船が**浮く**原理を学んだ。 학교에서 배가 뜨는 원리를 배웠다. • どうしたんですか。**浮か**ぬ顔をして。 왜 그래요? 시무룩한 표정을 하고.
受け入れる 받아들이다	• 社長はやっと労働側の提案を**受け入れ**た。 사장은 간신히 노동자 측의 제안을 받아 들였다.
承る 삼가 받다, 삼가 듣다, '받다' '듣다'의 겸사말	• あなたのご意見を**承り**たいです。 당신의 의견을 듣고 싶습니다.
受け継ぐ 계승하다, 이어받다	• 父の意思を**受け継い**で家業を続けることにした。 아버지의 의사를 계승하여 가업을 이어 받기로 했다.

受(う)け付(つ)ける

접수하다, 받아들이다

- 5時(じ)まで書類(しょるい)を**受(う)け付(つ)け**ています。
  5시까지 서류를 받고 있습니다.
- 消費者(しょうひしゃ)の苦情(くじょう)を**受(う)け付(つ)ける**。
  소비자의 불만을 받아들이다.

受(う)け止(と)める

받아들이다

- 忠告(ちゅうこく)を謙虚(けんきょ)に**受(う)け止(と)め**て最善(さいぜん)を尽(つ)くす。
  충고를 겸허히 받아들여 최선을 다하다.

受(う)け取(と)る

받다, 수취하다

- 今朝(けさ)父(ちち)から電報(でんぽう)を**受(う)け取(と)**った。
  오늘 아침 아버지로부터 전보를 받았다.

受(う)け持(も)つ

담당하다, 담임하다

- 新(あたら)しいパートを**受(う)け持(も)つ**ことになった。
  새 파트를 담당하게 되었다.
- 1年生(ねんせい)を**受(う)け持(も)つ**のは一番大変(いちばんたいへん)だ。
  1학년을 담임하는 것은 제일 힘들다.

動(うご)かす

옮기다

- 大掃除(おおそうじ)をするために机(つくえ)を**動(うご)か**した。
  대청소를 하기 위해 책상을 옮겼다.

失(うしな)う

잃다, 상실하다

- 株(かぶ)で全財産(ぜんざいさん)を**失(うしな)**ってしまった。
  주식으로 전 재산을 잃어 버렸다.
- 壁(かべ)に頭(あたま)をぶつけて気(き)を**失(うしな)**った。
  벽에 머리를 부딪쳐 의식을 잃었다.

うずく

욱신거리다, 쑤시다

ひとばんじゅうむしば　ねむ
• 一晩中虫歯が**うずい**て眠れなかった。
밤새 충치가 욱신거려 잠을 못 잤다.

うす
薄める

묽게 하다, 옅게 하다

あじ　こ　うす　ほう
• 味が濃すぎるのでちょっと**薄め**た方がいい。
맛이 너무 진하니까 조금 묽게 하는 것이 좋다.

うず
埋める

묻다

おも　で　つ　はこ　つち　うず
• 思い出の詰まった箱を土に**埋める**。
추억이 담긴 상자를 땅에 묻다.

うたが
疑う

의심하다

うたが　なに
• できるかどうか**疑っ**ていては何もできない。
될까 어떨까 의심하면 아무것도 할 수 없다.

う　あ
打ち明ける

털어 놓다,
숨김없이 이야기하다

ともだち　ひみつ　う　あ　き　らく
• 友達に秘密を**打ち明け**たら気が楽になった。
친구에게 비밀을 털어 놓으니까 마음이 편해졌다.

う　あ
打ち合わせる

미리 상의하다,
미리 의논하다

らいしゅう　う　あ
• 来週のスケジュールについて**打ち合わせ**た。
다음 주 스케줄에 대해 미리 상의했다.

打ち切る（うちきる） 중지하다, 중단하다	• 会社（かいしゃ）の合併交渉（がっぺいこうしょう）を**打ち切**（うちき）った。 회사의 합병교섭을 중단했다.
打ち消す（うちけす） 부정하다, 없애다, 지우다	• 夫（おっと）に対（たい）する疑（うたが）いを何度（なんど）も**打ち消**（うちけ）した。 남편에 대한 의심을 몇 번이나 부정했다.
打ち込む（うちこむ） 박다, 전념하다	• 誘惑（ゆうわく）を打（う）ち払（はら）って今（いま）は仕事（しごと）に**打ち込む**（うちこむ）ことにする。 유혹을 떨쳐버리고 지금은 일에 전념하기로 하다. ♠ **打(う)ち払(はら)う** 털다. 쫓아 버리다
討つ（うつ） 공격하다, 쓰러뜨리다	• この芝居（しばい）は息子（むすこ）が父（ちち）の敵（かたき）を**討つ**（うつ）ストーリーです。 이 연극은 아들이 아버지의 원수를 물리치는 스토리입니다.
撃つ（うつ） (총으로) 쏘다, 사격하다	• 狩（かり）に出（で）かけて、銃（じゅう）で鳥（とり）を**撃**（う）った。 사냥을 나가 총으로 새를 사격했다.
移す（うつす） (다른 장소로) 옮기다	• 部屋（へや）を片付（かたづ）けるために引（ひ）っ越（こ）しの荷物（にもつ）をとなりの部屋（へや）へ**移**（うつ）した。 방을 정리하려고 이삿짐을 옆방으로 옮겼다.

訴(うった)える

(법원에) 소송하다,
(요구, 불만 등을) 호소하다

- 犯人(はんにん)を裁判(さいばん)に**訴(うった)え**た。
  범인을 검찰에 고소했다.
- 梅雨時(つゆどき)になると、下痢(げり)で腹痛(ふくつう)を**訴(うった)える**人(ひと)が増(ふ)えます。
  장마 때가 되면 설사로 복통을 호소하는 사람이 늘어납니다.

俯(うつむ)く

머리를 숙이다

- いくら尋(たず)ねても**俯(うつむ)い**たまま何(なに)も答(こた)えない。
  아무리 물어도 머리를 숙인 채 아무것도 대답하지 않는다.

写(うつ)る

(사진에) 찍히다, 박히다

- この写真(しゃしん)に**写(うつ)っ**ているハンサムな人(ひと)は誰(だれ)ですか。
  이 사진에 찍힌 잘생긴 사람은 누구예요?

促(うなが)す

재촉하다, 독촉하다,
촉구하다

- 音楽(おんがく)が植物(しょくぶつ)の成長(せいちょう)を**促(うなが)す**と言(い)われている。
  음악이 식물의 성장을 촉진시킨다고 한다.

頷(うなず)く

수긍하다,
고개를 끄덕이다

- 私(わたし)は人(ひと)と話(はな)すとき、相手(あいて)の話(はな)しに**頷(うなず)き**ながら聞(き)くようにしている。
  나는 다른 사람과 이야기 할 때 상대방의 말에 고개를 끄덕이며 들으려고 한다.

唸(うな)る

끙끙거리다, 신음하다,
윙윙거리듯이 소리를 내다

- 患者(かんじゃ)が傷(きず)の痛(いた)みに耐(た)えかねて、うんうん**唸(うな)っ**ている。
  환자가 상처의 아픔을 참지 못하고 끙끙거리고 있다.
- 家(いえ)の前(まえ)をスポーツカーが**唸(うな)り**ながら走(はし)り去(さ)った。
  집 앞을 스포츠카가 부릉 소리를 울리며 지나갔다.

うば
奪う

빼앗다

じしん にん たいせつ いのち うば
- 地震が３０人の大切な命を**奪**った。
  지진이 30명의 귀중한 생명을 빼앗았다.

きのう おおゆき しみん あし うば
- 昨日からの大雪で市民の足が**奪わ**れた。
  어제부터 내린 폭설로 시민의 발이 묶였다.

う
埋まる

묻히다, 파묻히다, 메워지다

たてもの ちか たからもの う うわさ
- この建物の地下に宝物が**埋まっ**ているという噂だ。
  이 건물 지하에 보물이 묻혀 있다는 소문이다.

かいじょう い ま くうせき う
- コンサート会場は、あっと言う間に空席が**埋まっ**ていった
  콘서트 장은 눈 깜짝할 사이에 빈자리가 메워졌다.

う
産む

낳다, 만들어내다

つま ことしさんにんめ こども う
- うちの妻は今年三人目の子供を**産ん**だ。
  내 아내는 올해 세 번째 아이를 낳았다.

わたし どりょく せいこう う
- 私のモットーは「努力が成功を**産む**。」です。
  나의 모토는 '노력이 성공을 낳는다.' 입니다.

う
埋める

묻다, 메우다

てがみ き した う ねんご ほ だ
- 手紙を木の下に**埋め**て、２０年後に掘り出してみることにした。
  편지를 나무에 묻고 20년 후에 파 보기로 했다.

らいげつ よさん こんげつ あかじ う
- 来月の予算で今月の赤字を**埋める**ことにした。
  다음 달 예산으로 이번 달 적자를 메우기로 했다.

うらがえ
裏返す

뒤집다

しけん まえ かいとうようし うらがえ
- 試験の前は回答用紙を**裏返し**ておいてください。
  시험 전에는 답지를 뒤집어 놓으세요.

うらぎ
裏切る

배신하다, 배반하다

ともだち うらぎ かね ひとりじ
- 友達を**裏切っ**てお金を一人占めした。
  친구를 배신하고 돈을 독차지했다.

♠ 一人(ひとり)占(じ)め 독점. 독차지

うらな **占う** 점치다, 예언하다	らいねん うんせい うらな • 来年の運勢を**占う**。 내년의 운세를 점치다.
うら **恨む** 원망하다	むかし うら • いつまでも昔のことを**恨ん**でいてはいけない。 언제까지나 옛날 일을 원망하면은 안 된다.
うらやむ 부러워하다	みんなかれ せいこう • 皆彼の成功を**うらやん**でいる。 모두 그의 성공을 부러워하고 있다.
う き **売り切れる** 다 팔리다, 매진되다	よやく あいだ • 予約をためらっている間に、スキーツアーの う き チケットが**売り切れ**てしまった。 예약을 망설이고 있는 사이에 스키 투어의 티켓이 매진되어 버렸다.
う だ **売り出す** 팔기 시작하다	ことし なつ しんせいひん う だ よてい • 今年の夏に新製品を**売り出す**予定です。 올 여름에 신제품을 팔기 시작할 예정입니다.
うるお **潤う** 축축해지다, 넉넉해지다	かわ はたけ ひさ あめ うるお • 乾ききっていた畑が久しぶりの雨で**潤っ**た。 메말랐던 밭이 오랜만에 내린 비로 축축해졌다. よき しゅうにゅうふところうるお • 予期せぬ収入で懐が**潤っ**た。 생각지도 못했던 수입으로 주머니가 두둑해졌다.

② 동사

売れる（う）

팔리다, 널리 알려지다

- 新発売の製品が予想以上によく**売れ**ている。
  （しんはつばい・せいひん・よそういじょう・う）
  신발매품이 예상 이상으로 잘 팔리고 있다.
- 日本で最近**売れ**ている作家は誰ですか。
  （にほん・さいきんう・さっか・だれ）
  일본에서 최근 잘 나가는 작가는 누구예요?

上回る（うわまわ）

우회하다, 웃돌다

- 今年は去年を**上回る**営業実績をあげた。
  （ことし・きょねん・うわまわ・えいぎょうじっせき）
  올해는 작년을 웃도는 영업실적을 올렸다.

植わる（う）

심어지다, 심기다

- 校庭には卒業生が贈った桜の木が**植わ**っている。
  （こうてい・そつぎょうせい・おく・さくら・き・う）
  교정에는 졸업생이 선물한 벚나무가 심어져 있다.

描く（えが）

그림으로 그리다,
표현하다

- 美術の時間に自画像を**描**いた。
  （びじゅつ・じかん・じがぞう・えが）
  미술시간에 자화상을 그렸다.
- 美しい文章で情景を**描**いた。
  （うつく・ぶんしょう・じょうけい・えが）
  아름다운 문장으로 정경을 표현했다.

得る・得る（え・う）

얻다, 획득하다,
~할 수 있다

- 一年かかってやっと資格を**得**た。
  （いちねん・しかく・え）
  1년 걸려 겨우 자격을 땄다.
- 突然解雇だなんてあり**得**ない。 갑자기 해고라니 있을 수 없다.
  （とつぜんかいこ・え）

♠ 동사의 ます형 + 得(え)る ~할 수 있다

演じる・演ずる（えん・えん）

연기하다

- 彼女は難しい役を上手に**演**じた。
  （かのじょ・むずか・やく・じょうず・えん）
  그녀는 어려운 역할을 훌륭하게 연기했다.

追(お)い掛(か)ける 뒤쫓아 가다, 추적하다	• 犯人(はんにん)を見(み)つけて後(あと)を**追(お)い掛(か)け**た。 범인을 발견하고 뒤쫓아 갔다.
追(お)い越(こ)す 추월하다, 앞서다	• 挟(せま)い道(みち)で車(くるま)を**追(お)い越(こ)す**のは危(あぶ)ない。 좁은 길에서 자동차를 추월하는 것은 위험하다. • 後(あと)から入社(にゅうしゃ)したのにいつの間(ま)にか**追(お)い越(こ)し**た。 나중에 입사했는데 어느 샌가 추월했다.
追(お)い込(こ)む 몰아넣다	• 裏(うら)の路地(ろじ)に犯人(はんにん)を**追(お)い込(こ)ん**だ。 뒷골목에 범인을 몰아넣었다. • 悪(わる)い噂(うわさ)が彼(かれ)を窮地(きゅうち)に**追(お)い込(こ)ん**だ。 나쁜 소문이 그를 궁지에 몰아넣었다.
追(お)い出(だ)す 쫓아내다, 내쫓다	• 政府(せいふ)の方針(ほうしん)で不法滞在者(ふほうたいざいしゃ)を**追(お)い出(だ)す**ことになった。 정부의 방침으로 불법 체류자를 내쫓게 되었다.
追(お)い付(つ)く 따라잡다, 따라붙다, 미치다	• 西洋(せいよう)の技術水準(ぎじゅつすいじゅん)にやっと**追(お)い付(つ)い**た。 서양의 기술수준에 겨우 따라붙었다.
老(お)いる 늙다	• 女性(じょせい)であれば**老(お)い**ても美(うつく)しくありたいと思(おも)うのは当然(とうぜん)だ。 여성이라면 늙어도 아름답게 있고 싶다고 생각하는 것이 당연하다.

お **追う** 따르다, 뒤쫓아 가다, (순서에) 따르다	• 流行(りゅうこう)を**追(お)う**よりも個性(こせい)を生(い)かしたファッションが望(のぞ)ましい。 유행을 뒤쫓는 것보다도 개성을 살리는 패션이 바람직하다. • 父(ちち)の病気(びょうき)が日(ひ)を**追(お)っ**て悪化(あっか)している。 아빠의 병이 날이 갈수록 악화되고 있다.
お **負う** (짐 등을) 짊어지다, 업다, 힘입다	• 重(おも)い荷物(にもつ)を肩(かた)に**負(お)っ**て歩(ある)いていた。 무거운 짐을 어깨에 짊어지고 걷고 있었다. • 今回(こんかい)の成功(せいこう)は社員(しゃいん)の努力(どりょく)に**負(お)う**ところが大(おお)きい。 이번 성공은 사원의 노력에 힘입은 바가 크다.
おう　おう **応じる・応ずる** (여러 가지 상태나 변화에 걸맞게) 응하다, 따르다, 대응하다	• 営業実績(えいぎょうじっせき)に**応(おう)じ**て給料(きゅうりょう)を調整(ちょうせい)します。 영업실적에 따라 월급을 조정합니다.
お **終える** 끝마치다, 끝내다	• 11時(じ)にやっと仕事(しごと)を**終(お)え**て家(いえ)に帰(かえ)った。 11시에 겨우 일을 끝내고 집에 돌아갔다.
おお **覆う** 덮다, 뒤덮다	• 汗(あせ)をふいた後(あと)、濡(ぬ)れたタオルで顔(かお)を**覆(おお)っ**た。 땀을 닦은 후 젖은 수건으로 얼굴을 덮었다. • 深(ふか)い霧(きり)が辺(あた)りを**覆(おお)っ**て飛行機(ひこうき)が着陸(ちゃくりく)できなかった。 짙은 안개가 주위를 뒤덮어서 비행기가 착륙할 수 없었다.
おか **犯す** 어기다, 범하다, 모독하다	• 人(ひと)は誰(だれ)でも過(あやま)ちを**犯(おか)す**ものだ。 사람은 누구라도 잘못을 저지르는 법이다. • 聖堂(せいどう)の中(なか)で神聖(しんせい)を**犯(おか)す**者(もの)は許(ゆる)されない。 성당 안에서 신성을 모독하는 사람은 용서할 수 없다.

おか **侵す** 침범하다, 침해하다	こっきょう おか みつにゅうこく • 国境を**侵**して密入国した。 국경을 침범하여 밀입국했다. じじょう じんけん おか • どんな事情があろうとも人権を**侵**してはならない。 어떠한 사정이 있어도 인권을 침범해서는 안 된다.
おが **拝む** 배례하다, 두 손 모아 빌다	かいがん い はつひ で おが • 海岸に行って初日の出を**拝ん**だ。 해안에 가서 설날 아침의 해를 맞이했다. まいあさぶつだん まえ おが そぼ にっか • 毎朝仏壇の前で**拝む**のが祖母の日課だ。 매일 아침 불단 앞에서 두 손 모아 비는 것이 할머니의 일과다.
おぎな **補う** 보충하다, 부족한 것을 메우다	ふじゅうぶん ぶぶん ほしゅう おぎな • 不十分な部分は補習で**補い**なさい。 부족한 부분은 보충수업으로 보충하세요.
おく **遅らす** 늦추다, 지연시키다	てんこう わる しゅっぱつじかん おく • 天候が悪かったので出発時間を**遅ら**した。 기후가 나빴기 때문에 출발시간을 늦추었다.
おこた **怠る** 게으름을 피우다, 게을리 하다	やまだくん まいにちべんきょう おこた せいと • 山田君は毎日勉強を**怠ら**ないまじめな生徒だ。 야마다 군은 매일 공부를 게을리 하지 않는 성실한 학생이다.
お **起こる** 일어나다, 기인하다	ねん とうきょう おお じしん お • 20年ぶりに東京で大きな地震が**起こ**った。 20년 만에 동경에서 큰 지진이 일어났다. こんど しっぱい ふちゅうい お • 今度の失敗はちょっとした不注意から**起こ**った。 이번 실패는 작은 부주의에서 기인했다.

② 동사

おご
奢る

한턱내다

きょう　きゅうりょうび　わたし　おご
- 今日は給料日なので私が**奢り**ます。
  오늘은 월급날이라 제가 한 턱 내겠습니다.

おさ　おさ
押える・抑える

누르다, 억제하다

かんじゃ　あば　てあし　おさ
- 患者が暴れないように手足を**押え**た。
  환자가 난폭하게 굴지 않게 팔다리를 눌렀다.

いじょうちか　あ　とち　ばいばい　おさ
- これ以上地価が上がらないように土地の売買を**抑え**た。
  더 이상 지가가 오르지 않도록 토지의 매매를 억제했다.

おさ
収まる

(어떤 범위 안에)
알맞게 들어가다

りょこう　も　おお　おさ
- 旅行に持っていくものが多すぎて、カバンに**収まら**ない。
  여행에 가져갈 것이 너무 많아서 가방에 들어가지 않는다.

おさ
納める

넣다, 담다

おも　にもつ　お　い　おさ
- やっとの思いで荷物を押し入れに**納め**た。
  겨우 짐을 옷장에 넣었다.

うつく　ふうけい　おさ
- 美しい風景をカメラに**納め**た。
  아름다운 풍경을 카메라에 담았다.

お　き
押し切る

무릅쓰고 강행하다,
밀고 나가다

けいさつ　せいし　お　き　たてもの　はい
- 警察の制止を**押し切っ**て建物に入った。
  경찰의 제지를 무릅쓰고 건물에 들어갔다.

お　こ
押し込む

억지로 밀어 넣다, 처넣다

むり　くち　お　こ　の　こ
- 無理やり口に**押し込ん**で飲み込んだ。
  억지로 입에 넣어 삼켰다.

せま　へや　お　こ
- 挟い部屋に**押し込ま**れた。
  좁은 방에 억지로 밀어 넣었다.

おしむ
惜しむ

아까워하다, 아쉬워하다, 어떤 일을 하기를 꺼려하다

- 皆(みんな)が友(とも)との別(わか)れを**惜**(お)**しんだ**。
  모두가 친구와의 이별을 아쉬워했다.
- 協力(きょうりょく)を**惜**(お)**しま**ないつもりです。
  협력을 아끼지 않을 생각입니다.

おしよせる
押し寄せる

밀려오다, 몰려오다

- 有名(ゆうめい)なミュージカルにたくさんの群衆(ぐんしゅう)が**押**(お)**し寄**(よ)**せた**。
  유명한 뮤지컬에 많은 관객이 몰려왔다.

おそう
襲う

습격하다

- 強盗(ごうとう)が銀行(ぎんこう)を**襲**(おそ)**った**。
  강도가 은행을 습격했다.

おそれいる
恐れ入る

죄송해하다, 어이없다

- **恐**(おそ)**れ入**(い)**り**ますがもう少(すこ)しなかに詰(つ)めてください。
  죄송합니다만, 좀 더 안으로 들어가 주세요.
- 上司(じょうし)の指示(しじ)を拒絶(きょぜつ)するとは**恐**(おそ)**れ入**(い)**った**。
  상사의 지시를 거절하다니 어처구니없다.

おそれる
恐れる

두려워하다, 우려하다

- 敵(てき)の仕返(しかえし)を**恐**(おそ)**れて**おびえている。
  적의 복수를 두려워해서 겁을 내고 있다.
- また失敗(しっぱい)しないかと**恐**(おそ)**れる**。
  또 실패하지 않을까 우려하다.

おそわる
教わる

배우다, 가르침을 받다

- 結婚(けっこん)する前(まえ)にお母(かあ)さんにキムチの作(つく)り方(かた)を**教**(おそ)**わった**。
  결혼 전에 어머니에게 김치 담그는 법을 배웠다.

煽(おだ)てる

치켜세우다

- そんなに**おだて**ないでくださいよ。
  그렇게 치켜세우지 말아요.
- 最近(さいきん)の若者(わかもの)は**おだてる**とすぐに付(つ)け上(あ)がるから困(こま)るよ。
  요즘 젊은이들은 치켜세우면 바로 기어올라서 문제야.

♠ **付(つ)け上(あ)がる** 버릇없이 굴다. 기어오르다

落(お)ち込(こ)む

기운이 없어지다

- **落(お)ち込(こ)ん**だ時(とき)は気分転換(きぶんてんかん)に散歩(さんぽ)をしたりします。
  기운이 없는 때는 기분전환으로 산책을 하거나 합니다.

落(お)ち着(つ)く

안정되다, 자리 잡다

- 回(まわ)りが騒(さわ)がしくて**落(お)ち着(つ)い**て勉強(べんきょう)できない。
  주위가 시끄러워 진득하게 공부할 수 없다.
- やっと故郷(こきょう)に**落(お)ち着(つ)い**た。
  겨우 고향에 자리 잡았다.

脅(おど)かす

위협하다, 협박하다

- 金(かね)を出(だ)せとピストルで**脅(おど)か**した。
  돈을 내놓으라고 권총으로 위협했다.

脅(おど)す

협박하다

- 早(はや)く借金(しゃっきん)を返(かえ)せと**脅(おど)さ**れた。
  빨리 빚을 갚으라고 협박당했다.

訪(おとず)れる

방문하다, 찾아오다

- 10年(ねん)ぶりに母校(ぼこう)を**訪(おとず)れ**たが、昔(むかし)の面影(おもかげ)がないほど変(か)わっていた。
  10년 만에 모교를 방문했지만 예전 모습은 찾아 볼 수 없을 정도로 변했다.
- やっと平和(へいわ)な時代(じだい)が**訪(おとず)れ**た。 가까스로 평화로운 시대가 찾아왔다

おと
劣る
뒤떨어지다

ね だん やす　ひんしつ おと
• 値段は安いが品質が劣っている。
가격은 싸지만 품질이 뒤떨어진다.

おとろ
衰える
약해지다

さい す　いっき たいりょく おとろ
• ５０才を過ぎて一気に体力が衰えた。
50이 넘어서 갑자기 체력이 약해졌다.

おどろ
驚かす
깜짝 놀라게 하다

さい こども えい ご りゅうちょう はな　ひとびと おどろ
• 5才の子供が英語を流暢に話して人々を驚かした。
다섯 살 어린이가 영어를 유창하게 해서 사람들을 놀라게 했다.

おび
怯える
무서워서 벌벌 떨다

しま ひと だいじしん はっせい おび
• 島の人は大地震の発生に怯えている。
섬사람은 큰 지진의 발생에 벌벌 떨고 있다.

おびや
脅かす
위협하다, 협박하다

ちゅうごく はってん にほん けいざい おびや
• 中国の発展が日本の経済を脅かす。
중국의 발전이 일본의 경제를 위협하다.

お
帯びる
(어떤 성질 · 성분 · 경향을) 띠다, 지내다

あか お
• りんごがやっと赤みを帯びてきました。
사과가 드디어 붉은 기를 띠었습니다.

きょういくせいど かいかく しめい お あたら ちょうかん
• 教育制度を改革する使命を帯びて新しい長官がやってきた。 교육제도를 개혁하는 사명을 띠고 새로운 장관이 왔다.

おぼ
溺れる

물에 빠지다, 탐닉하다, 열중하다

こども ころ うみ おぼ けいけん
- 子供の頃、海で**溺れ**た経験がある。
  어릴 적 바다에 빠진 경험이 있다.

さけ おぼ ぜんざいさん うしな
- 酒に**溺れ**て全財産を失った。
  술에 빠져 전 재산을 잃었다.

おも こ
思い込む

굳게 믿어 버리다, 깊이 마음먹다

いちど おも こ けっ
- 一度こうだと**思い込ん**だら決してあきらめない。
  한번 이거라고 생각하고 믿으면 결코 포기하지 않는다.

おも つ
思い付く

생각이 떠오르다, 생각나다

おも
- いいアイデアを**思いつい**た。
  좋은 아이디어가 떠올랐다.

ともだち やくそく おも
- 友達と約束していたことを**思いつい**た。
  친구와 약속한 것이 생각났다.

おもむ
赴く

향하여 가다, 어떤 상태로 향하다

かいちょう ひさ ほんしゃ おもむ
- 会長が久しぶりに本社に**赴い**た。
  회장님께서 오랜만에 본사로 향했다.

びょうき じょじょ かいほう おもむ
- 病気が徐々に快方に**赴い**ている。
  병이 차차 나아지고 있다.

おも おも
重んじる·重んずる

소중히 하다, 중히 여기다, 존중하다

がっこう せいせき せいかく れいぎ おも
- 学校の成績よりも性格や礼儀を**重んじる**。
  학교 성적보다도 성격이나 예의를 중히 여기다.

およ
及ぶ

(어떤 장소 · 시간 · 수량 등에) 달하다, 이르다, 다다르다

がん てきしゅつしゅじゅつ じかん およ
- 癌の摘出手術が4時間にも**及ん**だ。
  간 적출수술은 4시간이나 걸렸다.

あめ ひがい ぜんこく およ
- 雨の被害は全国に**及ん**だ。
  비 피해는 전국에 이르렀다.

折(お)り返(かえ)す

되돌아오다(가다), 곧 대답하다, 곧 회신하다

- 10キロ地点(ちてん)で**折(お)り返(かえ)す**。
  10km 지점에서 되돌아오다.
- 課長(かちょう)が帰(かえ)り次第(しだい)、**折(お)り返(かえ)し**、お電話致(でんわいた)します。
  과장님이 돌아오는 대로 전화 드리게 하겠습니다.

織(お)る

짜다, 짜서 만들다

- 高価(こうか)な着物(きもの)は絹(きぬ)で**織(お)った**ものだ。
  고가의 기모노는 비단으로 만든 것이다.

卸(おろ)す

도매하다

- 父(ちち)は問屋(とんや)に衣料品(いりょうひん)を**卸(おろ)す**仕事(しごと)をしている。
  아버지는 도매상에게 의료품을 도매하는 일을 하고 있다.

下(お)ろす·降(お)ろす

내리다, 내려놓다

- 疲(つか)れたので石(いし)に腰(こし)を**下(お)ろして**少(すこ)し休(やす)むことにした。
  피곤해서 돌 위에 앉아 조금 쉬기로 했다.
- トラックが到着(とうちゃく)して、皆(みんな)で荷(に)を**降(お)ろした**。
  트럭이 도착해서 모두 하물을 내려놓았다.

害(がい)する

해치다, 상하게 하다

- 無理(むり)をして健康(けんこう)を**害(がい)して**は元(もと)も子(こ)もない。
  무리해서 건강을 해치게 되면 모든 것을 잃는 것이다.
- 友達(ともだち)の一言(ひとこと)で気分(きぶん)を**害(がい)した**。
  친구의 한마디로 기분이 상했다.

♠ **元(もと)も子(こ)もない** 원금도 이자도 없어지다. 깡그리 없어지다

飼(か)う

기르다, 치다, 사육하다

- 家(いえ)でシェパードを二匹(にひき)**飼(か)って**いる。
  집에서 셰퍼드를 두 마리 기르고 있다.

かえ
帰す

돌려보내다,
돌아가게 하다

かおいろ わる いえ かえ
- 顔色が悪いので家に**帰し**た。
  안색이 안 좋아 집으로 돌려보냈다.

かえり
省みる

뒤돌아보다

だいがくせいかつ かえり こうかい おお
- 大学生活を**省みる**と、後悔することが多い。
  대학생활을 뒤돌아보면 후회되는 것이 많다.

かえり
顧みる

뒤돌아보다, 염두에 두다

き けん かえり きゅうじょ む
- 危険を**顧み**ないで救助に向かった。
  위험을 염두에 두지 않고 구조하러 갔다.

か か か
代える・替える・換える

교환하다, 바꾸다, 대신하다

ぎんこう こぎって げんきん か
- 銀行で小切手を現金に**代え**た。
  은행에서 수표를 현금으로 바꿨다.

ぶちょう か かちょう はけん
- 部長に**代え**て課長を派遣することにした。
  부장 대신에 과장을 파견하기로 했다.

かえ
返る

돌아가다, 되돌아오다

いちどしょしん かえ がんば
- もう一度初心に**返っ**て頑張ります。
  다시 한 번 초심으로 돌아가 노력하겠습니다.

ともだち おく てがみ じゅうしょふめい かえ
- 友達に送った手紙が住所不明で**返っ**てきた。
  친구에게 보낸 편지가 주소불명으로 되돌아왔다.

かか
抱える

안다, 맡다, 감싸 쥐다

あに かか で
- 兄はカバンを**抱え**て出ていった。
  형은 가방을 옆구리에 끼고 나갔다.

びょうにん かか せいかつ こま
- 病人を**抱え**て生活に困っている。
  환자를 거느리고 있어서 생활이 곤란하다.

かか
掲げる

싣다, 게재하다, 내걸다

だいじしん　きじ　しんぶん　いちめん　かか
- 大地震の記事を新聞の一面に**掲げ**た。
  대지진의 기사를 신문 일면에 실었다.

とういつ　かか　こうしん
- 統一をスローガンに**掲げ**て行進する。
  통일을 슬로건으로 내걸고 행진하다.

かか
罹る

(병에) 걸리다

りょこうさき　びょうき　かか　にゅういん
- 旅行先で病気に**罹**って入院した。
  여행지에서 병에 걸려 입원했다.

かか
係わる

관계되다, 관계하다,
상관하다, 구애받다

にほん　かか　しんぶんきじ　あつ
- 日本に**係わる**新聞記事を集めている。
  일본에 관계되는 신문기사를 모으고 있다.

かか　ばあい
- つまらないことに**係わ**っている場合ではない。
  쓸데없는 일에 구애받고 있을 때가 아니다.

か　と
書き取る

(말하는 것을) 받아쓰다,
(문장 등을) 베껴 쓰다

せんせい　はな　いちじのこ　か　と
- 先生の話したことを一字残らずノートに**書き取**った。
  선생님께서 말씀하신 것을 한자도 남기지 않고 노트에 받아썼다.

か　まわ
掻き回す

젓다, 휘젓다

ふろ　ゆ　て　か　まわ
- お風呂の湯を手で**掻き回**した。
  목욕물을 손으로 휘저었다.

かぎ
限る

한정하다, ~에 한해서

さいいじょう　ひと　かぎ　にゅうじょう　みと
- １５才以上の人に**限**って入場を認めている。
  15세 이상인 사람에 한해서 입장을 허락하고 있다.

かれ　かぎ
- 彼に**限**ってそんなことをするはずがない。
  그라면 그런 짓을 할 리가 없다.

か
掻く

긁다

はじ　　　　　　い　　　かれ は　　　　　　　　あたま か
- 初めましてと言って、彼は恥ずかしそうに頭を**掻い**た。
  처음 뵙겠습니다 라고 말하고 그는 부끄러운 듯이 머리를 긁었다

か
欠く

빠지다, 결여하다

かんこくりょうり　　　　　　か　　　　　　　　もの
- 韓国料理にはにんにくは**欠く**ことのできない物だ。
  한국요리에 마늘은 없어서는 안 되는 것이다.

か
嗅ぐ

(냄새를) 맡다

にお　　か　のうりょく いぬ いちばん
- 臭いを**嗅ぐ**能力は犬が一番だ。
  냄새를 맡는 능력은 개가 최고다.

かく
隠す

감추다, 숨기다

ほん あいだ　　　　　かく
- 本の間にへそくりを**隠し**た。
  책 속에 비상금을 감추었다.

しゅっせ　　　じじつ かく
- 出世のために事実を**隠し**た。
  출세를 위해 사실을 숨겼다.

かく
隠れる

숨다

ひと　み　　　　　　　　　お い　　かく
- 人に見つからないように押し入れに**隠れ**た。
  사람에게 발견되지 않게 벽장에 숨었다.

かけ
欠る

깨져 떨어지다, 부족하다, 모자라다

こうつうじ こ　まえば　いっぽんかけ
- 交通事故で前歯が一本**欠**た。
  교통사고로 앞니가 하나 깨졌다.

かれ ひんせい かけ
- 彼は品性に**欠る**。
  그는 품성이 모자란다.

か
賭ける
걸다, 내기하다, 내걸다

しょうはい　かね　か　ほうりつ　いはん
- 勝敗にお金を**賭ける**のは法律に違反している。
  승패에 돈을 거는 것은 법률에 위반하는 것이다.

いのち　か　たたか
- 命を**賭け**て戦った。
  생명을 걸고 싸웠다.

か
駆ける
말 타고 달리다, 달리다, 뛰어가다

やくそくじかん　ま　あ　せいいっぱいか
- 約束時間に間に合うように精一杯**駆け**た。
  약속시간에 맞추기 위해 있는 힘을 다해 달려갔다.

むすめ　じこ　れんらく　う　いそ　びょういん　か　つ
- 娘が事故にあったという連絡を受けて急いで病院に**駆け**付けた。
  딸이 사고를 당했다고 하는 연락을 받고 급히 병원으로 달려갔다.

かこ
囲む
둘러싸다, 에워싸다

きょうじゅ　かこ　きらく　はな　あ
- 教授を**囲ん**で気楽に話し合った。
  교수를 둘러싸고 마음 편안하게 이야기를 나누었다.

かさ
重なる
포개어지다, 거듭되다

ひろう　かさ　びょうき
- 疲労が**重なっ**て病気になった。
  피로가 겹쳐 병이 되었다.

ことし　たんじょうび　かさ
- 今年の誕生日はクリスマスと**重なる**。
  올해 생일은 크리스마스와 겹친다.

かさ
重ねる
포개다, 거듭하다, 반복하다

かいぜん　かいぜん　かさ　かんせい
- 改善に改善を**重ね**てついに完成した。
  개선에 개선을 거듭하여 드디어 완성했다.

かさ　ば
嵩張る
부피가 커지다, 늘다

みやげ　はい
- お土産が**かさばっ**て、カバンに入りきらない。
  선물이 늘어 가방에 안 들어간다.

♠ **入(はい)りきらない** 다 안 들어간다
♠ 동사의 **ます형+きる** 다 ~해내다. 끝까지 ~하다

かさ
嵩む

부피가 커지다, (빚・비용이) 많아지다

しゃっきん かさ くび まわ
- 借金が**嵩ん**で、首が回らなくなった。
  빚이 많아져서 옴짝달싹 못하게 되었다.

♠ **首(くび)が回(まわ)らない** 빚에 몰려 옴짝달싹 못하다

かじ
齧る

이로 갉다, 갉아먹다, 어떤 일을 조금 하다

さいきん かじ はぐき ち で
- 最近りんごを**齧る**と歯茎から血が出る。
  최근에 사과를 베어 먹으면 잇몸에서 피가 난다.

がくせい ころ かじ
- 学生の頃、ジャズをちょっと**齧っ**たことがある。
  학생 때 재즈를 조금 해봤던 적이 있다.

かす
霞む

안개가 끼다

きり かす ぜんぽう み
- 霧で**霞ん**で前方がよく見えない。
  안개가 껴서 전방이 잘 안 보인다.

かす
掠る

스치고 지나가다

はんにん う だんがん けいさつかん ほほ
- 犯人の撃った弾丸が警察官の頬を**かすっ**た。
  범인이 쏜 총알이 경찰관의 뺨을 스치고 지나갔다.

かせ
稼ぐ

(일하여) 벌다, 시간을 끌다, 벌다

なつやす かね かせ
- 夏休みにはアルバイトをしてお金を**稼ぐ**つもりだ。
  여름방학에는 아르바이트를 해서 돈을 벌 예정이다.

けいさつ め ひ つ とも に じかん かせ
- 警察の目を引き付けて友が逃げる時間を**稼い**だ。
  경찰의 눈을 끌어 친구가 도망치는 시간을 벌었다.

かぞ
数える

(수를) 세다, 헤아리다, 열거하다, 꼽히다

ぐんたい じょたい にっすう ゆびお かぞ
- 軍隊を除隊するまでの日数を指折り**数える**。
  군대를 제대할 때까지의 날짜를 손꼽아 헤아리다.

わたし むら しさんか かぞ
- これでも私は村では資産家に**数え**られている。
  이래봬도 나는 마을에서는 자산가로 손꼽힌다.

2 동사

かたづ
片付く

정돈되다, 시집가다

やまだくん へや かたづ
- 山田君の部屋はいつもきれいに**片付い**ている。
  야마다 군의 방은 언제나 깨끗하게 정리되어 있다.

むすめ とし ことしじゅう なん かたづ
- 娘もいい年ごろなので、今年中には何とか**片付い**てほしい。
  딸도 나잇살이나 먹었으니 올해 안에 어떻게 하든 시집보냈으면 싶다.

かたづ
片付ける

정리하다, 정돈하다

へや ち かたづ
- 部屋が散らかっているので、きれいに**片付け**てください。
  방이 어지럽혀져 있으므로 깨끗하게 정리해 주세요.

かた
固まる

단단하게 하다, 다지다

べんきょう きそ かた あと つぎ だんかい すす
- 勉強は基礎が**固まっ**た後で次の段階に進むのがいい。
  공부는 기초가 단단하게 다져진 후에 다음 단계로 넘어가는 것이 좋다.

かたむ
傾く

기울다, 치우치다, 향하다

じしん まち たてもの かたむ
- 地震のため町のほとんどの建物が**傾い**てしまった。
  지진 때문에 마을 대부분의 건물이 기울어지고 말았다.

とうし しっぱい かいしゃ かたむ
- 投資に失敗して会社が**傾い**た。
  투자에 실패해서 회사가 기울었다.

かたむ
傾ける

기울이다, 쏟다

こども こえ みみ かたむ ひつよう
- 子供の声にも耳を**傾ける**必要がある。
  어린이의 목소리에도 귀를 기울일 필요가 있다.

あたら しょうひん かいはつ ぜんりょく かたむ
- 新しい商品の開発に全力を**傾け**てください。
  새로운 상품의 개발에 전력을 쏟아주세요.

かた
固める

다지다, 굳히다

わか きそ かた しょうらいはってん
- 若いうちに基礎を**固め**ておくと将来発展する。
  젊었을 때 기초를 다져 두면 장래 발전한다.

せいかい しんしゅつ けつい かた
- 政界に進出する決意を**固め**た。
  정치계에 진출하는 결의를 굳혔다.

かたよ
片寄る

기울다, 한쪽으로 쏠리다

- 君は考え方が**片寄**っているよ。もう少し広い視野でものを見るようにしなさい。
  너는 생각이 한쪽으로 치우쳤어. 조금 넓은 시야를 가져라.
- 小学校の教師が女性に**片寄**ったきらいがある。
  초등학교 교사가 여성으로 치우친 경향이 있다.

かたよ
偏る

치우치다

- 栄養が**偏**っていると健康によくないぞ。
  영양이 치우쳐 있으면 건강에 좋지 않아.

かた
語る

말하다, 이야기하다,
잘 나타내다

- お互いに正直な気持を**語**った。
  서로 솔직한 마음을 이야기 했다.
- デモの多さが労働者の不満を**語**っている。
  데모의 크기가 노동자의 불만을 잘 나타내고 있다.

かつ
担ぐ

메다, (미신에) 사로잡히다

- 高校時代は、いつも重いカバンを**担い**で学校に行った。
  고교시절에는 언제나 무거운 가방을 메고 학교에 갔다.
- スポーツ選手の中には縁起を**担**ぐ人が少なくない。
  스포츠 선수 중에서는 징크스를 믿는 사람이 적지 않다.

かな
叶う

맞다

- あなたの言うことは理屈には**叶**っているが、感情的に受け入れられない。
  너의 말은 논리에는 맞기는 하지만, 감정적으로는 받아들이기 힘들다.

♠**理屈(りくつ)** 이치. 도리. 사리. 그럴 듯한 논리

かなえる

성취시키다

- 歌手になる夢を**かなえる**ために毎日努力しています。
  가수가 되는 꿈을 이루기 위해 매일 노력하고 있습니다.

悲(かな)しむ 슬퍼하다	• 彼女(かのじょ)との別(わか)れを一人(ひとり)**悲(かな)しんだ**。 그녀와의 이별을 혼자 슬퍼했다,
兼(か)ねる 겸하다	• 家(うち)が狭(せま)いので仕事部屋(しごとべや)と寝室(しんしつ)とを**兼(か)ねて**使(つか)っている。 집이 좁아서 서재와 침실을 겸해서 사용하고 있다.
庇(かば)う 감싸다, 비호하다	• いじめられている子(こ)を**庇(かば)って**あげた。 괴롭힘을 당한 아이를 감싸주었다.
被(かぶ)せる 덮다, 씌우다, 덮어씌우다	• ベットにシーツカバーを**被(かぶ)せる**のが私(わたし)の仕事(しごと)です。 침대에 시트커버를 씌우는 것이 내 일입니다. • 友達(ともだち)に罪(つみ)を**被(かぶ)せて**知(し)らないふりをしている。 친구에게 죄를 덮어씌우고 모른척하고 있다.
気触(かぶ)れる 독기로 살갗에 염증이 일어나다, (어떤 영향을 받아) 물들다, 빠지다	• 山(やま)に行(い)って漆(うるし)に**気触(かぶ)れて**しまった。 산에 가서 옻에 올라 버렸다. • その子(こ)は学校(がっこう)を中退(ちゅうたい)して、悪(あく)に**気触(かぶ)れた**。 그 아이는 학교를 중퇴하고 악에 물들어 버렸다.
構(かま)える 자세를 취하다, 차리다, 꾸미다	• ピッチャーはバッターが**構(かま)える**前(まえ)に投(な)げてはいけない。 투수는 타자가 자세를 취하기 전에 던져서는 안 된다. • 駅前(えきまえ)に**構(かま)えた**店(みせ)は、今本当(いまほんとう)に繁盛(はんじょう)している。 역 앞에 차린 가게는 지금 정말 잘 되고 있다.

噛み切る (かきる) 물어 끊다	• 飼っていた犬が紐を**噛み切**って逃げた。 기르던 개가 줄을 끊고 도망갔다.
からかう 놀리다, 조롱하다, 야유하다	• 発音が悪いからといって**からか**ってはいけない。 발음이 나쁘다고 해서 놀리면 안 된다. ♠ **~からといって** ~라고 해서
絡む (からむ) 얽히다, 트집 잡다	• 友達の間での金銭の**絡ん**だ問題はやっかいだ。 친구사이에 얽힌 금전문제는 골치 아프다. • お酒に酔っぱらって通行人に**絡ん**だ。 술에 취해 행인에게 시비를 걸었다.
刈る (かる) 베다, 깎다	• 久しぶりに庭の芝生を**刈**った。 오랜만에 정원의 풀을 베었다. • 心機一転髪を短く**刈**って再出発だ。 심기일전 머리를 짧게 깎고 재출발이다.
枯れる (かれる) 마르다, 시들다	• 恋人にもらった花が**枯れ**てしまった。 애인에게 받은 꽃이 시들어 버렸다.
涸れる (かれる) 마르다, 고갈되다	• 思ったより介護の仕事がきつくて、いつの間にか愛情が**涸れ**てしまった。 생각했던 것보다 간호하는 일이 고되어 어느 샌가 애정이 말라 버렸다.

可愛(かわい)がる 귀여워하다	• 可愛(かわい)がっていた小鳥(ことり)が突然死(とつぜんし)んでしまった。 귀여워했던 작은 새가 갑자기 죽어 버렸다.
乾(かわ)かす 말리다	• 日(ひ)が照(て)ってきたので外(そと)で洗濯物(せんたくもの)を乾(かわ)かした。 햇살이 비치니까 밖에 빨래를 말렸다.
渇(かわ)く 목이 마르다, 갈증이 나다	• 一日中歩(いちにちじゅうある)いたので喉(のど)が渇(かわ)いた。 하루 종일 걸어서 갈증이 났다. • 愛情(あいじょう)に飢(う)え渇(かわ)いています。 애정에 목말라 있습니다.
交(かわ)す 주고받다, 나누다, 교환하다	• 外国人留学生(がいこくじんりゅうがくせい)と言葉(ことば)を交(かわ)した。 외국인 유학생과 말을 주고받았다. • 交流会(こうりゅうかい)で学生(がくせい)と記念品(きねんひん)を交(かわ)した。 교류회에서 학생과 기념품을 교환했다.
代(か)わる 대신하다, 대리하다, 바뀌다, 교체되다	• 部長(ぶちょう)に代(かわ)って会議(かいぎ)に出席(しゅっせき)した。 부장을 대신해 회의에 출석했다. • 今年(ことし)から大学(だいがく)の試験科目(しけんかもく)が代(かわ)った。 올해부터 대학의 시험과목이 바뀌었다.
感(かん)じる·感(かん)ずる 느끼다, 감동하다	• 今回(こんかい)のプロジェクト中断(ちゅうだん)に責任(せきにん)を感(かん)じる。 이번 프로젝트 중단에 책임을 느낀다. • 彼(かれ)の熱意(ねつい)に感(かん)じて承諾(しょうだく)した。 그의 열의에 감동하여 승낙했다.

かん
関する

관련하다, 관계하다

こんかい しけん にほんぶんか かん もんだい で
• 今回の試験は日本文化に**関する**問題が出る。
이번 시험은 일본문화에 관한 문제가 나온다.

き かざ
着飾る

옷을 차려 입다

むすめ きかざ で
• 娘はきれいに**着飾**ってパーティーに出かけていった。
딸은 예쁘게 차려입고 파티에 나갔다.

き き
利く・効く

효과가 있다, 통하다

みせ しゅじん かおみし すこ むり き
• 店の主人と顔見知りなので少しは無理が**利く**。
가게 주인과 안면이 있기 때문에 조금은 무리가 통한다.

ひしょ ほんとう き き
• うちの秘書は本当によく気が**利く**のでたすかる。
우리 비서는 정말로 재치가 있어서 도움이 된다.

きざ
刻む

잘게 썰다, 새기다, 명심하다

はは だいどころ だいこん きざ
• 母は台所で大根を**刻ん**でいる。
엄마는 부엌에서 무를 썰고 있다.

そつぎょうしき せんせい はなし こころ きざ せいかつ
• 卒業式の先生の話を心に**刻ん**で生活している。
졸업식에서 선생님의 말씀을 마음에 새기고 생활하고 있다.

きし
軋む

삐걱거리다

たてもの ふる ある ゆか きし おと
• 建物が古くて、歩くたびに床の**軋む**音がする。
건물이 오래 돼서 걸을 때마다 삐걱거리는 소리가 난다.

きず
築く

쌓다

いちだい ばくだい ざいさん きず
• 一代で莫大な財産を**築い**た。
한평생 막대한 재산을 쌓았다.

♠ **一代(いちだい)** 일대. 한평생. 일생

きずつ
傷付く

다치다, 상처를 입다,
흠지다

けってん　い　きずつ
- 欠点をズバリ言われて**傷付い**た。
  결점을 정통으로 건드려 상처를 입었다.

せんしゅうか　しんしゃ　きずつ
- 先週買ったばかりの新車なのにもう**傷付い**た。
  지난주 새로 뽑은 차인데 벌써 흠집이 생겼다.

2 동사

きずつ
傷付ける

상처를 입히다, 파손하다

ひと　きずつ　き
- 人を**傷付け**ないようにいつも気をつけている。
  사람에게 상처 입히지 않게 언제나 조심하고 있다.

だいじ　とけい　きずつ　ちち　しか
- 大事な時計を**傷付け**て父にひどく叱られた。
  중요한 시계를 부셔서 아빠에게 심하게 혼났다.

き
着せる

입히다, 씌우다,
뒤집어씌우다

まつ　とき　おや　こども　ゆかた　き
- 祭りの時は、親は子供に浴衣を**着せる**。
  축제 때, 부모는 아이에게 유카타를 입힌다.

どうりょう　き　かいしゃ　くび
- 同僚にぬれぎぬを**着せ**られて、会社を首になった。
  동료가 누명을 씌어 회사에서 잘렸다.

きそ
競う

다투다, 경쟁하다

せかいかっこく　き　わかもの　わざ　きそ
- オリンピックでは世界各国から来た若者が技を**競う**。
  올림픽에서는 세계 각국에서 온 젊은이들이 재주를 겨룬다.

きた
鍛える

단련하다, 훈련하다,
달구고 두드려서 강하게 하다

けんこう　からだ　きた
- 健康のために体を**鍛え**ている。
  건강을 위해 몸을 단련하고 있다.

にほん　かたな　てつ　きた　つく
- 日本の刀は鉄を**鍛え**て作る。
  일본의 칼은 철을 달구고 두드려서 만든다.

きづ
気付く

눈치 채다, 알아차리다,
의식을 회복하다

じぶん　けってん　きづ
- 自分の欠点にやっと**気付い**た。
  자신의 결점을 간신히 알아차렸다.

きづ　びょういん　びょうしつ
- **気付い**たときは病院の病室だった。
  의식을 회복 했을 때는 병원 병실이었다.

気(き)に入(い)る

마음에 들다, 만족하다

- 今度(こんど)のドラマは私好(わたしごの)みでとても**気(き)に入(い)**っている。
  이번 드라마는 내 취향이라 매우 만족하고 있다.

興(きょう)じる·興(きょう)ずる

흥겨워하다, 즐거워하다

- 最近(さいきん)将棋(しょうぎ)に**興(きょう)じ**ている。
  요즘 장기를 즐기고 있다.

切(き)り替(か)える

바꾸다, 전환하다

- 早(はや)く頭(あたま)を**切(き)り替(か)え**た方(ほう)がいいよ。
  빨리 사고방식을 바꾸는 편이 좋아요.

♠ **頭(あたま)を切(き)り替(か)える** 사고방식을 바꾸다

切(き)れる

잘 들다, 끊어지다,
떨어지다

- 話(はなし)の途中(とちゅう)で突然(とつぜん)電話(でんわ)が**切(き)れ**てしまった。
  이야기 도중에 갑자기 전화가 끊겨 버렸다.
- 電子(でんし)辞書(じしょ)の電池(でんち)が**切(き)れ**て、使(つか)えなかった。
  전자사전의 전지가 떨어져 쓸 수 없었다.

気(き)を付(つ)ける

조심하다, 주의하다

- 車(くるま)を運転(うんてん)するときは子供(こども)が飛(と)び出(だ)してこないか**気(き)を付(つ)け**てください。
  차를 운전 할 때는 아이가 뛰어들어 오지 않는지 주의하세요.

禁(きん)じる·禁(きん)ずる

금하다, 금지하다

- 女子寮(じょしりょう)なので１０時以降(じいこう)は外出(がいしゅつ)を**禁(きん)じ**ている。
  여자 기숙사이기 때문에 10시 이후에는 외출을 금지하고 있다.
- 今回(こんかい)の事件(じけん)に対(たい)しては驚(おどろ)きを**禁(きん)じ**得(え)ない。
  이번 사건에 대해서는 놀라움을 금할 수 없다.

くちが
食い違う

어긋나다, 엇갈리다

- 意見が**食い違**って会議がなかなかまとまらない。
  의견이 엇갈려서 회의가 오래도록 결말이 안 난다.

くぎ
区切る

내용에 따라 구분하다,
일단락을 짓다

- 一句ずつ**区切**って読む練習をするといいですよ。
  한 구절씩 구분하여 읽는 연습을 하면 좋아요.

くさ
腐る

썩다, 상하다, 부패하다

- 梅雨の期間は生物が**腐り**やすい。
  장마기간에는 날것이 상하기 쉽다.
- 最近の政治は誰が見ても**腐**っている。
  요즘 정치는 누가 봐도 부패해 있다.

くず
崩す

무너뜨리다, 허물어뜨리다

- 古いアパートを**崩**して新しいアパートを建てることになりました。
  오래된 아파트를 허물고 새 아파트를 짓게 되었습니다.
- どんなに負けていても、監督は強気の姿勢を**崩さ**ない。
  아무리 지고 있어도 감독은 강경한 자세를 무너뜨리지 않는다.

くず
崩れる

무너지다

- 今まで築き上げてきた信頼関係が一度に**崩れ**た。
  지금까지 쌓아 올린 신뢰관계가 단번에 무너졌다.

くだ
砕く

부수다, 마음을 쓰다,
힘을 쓰다

- 空手の試技で、一度に瓦を１５枚**砕い**た。
  가라테 경기에서 한 번에 기와를 15장 부수었다.
- 今度の大統領は老人問題に心を**砕く**人がいい。
  이번 대통령은 노인문제에 힘쓰는 사람이 좋다.

くだ
砕ける

부서지다, 깨지다, 좌절되다

つく　ゆか　お　こなごな　くだ
- せっかく作ったプラモデルなのに床に落ちて粉々に**砕けて**しまった。
  애써서 만든 프라모델인데 마루에 떨어져 산산조각 나 버렸다.

さいしょ　よ　とちゅう　こし　くだ
- 最初は良かったが途中で腰が**砕けた**。
  처음에는 좋았지만 중도에 좌절되었다.

くたび
草臥れる

지치다, 피로하다

きゃく　き　つか
- お客さんに気を使いすぎて、すっかり**くたびれて**しま
  손님에게 너무 신경 써서 완전히 지쳐버렸다.

わか　じんせい　い
- まだ若いのに「もう人生に**くたびれた**。」なんて言っては
  ない。아직 젊은데 '이제 인생에 지쳤다.'라는 둥의 말을 해서는 안

くだ
下る

내려가다, 하달되다

じてんしゃ　さかみち　くだ
- 自転車で坂道を**下って**いく。
  자전거로 비탈길을 내려가다.

はんてい　くだ
- ついに判定が**下った**。
  드디어 판정이 내려졌다.

くち
口ずさむ

읊조리다, 흥얼거리다

まいあさうた　くち　さんぽ　しゅうかん
- 毎朝歌を**口ずさみ**ながら散歩するのが習慣です。
  매일 아침 노래를 흥얼거리며 산보하는 것이 습관입니다.

く　は
朽ち果てる

썩어 버리다, 세상에 알려지지도 않고 허무하게 죽다

どりょく　く　は
- 努力のかいもなく**朽ち果てた**。
  노력한 보람도 없이 죽어 버렸다.

♠ **甲斐(かい)** 보람, 효과

く
朽ちる

(나무 등이) 썩다, (명성 등이) 쇠하다

さいしん　ぎじゅつ　く
- いくら最新の技術でもいつかは**朽ちる**。
  아무리 최신 기술이라고 해도 언젠가는 수그러든다.

覆す(くつがえす)

뒤엎다, 전복시키다

- クーデターで政権(せいけん)を覆(くつがえ)した。
  쿠데타로 정권이 뒤집혔다.

くっ付く(つく)

달라붙다, 바싹 붙어 가다

- 皆(みんな)くっついて写真(しゃしん)を撮(と)った。
  모두 바싹 붙어 사진을 찍었다.
- 子供(こども)が母(はは)の後(うし)ろにくっついていて離(はな)れない。
  아이가 엄마 뒤에 달라붙어 떨어지지 않는다.

くっ付ける(つける)

붙이다, 달라붙게 하다

- 壊(こわ)れたタンスを接着剤(せっちゃくざい)でくっ付(つ)けた。
  부서진 옷장을 접착제로 붙였다.
- 嫌(いや)がる二人(ふたり)を無理(むり)やりくっ付(つ)けた。
  싫어하는 두 사람을 억지로 붙였다.

配る(くばる)

나누어 주다, 배부하다, 고루 미치게 하다

- 会議(かいぎ)の時(とき)の資料(しりょう)をあらかじめ配(くば)る。
  회의 때의 자료를 미리 배부하다.
- 他人(たにん)に心(こころ)を配(くば)るのが美徳(びとく)です。
  타인에게 마음을 베푸는 것이 미덕입니다.

組み合わせる(くみあわせる)

짜 맞추다, 짝을 짓다

- 鉄骨(てっこつ)を組(く)み合(あ)わせて作(つく)ります。
  철골을 짜 맞추어 만듭니다.

組み込む(くみこむ)

짜 넣다, 편입시키다

- 今年(ことし)の残金(ざんきん)を来年(らいねん)の予算(よさん)に組(く)み込(こ)んだ。
  올해의 잔금을 내년의 예산으로 편입시켰다.

組(く)み立(た)てる

짜 맞추다, 조립하다

- 子供(こども)と一緒(いっしょ)にプラモデルを**組(く)み立(た)て**た。
  아이와 함께 프라모델을 조립했다.

汲(く)む·酌(く)む

긷다, 푸다, 퍼서 담다

- 昔(むかし)水道(すいどう)のなかった時代(じだい)には、おけで井戸(いど)の水(みず)を**汲(く)ん**でいた。
  옛날 수도가 없었던 시절에는 나무통으로 우물물을 길었다.

♠ **おけ** 통, 나무통

組(く)む

짜다, 조직하다, 편성하다

- 二人(ふたり)仲(なか)よく腕(うで)を**組(く)ん**で歩(ある)いた。
  두 사람은 사이좋게 팔짱을 끼고 걸었다.
- 来月(らいげつ)の授業(じゅぎょう)のスケジュールを**組(く)ん**だ。
  다음 달의 수업스케줄을 짰다.

悔(く)やむ

후회하다, 애도하다

- いまさら**悔(く)やん**でももう遅(おそ)い。
  이제 와서 후회해도 이미 늦었다.
- 地下鉄(ちかてつ)で、犠牲(ぎせい)になって人(ひと)を助(たす)けた韓国人(かんこくじん)の死(し)を**悔(く)やむ**。
  지하철에서 자신을 희생하고 사람을 구한 한국인을 애도하다.

暮(くら)す

살다, 살아가다, 지내다

- 家族(かぞく)と一緒(いっしょ)に田舎(いなか)で**暮(くら)す**のが夢(ゆめ)だ。
  가족과 함께 시골에서 사는 것이 꿈이다.

繰(く)り返(かえ)す

되풀이하다, 반복하다

- 上達(じょうたつ)するコツは何度(なんど)も**繰(く)り返(かえ)し**て練習(れんしゅう)することです。
  잘하게 되는 비결은 몇 번이고 반복해서 연습하는 것입니다.

くる
狂う

미치다, 정상이 아니다

ともだち　さけ　の　くる　さけ
- 友達はお酒を飲んで狂ったように叫んだ。
  친구는 술을 마시고 미친 듯이 소리 질렀다.

かべ　とけい　くる
- 壁にかけてあるあの時計はいつも狂っている。
  벽에 걸려 있는 저 시계는 항상 고장 나 있다.

くる
苦しむ

괴로워하다, 고생하다, 고심하다

がくせいたち　だいがくにゅうしせいど　くる
- 学生達は大学入試制度に苦しんでいる。
  학생들은 대학입시제도에 고생하고 있다.

せんせい　はんだん　くる
- 先生は判断に苦しんだ。
  선생님은 판단에 고심했다.

くる
苦しめる

괴롭히다, 고통을 주다, 걱정시키다

なつ　あいだ　みずむし　わたし　くる
- 夏の間ずっと水虫が私を苦しめた。
  여름 내내 무좀이 나를 괴롭혔다.

がいこくじん　たい　へんけん　がいこくじんろうどうしゃ　くる
- 外国人に対する偏見が外国人労働者を苦しめた。
  외국인에 대한 편견이 외국인 노동자를 괴롭혔다.

くる
包む

휘감아 싸다, 휩싸다

と　かみ　も　き
- 取れたばかりのくだものを紙にくるんで持って来てくれた。
  막 수확한 과일을 종이에 싸서 가져 왔다.

く
暮れる

해가 지다, 저물다, 지새다, 잠기다

ひ　く　いえ
- 日が暮れないうちに家にかえろう。
  날이 저물기 전에 집에 가자.

じこ　かぞく　うしな　なみだ　く
- 事故で家族を失い、涙に暮れた。
  사고로 가족을 잃고 눈물로 지냈다.

くわ
加える

보태다, 더하다, 가하다

ことし　がいこくじんせんしゅ　くわ
- 今年から外国人選手をチームに加えることにした。
  올해부터 외국인 선수를 팀에 넣기로 했다.

せんせい　がくせい　か　ぶんしょう　て　くわ
- 先生が学生の書いた文章に手を加えた。
  선생님이 학생이 쓴 문장을 손보았다.

加わる（くわ） 늘다, 많아지다, 불어나다, 심해지다	• 今月は料金に延滞料が**加わり**ます。 이번 달은 요금에 연체료가 붙습니다.
削る（けず） 깎다, 삭감하다, 삭제하다	• ずっと欠席しているのでリストから名前を**削る**ことにした。 계속 결석했기 때문에 리스트에서 이름을 삭제하기로 했다. • 投資してもあまり効果がなかったので、来年は予算を**削る**つもりです。 투자해도 별로 효과가 없었기 때문에 내년에는 예산을 삭감할 생각입니
蹴っ飛ばす（けとばす） 차 내다, 거절하다	• うっぷんばらしに思い切りサッカーボールを**蹴っ飛ばした**。 울분을 풀기 위해 힘차게 축구공을 걷어찼다. ♠ **うっぷんを晴(は)らす** 울분을 풀다
貶す（けなす） 헐뜯다, 비방하다	• 自分に自信のない人ほど他人をよく**けなす**。 자신에게 자신이 없는 사람이야말로 타인을 자주 헐뜯는다.
煙る（けむ） 연기가 나다, 주위가 흐려 보이다	• たばこの煙で部屋が白く**煙**っている。 담배연기로 방이 (하얗게) 뿌예졌다.
蹴る（け） 차다, 거절하다	• 北朝鮮の代表団は席を**蹴**って退場した。 북조선의 대표단은 자리를 박차고 퇴장했다. • 相手の要求を**蹴**った。 상대방의 요구를 거절했다.

こい
恋する
사랑하다, 연모하다

こい　ひと わたし こころ う　あ
• 恋する人に私の心を打ち明けた。
사랑하는 사람에게 내 마음을 털어 놓았다.

こ　　　こ
越える・超える
넘다, 넘어가다

きょう　さいこうきおん　ど　こ
• 今日は最高気温が35度を越えた。
오늘은 최고온도가 35도를 넘어갔다.

こお
凍る
얼다

かんぱ　きおん　さ　いけ　みず　こお
• 寒波のせいで気温が下がり、池の水が凍った。
한파 때문에 기온이 내려가서 연못의 물이 얼었다.

こ
焦がす
그을리다, 눋게 하다,
애태우다

さかな　こ
• うっかりして魚を焦がしてしまった。
깜빡하고 생선을 태워 버렸다.

はつこい じょせい むね　こ
• 初恋の女性に胸を焦がした。
첫사랑 여인에게 가슴을 태웠다.

こ
焦げる
눋다, 타다

うなぎ　や　すこ　こ　ほう
• 鰻のかば焼きは少し焦げた方がおいしい。
뱀장어 구이는 조금 타야 맛이 있다.

こご
凍える
추위 때문에 몸에 감각이
둔해지거나 없어지다

て　こご　かんかく
• 手が凍えて感覚がなくなった。
손이 얼어서 감각이 없어졌다.

こころえ
心得る

이해하다, 터득하다, 떠맡다

おぼ　ひと きゅうじょ しかた こころえ
- 溺れた人の救助の仕方を**心得**ている。
  물에 빠진 사람의 구조 방법을 터득하고 있다.

こころが
心掛ける

마음을 쓰다, 유의하다

えがお　こころが
- いつも笑顔でいることを**心掛け**ている。
  언제나 웃는 얼굴로 있는 것에 유의하고 있다.

こころざ
志す

뜻을 세우다, 뜻을 두다

だいとうりょう こころざ どりょく
- 大統領を**志し**て努力している。
  대통령에 뜻을 두고 노력하고 있다.

こころ
試みる

시도해 보다, 시험해 보다

しんやく　ちりょう こころ
- 新薬による治療を**試みる**。
  신약에 의한 치료를 시험해 보다.

こしら
拵える

만들다, 제조하다, 마련하다

はつげっきゅう ちち ようふく
- 初月給で父の洋服を**こしらえ**た。
  첫 월급으로 아버지의 양복을 마련했다.

こじ
拗れる

비꼬이다, 뒤틀리다

ささい　ふたり かんけい
- 些細なことで二人の関係が**こじれ**てしまった。
  사소한 일로 두 사람의 관계가 뒤틀렸다.

越す・超す (こ・こ) 넘다, 넘기다, 초과하다	• 何(なん)とか冬(ふゆ)を**越(こ)す**ことができた。 간신히 겨울을 넘길 수 있었다. • 入場者(にゅうじょうしゃ)が5万人(まんにん)を**越(こ)し**た。 입장인원이 5만 명을 초과했다.
濾す (こ) 거르다, 여과하다	• 遭難(そうなん)して水(みず)がなく、泥水(どろみず)を**濾(こ)し**てやっと飲(の)み水(みず)とした。 조난을 당해 물이 없어서 흙탕물을 걸러 겨우 마실 물을 만들었다.
擦る (こす) 문지르다, 비비다	• 手(て)を**こすっ**て暖(あたた)めた。 손을 비벼 따뜻하게 했다.
拘る (こだわ) 구애되다	• 小(ちい)さいことに**拘(こだわ)っ**ていては大物(おおもの)になれない。 작은 일에 구애되면 큰 인물이 될 수 없다.
言付ける (ことづ) 전언(전달)을 부탁하다	• 明日(あした)の午前中(ごぜんちゅう)にもう一度(いちど)お電話(でんわ)しますと**言付(ことづ)け**てください。 내일 오전 중에 다시 한 번 전화한다고 전해 주세요.
異なる (こと) 다르다, 같지 않다	• 私(わたし)は彼(かれ)の意見(いけん)とはちょっと**異(こと)なり**ます。 저는 그의 의견과는 조금 다릅니다.

断る (ことわ) 거절하다	• 上司の頼みといえども断るしかない。(じょうし たの ことわ) 상사의 부탁이라고 해도 거절할 수밖에 없다.
好む (この) 좋아하다, 흥미를 가지다, 즐기다	• 家族は皆甘いものを好む。(かぞく みんなあま この) 가족은 모두 단 것을 좋아한다. • 好むと好まざるとにかかわらず、私達は一緒に行かなければならない。(この この わたしたち いっしょ い) 좋든 싫든 관계없이 우리들은 함께 가야한다.
零れる (こぼ) 흩어져 떨어지다, 넘쳐흐르다, 흘러내리다	• ご飯粒が床にこぼれていた。(はんつぶ ゆか) 밥알이 마루에 흩어져 떨어져 있다. • 悲しみのあまり涙が頬をこぼれた。(かな なみだ ほお) 슬픈 나머지 눈물이 뺨을 적셨다.
誤魔化す (ごまか) 속이다, 어물어물 넘기다	• 会社のお金を誤魔化して使い込んだ。(かいしゃ かね ごまか つか こ) 회사 돈을 속이고 사사롭게 썼다. • 適当にその場を誤魔化して来たらいい。(てきとう ば ごまか き) 적당히 그 곳을 빠져 나오면 된다.
込む・混む (こ こ) 붐비다, 복잡하고 정밀하다	• 通勤時間には地下鉄が本当に込む。(つうきんじかん ちかてつ ほんとう こ) 통근 시간에는 지하철이 정말 붐빈다. • このカバンは手の込んだ細工がしてある。(て こ さいく) 이 가방은 정밀하게 세공되어 있다.
込める (こ) 채우다, 집중시키다, 담다	• 彼女の誕生日に心を込めた贈り物をした。(かのじょ たんじょうび こころ こ おく もの) 그녀의 생일에 마음을 담은 선물을 선물했다. • 力を込めて思い切り鐘をついた。(ちから こ おも き かね) 힘을 모아 힘껏 종을 쳤다.

籠る（こも）

틀어박히다, 묵으면서 기도하다

- しばらく田舎(いなか)に籠(こも)って研究(けんきゅう)を続(つづ)けるつもりだ。
  당분간 시골에 틀어 박혀 연구를 계속 할 것이다.

堪える（こら）

견디다, 참아내다, 유지하다

- お腹(なか)の痛(いた)みをしばらく堪(こら)えていた。
  복통을 잠시 참고 있었다.

凝らす（こ）

(눈, 귀 등을) 한곳에 집중시키다, (마음, 생각 등을) 집중시키다

- 暗闇(くらやみ)の中(なか)で目(め)を凝(こ)らして見(み)た。
  어둠 속에서 눈을 한곳에 응시해서 봤다.
- 何(なん)とか成功(せいこう)させようと工夫(くふう)を凝(こ)らした。
  어떡하든 성공시키려고 방법을 찾았다.

懲りる（こ）

넌더리나다, 질리다, 데다

- これに懲(こ)りずにまた挑戦(ちょうせん)してください。
  이것에 질리지 말고 또 도전하세요.
- 去年(きょねん)の失敗(しっぱい)に懲(こ)りて今年(ことし)は慎重(しんちょう)にことを進(すす)める。
  작년의 실패에 데어서 금년에는 신중하게 일을 진행시키고 있다.

凝る（こ）

열중하다

- 今(いま)、切手収集(きってしゅうしゅう)に凝(こ)っている。
  요즘, 우표수집에 열중하고 있다.

転がす（ころ）

굴리다, 여러 번 전매하다

- 土地(とち)を転(ころ)がして大儲(おおもう)けした。
  토지를 굴려서 큰 돈벌이를 했다.

② 동사

転(ころ)がる 구르다, 넘어지다, 눕다	• こちらにボールが転(ころ)がってきた。 이 쪽으로 공이 굴러 왔다. • 芝生(しばふ)に転(ころ)がって本(ほん)を読(よ)んでいる。 잔디에 누워 책을 읽고 있다.
殺(ころ)す 죽이다, 눌러 참다, 썩이다	• 殺虫剤(さっちゅうざい)でゴキブリを殺(ころ)した。 살충제로 바퀴벌레를 죽였다. • 息(いき)を殺(ころ)して見(み)ている。 숨죽이고 보고 있다.
転(ころ)ぶ 구르다, 넘어지다	• 雪道(ゆきみち)で滑(すべ)って転(ころ)んでしまった。 눈길에서 넘어져 넘어지고 말았다. • どっちに転(ころ)んでも損(そん)はない。 결과가 어떻든 간에 손해는 없다. ♠ **どっちに転(ころ)んでも** 어떻게 되던. 어떤 결과가 되던
遮(さえぎ)る 차단하다, 가리다	• 彼(かれ)はいつも人(ひと)の言葉(ことば)を遮(さえぎ)る。 그는 항상 사람의 말을 가로 막는다. • カーテンは光(ひかり)を遮(さえぎ)るためにある。 커튼은 빛을 차단하기 위해 있다.
囀(さえず)る 지저귀다	• 小鳥(ことり)の囀(さえず)り声(ごえ)で目(め)が覚(さ)めた。 새 지저귀는 소리에 눈을 떴다.
冴(さ)える 맑아지다, 선명해지다	• 夜(よる)になると頭(あたま)が冴(さ)えてくる。 밤이 되면 머리가 맑아진다.

さか
栄える

번영하다, 번창하다

ちかてつ えき しゅうへん さか
- 地下鉄の駅ができて、その周辺が**栄え**た。
  지하철역이 완성되어 그 주변이 번창했다.

さかのぼ
遡る

거슬러 올라가다, 되돌아가다

さけ かわ さかのぼ
- 鮭が川を**遡る**。
  연어가 강을 거슬러 올라가다.

かこ さかのぼ かんが
- 過去に**遡っ**て考える。
  과거로 되돌아가 생각하다.

さか
逆らう

역행하다, 거스르다

おさな ちち さか
- 幼いころは父に**逆らっ**てばかりいた。
  어렸을 때는 아빠를 거스르기만 했다.

さ
裂く

찢다, 쪼개다, 벌어지게 하다

じかん さ てつだ
- わざわざ時間を**裂い**て手伝ってくれた。
  일부러 시간을 쪼개서 도와주었다.

ふたり なか さ
- 二人の仲を**裂い**た。
  두 사람 사이를 벌어지게 했다.

さぐ
探る

찾다, 살피다, 탐색하다

こうしょう まえ あいて いこう さぐ
- 交渉を前に相手の意向を**探る**。
  교섭을 앞에 두고 상대방의 의향을 살피다.

さけ
叫ぶ

외치다, 소리를 지르다

きゅうじょ もと おおごえ さけ
- 救助を求めて大声で**叫ぶ**。
  구조를 바라고 큰소리로 외치다.

避ける(さ) 피하다, 조심하다	• いつも人目(ひとめ)を避(さ)けてデートした。 언제나 사람 눈을 피해 데이트 했다. • 一番大切(いちばんたいせつ)なことは危険(きけん)を避(さ)けることだ。 제일 중요한 것은 위험을 피하는 것이다.
裂ける(さ) 찢어지다	• 道(みち)で転(ころ)んで昨日(きのう)買(か)ったばかりのズボンが裂(さ)けてしまった。 길에서 넘어져서 어제 산 바지가 찢어져 버렸다.
支える(ささ) 버티다, 받치다, 떠받치다	• 妻(つま)がいつでも私(わたし)を支(ささ)えてくれたおかげでここまで来(こ)れた 아내가 언제까지나 나를 떠받쳐준 덕에 여기까지 올 수 있었다.
捧げる(ささ) 바치다	• この栄光(えいこう)を家族(かぞく)に捧(ささ)げます。 이 영광을 가족에게 바칩니다.
囁く(ささや) 속삭이다, 소곤거리다	• 耳元(みみもと)で囁(ささや)く声(こえ)が聞(き)こえる。 귓가에 속삭이는 소리가 들린다.
刺さる(さ) 꽂히다, 박히다, 찔리다	• 庭(にわ)の手入(てい)れをしていたら刺(とげ)が手(て)に刺(さ)さった。 정원의 손질을 하고 있는데 가시가 손에 박혔다.

差(さ)し上(あ)げる

드리다, 바치다
与(あた)える의 겸사말

- ほしいものがありましたら、何(なん)でも差(さ)し上(あ)げます。
  원하는 것이 있으시면 무엇이라도 드리겠습니다.

差(さ)し出(だ)す

내밀다, 제출하다, 보내다

- 彼女(かのじょ)は恥(は)ずかしそうに手紙(てがみ)を差(さ)し出(だ)した。
  그녀는 부끄러운 듯이 편지를 내밀었다.

差(さ)し支(つか)える

지장이 있다, 방해가 되다

- 小(ちい)さな声(こえ)で話(はな)すのは差(さ)し支(つか)えない。
  작은 목소리로 말하는 것은 방해가 되지 않는다.

差(さ)し引(ひ)く

빼다, 차감하다

- 日本(にほん)に住(す)んでいたことを差(さ)し引(ひ)いても彼(かれ)の日本語(にほんご)の能力(のうりょく)はずば抜(ぬ)けている。
  일본에 살았던 것을 감안한다 하더라도 그의 일본어 능력은 뛰어나게 우수하다.

♠ **ずば抜(ぬ)ける** 빼어나다, 우수하다

授(さず)ける

내리다, 수여하다

- 名誉市民(めいよしみん)の特権(とっけん)を授(さず)けた。
  명예시민의 특권을 수여했다.

摩(さす)る

쓰다듬다, 가볍게 문지르다

- 気分(きぶん)が悪(わる)いので背中(せなか)を摩(さす)ってください。
  기분이 이상하니까 등을 문질러 주세요.

誘(さそ)う

권하다, 유혹하다

- 彼女(かのじょ)をデートに**誘(さそ)お**うと思(おも)う。
  그녀에게 데이트를 하자고 하려고 한다.
- 甘(あま)い言葉(ことば)に**誘(さそ)わ**れてはいけない。
  달콤한 말에 넘어가면 안 된다.

定(さだ)まる

결정하다, 가라앉다

- はっきり方針(ほうしん)が**定(さだ)まら**ないまま、プロジェクトを進(すす)めるのは危険(きけん)だ。
  확실히 목표가 결정되지 않은 채 프로젝트를 진행시키는 것은 위험하다.

定(さだ)める

결정하다, 안정시키다

- 学校(がっこう)で**定(さだ)め**た教育目標(きょういくもくひょう)にしたがって授業(じゅぎょう)が行(おこな)われてい
  학교에서 정한 교육목표에 따라 수업을 하고 있다.

察(さっ)する

헤아리다, 생각해주다

- 私(わたし)の気持(きもち)を**察(さっ)し**てください。
  내 기분을 헤아려 주세요.
- 家族(かぞく)の気持(きもち)を**察(さっ)する**といても立(た)ってもいられない。
  가족의 기분을 생각하면 안절부절 못한다.

さっぱりする

산뜻해지다, 말쑥해지다

- 美容院(びよういん)に行(い)って髪(かみ)を切(き)ってもらって**さっぱりし**た。
  미장원에 가서 머리를 잘라서 말끔해졌다.

悟(さと)る

깨닫다, 알아채다

- 自分(じぶん)の欠点(けってん)をやっと**悟(さと)る**ことができた。
  자신의 결점을 겨우 알아차렸다.

裁(さば)く
심판하다, 판가름하다

- 人(ひと)が人(ひと)を**裁(さば)く**ことはできない。
  사람이 사람을 심판하는 것은 불가능하다.

錆(さ)びる
녹슬다

- 長年(ながねん)使(つか)っていなかったので**錆(さ)び**てしまった。
  오랫동안 사용하지 않아서 녹슬어 버렸다.

冷(さ)ます
식히다

- 熱(あつ)いので**冷(さ)まし**て飲(の)んでください。
  뜨거우니까 식혀서 드세요.
- 外(そと)で頭(あたま)を**冷(さ)まし**て来(き)なさい。
  밖에서 머리 좀 식히고 와요.

覚(さ)ます
깨우다, 깨다

- 小鳥(ことり)のさえずる声(こえ)で目(め)を**覚(さ)まし**た。
  작은 새의 지저귀는 소리에 잠에서 깨어났다.

♠ **さえずる** (새가) 지저귀다
♠ **目(め)を覚(さ)ます** 잠을 깨다

妨(さまた)げる
방해하다, 지장을 주다

- 騒音(そうおん)が彼(かれ)の研究(けんきゅう)を**妨(さまた)げ**た。
  소음이 그의 연구를 방해했다.

さ迷(まよ)う
헤매다, 방황하다

- 吹雪(ふぶき)の中(なか)、道(みち)に迷(まよ)って**さまよい**歩(ある)いた。
  눈보라 속에서 길을 잃어 여기저기 헤매며 다녔다.
- 交通事故(こうつうじこ)にあった友達(ともだち)が今生死(いませいし)の境(さかい)を**さまよっ**ている。
  교통사고에 당한 친구가 지금 생사의 갈림길을 헤매고 있다.

♠ **동사의 ます형+歩(ある)く** 여기저기 ~하다. ~하며 다니다

さ **冷める** 식다	ハンリュウ ねつ さ • 韓流の熱が**冷めた**。 한류의 열기가 식었다. さ • やっとほとぼりが**冷めた**。 겨우 열기가 가라앉았다. ♠ **ほとぼり** 열기. 식지 않고 남아 있는 열. 고양되었던 감정이나 흥분 등의 여운
さ **覚める** 잠이 깨다, 정신을 차리다	め さ じ す • 目が**覚め**たらすでに１０時を過ぎていた。 눈을 떠 보니 벌써 10시가 넘었다.
さら **攫う** 날치기하다, 유괴하다, 휩쓸다	こ さら • 子どもを**攫う**。 아이를 유괴하다. なみ こども • 波に子供を**さらわ**れた。 파도가 아이를 휩쓸고 갔다.
さ **去る** 떠나다, 가다	なに い さ • 何も言わず**去っ**ていった。 아무 말도 하지 않고 떠나갔다.
さわ **障る** 지장을 초래하다, 방해가 되다	き さわ い ほう • 気に**障る**ようなことは言わない方がいい。 신경을 건드리는 말은 하지 않는 게 좋다. ♠ **気(き)に障(さわ)る** 비위에 거슬리다. 불쾌하게 느끼다. 신경을 건드리다
し あ **仕上がる** 완성되다, 다 되다	じ し あ よてい • 4時までには**仕上がる**予定です。 4시까지는 완성될 것입니다.

仕上(しあ)**げる**

일을 끝내다, 완성하다

- 来週(らいしゅう)までに必(かなら)ず**仕上**(しあ)**げる**ようにしてください。
  다음 주까지 반드시 일을 끝낼 수 있도록 해 주세요.

強(し)**いる**

억지로 시키다, 강요하다

- 幼(おさな)い子供(こども)に英語(えいご)の勉強(べんきょう)を**強**(し)**いる**のはよくない。
  어린 아이에게 영어 공부를 강요하는 것은 좋지 않다.

仕入(しい)**れる**

사들이다, 매입하다, 입수하다, 얻다

- 新(あたら)しいブロマイドを**仕入**(しい)**れ**た。
  새 브로마이드를 입수했다.

仕掛(しか)**ける**

공세를 취하다, 공세로 나오다

- けんかを**仕掛**(しか)**け**たのは彼(かれ)の方(ほう)だ。
  싸움을 건 것은 그다.

仕切(しき)**る**

구분하다, 칸막이하다

- カーテンで部屋(へや)を**仕切**(しき)**る**。
  커튼으로 방을 구분하다.

敷(し)**く**

깔다, 펴다

- 座布団(ざぶとん)を**敷**(し)**い**て座(すわ)ってください。
  방석을 깔고 앉아 주세요.

2 동사

しくじる 실수하다, 그르치다	• 今度(こんど)のプロジェクトは絶対(ぜったい)**しくじる**ことができない。 이번 프로젝트는 절대로 그르칠 수 없다.
湿気(しけ)る 눅눅해지다, 축축해지다	• このせんべいは**湿気(しけ)っ**ていておいしくない。 이 센베이는 눅눅해서 맛이 없다.
静(しず)まる 조용해지다, 잠잠해지다, 진정되다	• 先生(せんせい)の一言(ひとこと)で教室(きょうしつ)が**静(しず)まっ**た。 선생님 한마디에 교실이 조용해졌다.
沈(しず)む 가라앉다, 지다, 침울해지다	• 嵐(あらし)のために船(ふね)が**沈(しず)ん**だ。 폭풍우 때문에 배가 가라앉았다.
静(しず)める・鎮(しず)める 가라앉히다, 평정하다	• 深呼吸(しんこきゅう)をして気持(きもち)を**静(しず)める**。 심호흡을 하고 기분을 가라앉히다.
慕(した)う 그리워하다, 사모하다, 우러르다	• 今(いま)も小学校(しょうがっこう)の先生(せんせい)を**慕(した)っ**ている。 지금도 초등학교 선생님을 그리워하고 있다.

したが 従う

따르다, 뒤따르다

- かれ い したが 彼の言うことには従えない。
  그의 말에는 따를 수 없다.
- おとな ちゅうこく したが 大人の忠告には従わなければならない。
  어른의 충고에는 따라야 한다.

した 親しむ

친하게 지내다, 즐기다, 가까이하다

- ちい ころ にほんぶんか した 小さい頃から日本文化に親しんだ。
  어릴 때부터 일본문화를 가까이했다.

し た 仕立てる

만들다, 마련하다, 양성하다

- しゅうしょくいわい いっちゃくした 就職祝としてスーツを一着仕立てた。
  취직 축하 선물로 양복을 한 벌 마련했다.
- いちにんまえ やくしゃ した 一人前の役者に仕立てた。
  어엿한 배우로 양성했다.

しつ 仕付ける

일상생활의 예의범절을 가르쳐 몸에 붙게 하다

- むかし こ しつ ははおや やくめ 昔は子どもを仕付けるのは母親の役目だった。
  옛날에는 아이에게 예의범절을 가르치는 것은 어머니 몫이었다.

♠ 役目(やくめ) 직무. 역할. 구실

しな 萎びる

시들다, 쭈그리다

- れいぞうこ い はくさい しな 冷蔵庫に入れておいた白菜が萎びた。
  냉장고에 넣어둔 배추가 시들었다.

しの 凌ぐ

견디어 내다, 능가하다

- う あまみず 飢えを雨水でしのいだ。
  굶주림을 빗물로 견디어 냈다.
- むすこ ちち べんきょうか 息子は、父をしのぐ勉強家だ。
  아들은 아버지를 능가하는 근면가이다.

支払う（しはらう） 지급하다, 지불하다	• たまっていた家賃（やちん）を一度（いちど）に**支払**（しはら）った。 밀린 집세를 한 번에 지불했다.
縛る（しばる） 묶다, 붙들어 매다, 얽매다	• 手足（てあし）を紐（ひも）で**縛**（しば）った。 손발을 끈으로 묶었다. • 私（わたし）は何事（なにごと）でも**縛ら**（しば）れるのが一番嫌（いちばんきら）いだ。 나는 무슨 일이든 얽매이는 것이 제일 싫다.
痺れる（しびれる） 마비되다, 저리다, 흥분되다, 도취되다	• 長（なが）い間（あいだ）正座（せいざ）をしていて足（あし）が**痺れ**（しび）た。 오랫동안 정좌하고 있어서 다리가 저렸다. • 張（はり）のある歌声（うたごえ）に**痺れ**（しび）てしまった。 야무진 노랫소리에 도취되었다.
萎む（しぼむ） 오그라들다, 시들다, 위축되다	• デパートでもらった風船（ふうせん）が**しぼん**でしまった。 백화점에서 받은 풍선이 오그라들어 버렸다. • 現実（げんじつ）を知（し）って夢（ゆめ）が**しぼん**でしまった。 현실을 알고 꿈이 시들어 버렸다.
絞る（しぼる） 짜다, 쥐어짜다, (범위를) 좁히다, 한정하다	• 床（ゆか）を拭（ふ）くときは雑巾（ぞうきん）をしっかり**絞っ**（しぼ）てからした方（ほう）がいい 바닥을 닦을 때는 걸레를 확실하게 짜고 나서 하는 것이 좋다. • 時間（じかん）がないので問題（もんだい）を**絞っ**（しぼ）て勉強（べんきょう）するつもりだ。 시간이 없어서 문제를 좁혀서 공부할 예정이다.
仕舞う（しまう） 끝내다	• 仕事（しごと）が早（はや）く**仕舞っ**（しま）たら寄（よ）ってみよう。 일이 빨리 끝나면 들러 보자. • ２０年続（ねんつづ）けてきた店（みせ）を**仕舞う**（しま）。 20년 계속해 온 상점을 문 닫았다.

染みる(し) 배다, 번지다, 아픔을 느끼다	• 絵(え)の具(ぐ)がシャツに染(し)みた。 그림물감이 셔츠에 번졌다. • 冷(つめ)たい水(みず)が歯(は)に染(し)みる。 찬 물에 이가 아리다.
滲みる(し) 배다, 번지다, 스며들다	• お昼(ひる)に食(た)べた焼(や)き肉(にく)の臭(にお)いが服(ふく)に滲(し)みた。 점심 때 먹은 불고기 냄새가 옷에 배었다.
締(し)め切(き)る 마감하다	• 午後(ごご)6時(じ)には受付(うけつけ)を締(し)め切(き)ります。 오후 6시에는 접수를 마감합니다.
示す(しめ) 보이다, 가리키다	• 男(おとこ)なら今(いま)こそ男(おとこ)の意地(いじ)を示(しめ)す時(とき)だ。 남자라면 지금이야 말로 남자의 의지를 보여줄 때다. ♠ **こそ** 어떤 사항을 내세워 강조하는 뜻을 나타냄
湿る(しめ) 축축해지다, 습기 차다	• 湿(しめ)った空気(くうき)が雨(あめ)を降(ふ)らせる。 습기 찬 공기가 비를 내리게 한다.
占める(し) 차지하다	• 学生(がくせい)の１０パーセントを留学生(りゅうがくせい)が占(し)める。 학생의 10퍼센트를 유학생이 차지하다.

しゃがむ

쭈그리고 앉다,
웅크리고 앉다

- 気分(きぶん)が悪(わる)くなってその場(ば)に**しゃがんだ**。
  속이 안 좋아서 그 자리에 쭈그리고 앉았다.

しゃぶる

입에 넣고 핥다

- 赤(あか)ちゃんが指(ゆび)を**しゃぶっ**ている。
  아기가 손가락을 빨고 있다.

喋(しゃべ)る

지껄이다, 재잘거리다,
말하다

- 女(おんな)の子(こ)が集(あつ)まって**喋(しゃべ)っ**ている。
  여자애들이 모여서 재잘거리고 있다.
- 英語(えいご)は全然(ぜんぜん)**喋(しゃべ)れ**ない。
  영어는 전혀 말하지 못한다.

洒落(しゃれ)る

세련되어 있다,
멋을 부리다

- その洋服(ようふく)**洒落(しゃれ)**ているね。
  그 양복 세련됐네요.
- デートの時(とき)は**洒落(しゃれ)**たレストランで食事(しょくじ)をするのが一番(いちばん)だよ。
  데이트 때는 세련된 레스토랑에서 식사를 하는 것이 제일 좋아.

準(じゅん)じる·準(じゅん)ずる

준하다

- 正社員(せいしゃいん)に**準(じゅん)じ**た待遇(たいぐう)をしてくれる。
  정사원에 준한 대우를 해준다.

生(しょう)じる·生(しょう)ずる

돋아나다, 생기다

- ちょっとした不注意(ふちゅうい)で過(あやま)ちが**生(しょう)じる**。
  조그마한 부주의로 실수가 생기다.

しょう **称する** 칭하다, 부르다	かれ みずか がいこうかん しょう • 彼は自らを外交官だと**称し**た。 그는 자신을 외교관이라고 칭했다.
しる **記す** 적다, 쓰다	まいにち できごと にっき しる • 毎日の出来事を日記に**記し**た。 매일 일어난 일을 일기에 썼다.
しん しん **信じる・信ずる** 신뢰하다, 확신하다	わたし かれ むざい しん • 私は彼が無罪だと**信じる**。 나는 그가 무죄라고 확신하다. しん こと おこ • **信じ**られないような事が起った。 믿을 수 없는 일이 일어났다.
す つ **据え付ける** 설치하다, 고정시키다	みせ じどうはんばいき す つ • 店のとなりに自動販売機を**据え付け**た。 상점 옆에 자동판매기를 설치했다.
す **据える** 앉히다, 고정시키다, 모시다	しゃちょう す わか • 社長に**据える**にはまだ若すぎる。 사장으로 모시기에는 아직 너무 젊다.
す とお **透き通る** 투명하다, 소리가 맑게 울리다	うみ そこ す とお み みず • 海の底が**透き通っ**て見えるほど水がきれいだ。 바다 밑이 투명해서 다 보일 정도로 물이 깨끗하다.

すく
救う

구하다

- おぼれている子供(こども)を命懸(いのちが)けで**救**(すく)った。
  물에 빠진 아이를 목숨 걸고 구했다.

すく
掬う

뜨다, 퍼내다

- 柄杓(ひしゃく)で水(みず)を**掬**(すく)って飲(の)んだ。
  물 뜨개로 물을 퍼서 마셨다.

♠ **柄杓(ひしゃく)** 국자

すぐ
優れる

뛰어나다, 우수하다

- 彼(かれ)は数学(すうがく)はだめだが語学(ごがく)には**優**(すぐ)**れ**ている。
  그는 수학은 못하지만 어학은 뛰어나다.

す
過ごす

보내다, 지내다

- 今年(ことし)の夏(なつ)は田舎(いなか)で**過**(す)**ごす**ことにする。
  올 여름은 시골에서 지내기로 했다.

すす
濯ぐ

물로 씻다, 헹구다

- 神社(じんじゃ)の入(い)り口(ぐち)には口(くち)を**濯**(すす)**ぐ**場所(ばしょ)がある。
  신사 입구에는 입을 헹구는 장소가 있다.

すず
涼む

시원한 바람을 쐬다

- 木陰(こかげ)で**涼**(すず)**む**のもいいものだ。
  나무 그늘에서 시원한 바람을 쐬는 것도 좋다.

♠ **木陰(こかげ)** 나무 밑, 나무 그늘

進める(すす) 전진시키다, 진척시키다	• 今(いま)、新(あたら)しい企画(きかく)を進(すす)めている。 지금 새로운 계획을 진행시키고 있다.
勧める(すす) 권하다	• 留学(りゅうがく)を勧(すす)めた。 유학을 권했다. • ダイエットには定期的(ていきてき)な運動(うんどう)を勧(すす)めたい。 다이어트에는 정기적인 운동을 권하고 싶다.
廃れる(すた) 쓸모없게 되다	• 駅前(えきまえ)の商店街(しょうてんがい)がすっかり廃(すた)れてしまった。 역 앞에 상점가는 완전히 쓸모없게 되었다.
棄てる(す) 버리다	• 国際結婚(こくさいけっこん)をして日本(にほん)の国籍(こくせき)を棄(す)てた。 국제결혼을 하고 일본국적을 버렸다.
済ます(す) 끝내다, 마치다, 때우다	• 休暇(きゅうか)を取(と)る前(まえ)に仕事(しごと)を全部(ぜんぶ)済(す)ました。 휴가를 받기 전에 일을 전부 끝마쳤다. • 食事(しょくじ)はパンとコーヒーで済(す)ました。 식사는 빵과 커피로 때웠다.
清ます(す) 맑게 하다, 깨끗이 하다	• 浄水器(じょうすいき)とは濁(にご)った水(みず)を清(す)ます機械(きかい)だ。 정수기라는 것은 탁한 물을 맑게 하는 기계다.

2 동사

済(す)ませる 끝내다, 마치다	• 食事(しょくじ)はもう**済(す)ませ**ましたか。 식사는 이미 마쳤습니까?
澄(す)む・清(す)む 맑다, 맑아지다	• 田舎(いなか)は水(みず)も空気(くうき)も**澄(す)ん**でいる。 고향은 물도 공기도 맑다.
ずらす 위치나 시간을 조금 옮기다	• 急用(きゅうよう)ができて日程(にってい)を**ずらし**た。 급한 일이 생겨 일정을 옮겼다.
刷(す)る 인쇄하다, 박다	• 会社(かいしゃ)に就職(しゅうしょく)して自分(じぶん)の名詞(めいし)を**刷(す)っ**た。 회사에 취직하고 내 명함을 박았다.
擦(す)る 문지르다, 비비다, 갈다	• 最後(さいご)はやすりで**擦(す)っ**て仕上(しあ)げます。 마지막은 줄로 문지르고(줄질하고) 완성시킵니다.
擦(す)れ違(ちが)う 엇갈리다	• 彼(かれ)とはなぜかいつも**擦(す)れ違(ちが)っ**て会(あ)えない。 그와는 왠지 언제나 엇갈려 만날 수 없다.

擦(す)れる 마주 스치다, 맞닿다	• 柳(やなぎ)の擦(す)れる音(おと)がする。 버드나무 스치는 소리가 난다.
ずれる 미끄러져 움직이다, 기준이나 표준에서 조금 벗어나다	• 雨(あめ)で予定(よてい)が一日(いちにち)ずれた。 비로 예정이 하루 빗나갔다.
背負(せお)う 짊어지다, 떠맡다	• 大(おお)きなカバンを背負(せお)ってやって来(き)た。 큰 가방을 짊어지고 왔다. • 若者(わかもの)たちは国(くに)の未来(みらい)を背負(せお)っている。 젊은이들은 나라의 미래를 짊어지고 있다.
急(せ)かす 재촉하다, 서두르게 하다	• 学生達(がくせいたち)は先生(せんせい)に早(はや)く出発(しゅっぱつ)しようと急(せ)かした。 학생들은 선생님에게 빨리 출발하자고 재촉했다.
接(せっ)する 접하다	• 新(あたら)しい文化(ぶんか)に接(せっ)するのは楽(たの)しい。 새로운 문화를 접하는 것은 즐겁다.
迫(せま)る 다가오다, 육박하다, 닥치다	• 発表(はっぴょう)が三日後(みっかご)に迫(せま)った。 발표가 3일 후로 다가왔다.

攻(せ)める 공격하다	• 敵(てき)の弱点(じゃくてん)を攻(せ)めるのが効果的(こうかてき)だ。 적의 허점을 공격하는 것이 효과적이다.
責(せ)める 꾸짖다, 책망하다	• どうして間違(まちが)えたのかと責(せ)められた。 왜 틀렸냐고 야단맞았다.
沿(そ)う·添(そ)う 따르다, 좇다	• この道(みち)に沿(そ)って行(い)けば目的地(もくてきち)につける。 이 길을 따라 가면 목적지에 다다른다.
添(そ)える 첨부하다, 곁들이다	• 贈(おく)り物(もの)に手紙(てがみ)を添(そ)えて渡(わた)した。 선물을 편지와 함께 건네주었다.
即(そく)する 들어맞다, 입각하다	• 自社(じしゃ)の商品(しょうひん)に即(そく)した戦略(せんりゃく)を練(ね)らなければならない。 자사 상품에 들어맞는 전략을 세우지 않으면 안 된다.
属(ぞく)する 속하다	• 彼女(かのじょ)は吹奏楽部(すいそうがくぶ)に属(ぞく)している。 그녀는 관악부에 속해 있다.

損(そこ)なう

파손하다, (건강 · 기분 · 성질 등을) 상하게 하다

- 遺跡(いせき)の発掘(はっくつ)には遺品(いひん)を**損(そこ)なわ**ないよう注意(ちゅうい)が必要(ひつよう)だ。
  유적발굴에는 유물이 파손되지 않도록 주의가 필요하다.
- 上司(じょうし)に注意(ちゅうい)されて機嫌(きげん)を**損(そこ)なっ**た。
  상사에게 주의를 받고 기분이 상했다.

注(そそ)ぐ

내리다, 쏟아지다, 붓다

- コーヒーポットに熱(あつ)いお湯(ゆ)を**注(そそ)ぐ**。
  커피포트에 뜨거운 물을 내렸다.
- 子供(こども)に愛情(あいじょう)を**注(そそ)ぐ**。
  아이에게 애정을 쏟다.

そそのかす

꼬드기다, 부추기다, 교사(教唆)하다

- お金(かね)がもうかるからと、人(ひと)を**そそのかし**て出資(しゅっし)させた。
  돈을 벌거라고 하면서 사람을 꼬드겨 투자하게 했다.

備(そな)え付(つ)ける

비치하다, 설치하다

- 事務室(じむしつ)にクーラーを**備(そな)え付(つ)け**た。
  사무실에 에어컨을 설치했다.

備(そな)える · 具(そな)える

대비하다, 구비하다

- 予期(よき)せぬ事(こと)のために非常用具(ひじょうようぐ)を**備(そな)え**ておく。
  예기하지 못한 사건을 위해 비상 용구를 비치해두다.

備(そな)わる · 具(そな)わる

갖춰지다

- ソウルは公共施設(こうきょうしせつ)が**備(そな)わっ**たすばらしい都市(とし)だ。
  서울은 공공시설이 갖춰진 매우 훌륭한 도시다.

そび
聳える

높이 솟다, 치솟다

まち ちゅうしん こうそう
• 町の中心には高層ビルがそびえる。
시내의 중심에는 높은 빌딩이 우뚝 솟다.

そ
染まる

물들다, 감화되다

にし そら ゆうや そ
• 西の空が夕焼けに染まった。
서쪽하늘이 석양으로 물들었다.

そむく

등지다, 어기다, 위반하다, 모반하다

おや きぼう いえで
• 親の希望にそむいて家出した。
부모의 희망을 등지고 가출했다.

じょうし めいれい どくだん けいやく
• 上司の命令にそむいて独断で契約した。
상사의 명령을 어기고 독단으로 계약했다.

そ
染める

물들이다, 염색하다

こうこう そつぎょう かみ あか そ
• 高校を卒業して髪を赤く染めた。
고등학교를 졸업하고 머리를 빨갛게 물들였다.

そ
逸らす

놓치다

うし
• キャッチャーがボールを後ろにそらした。
포수가 볼을 뒤로 놓쳤다.

そ
剃る

깎다, 밀다

とうか いじょう ひげ そ
• １０日以上も髭を剃っていない。
열흘 이상이나 수염을 깎지 않았다.

そ
反る

휘다

ほん ふる ひょうし そ
- 本が古くなって表紙が**反っ**てしまった。
  책이 오래 되어서 표지가 휘어져 버렸다.

そ
逸れる

빗나가다

さいわ たいふう にし
- 幸い台風が西に**それ**た。
  다행히 태풍이 서쪽으로 빗겨갔다.

そろ
揃う

갖추어지다, 구비되다,
빠짐없이 모이다

やくそくじかん ぶん す そろ
- 約束時間を３０分過ぎてやっとメンバーが**揃っ**た。
  약속시간 30분 지나서 겨우 멤버가 모였다.

そろ
揃える

고루 갖추다, 맞추다

せかいかっこく りょうり いちどう そろ
- 世界各国の料理を一堂に**揃え**た。
  세계 각국의 요리를 한 곳에 모았다.

そん そん
損じる・損ずる

부서지다, 상하게 하다,
실수하다

もんげん じかん ま あ ちち きげん そん
- 門限の時間に間に合わなくて父の機嫌を**損じ**た。
  통금 시간에 늦어서 아버지의 심기를 상하게 했다.

しきゅうしき な そん
- 始球式でボールを投げ**損じ**た。
  시구식에서 볼을 잘못 던졌다.

たい
対する

마주보다

どうろ へだ おな みせ たい
- 道路を隔てて同じような店が**対し**ている。
  도로를 사이에 두고 비슷한 가게가 마주보고 있다.

たい いんしょう わる
- アメリカに**対する**印象が悪い。 미국에 대한 인상이 나쁘다.

題する(だい) 제목을 붙이다	• 「地球温暖化を防ぐには」と**題し**てセミナーが行われた '지구 온난화를 방지하기 위해서는' 이라는 제목으로 세미나가 열렸다.
耐える·堪える(た) 견디다, 참다	• 虫歯の痛みにとても**耐え**られなくて歯医者に行った。 충치의 통증을 도저히 참을 수 없어서 치과에 갔다.
絶える(た) 끊어지다, 멎다	• 1年たって彼からの消息が**絶え**てしまった。 1년이 지나 그의 소식이 끊어졌다.
倒す(たお) 쓰러뜨리다, 무너뜨리다	• アメリカチームを**倒す**のが今回の目標だ。 미국 팀을 무너뜨리는 것이 이번 목표다.
高まる(たか) 높아지다, 고조되다	• 男女平等に対する意識が**高まっ**た。 남녀평등에 대한 의식이 고조되었다. • 以前に比べ、貿易依存度が**高まっ**た。 이전과 비교해서 무역 의존도가 높아졌다.
高める(たか) 높이다	• 人権保護に対する意識を**高める**のが私の仕事だ。 인권보호에 대한 의식을 높이는 것이 나의 일이다.

耕(たがや)す 갈다, 일구다	• 田舎(いなか)の叔父(おじ)を手伝(てつだ)って、畑(はたけ)を**耕(たがや)し**たり雑草(ざっそう)を抜(ぬ)いたりした。 고향의 삼촌을 도와서 밭을 일구기도 하고 잡초를 뽑기도 했다.
炊(た)く 밥을 짓다	• 昔(むかし)は釜(かま)を使(つか)ってご飯(はん)を**炊(た)い**たものだ。 옛날은 솥을 사용해서 밥을 지었다.
抱(だ)く 안다, 품다	• 赤(あか)ちゃんを**抱(だ)い**ている人(ひと)がお母(かあ)さんだ。 아기를 안고 있는 사람이 엄마이다.
蓄(たくわ)える 모아 두다, 비축하다	• 老後(ろうご)のためにお金(かね)を**蓄(たくわ)える**必要(ひつよう)がある。 노후를 위해 돈을 모아 둘 필요가 있다.
確(たし)かめる 확인하다, 분명히 하다	• まず相手(あいて)の意向(いこう)を**確(たし)かめる**のが先決問題(せんけつもんだい)だ。 먼저 상대방의 의향을 확인하는 것이 선결문제다.
たしなめる 타이르다, 나무라다	• 泣(な)きわめいている子供(こども)にアイスクリームをあげながら**たしなめ**た。 울부짖는 아이에게 아이스크림을 주면서 타일렀다. ♠ **泣(な)きわめく** 울부짖다

② 동사

たじろぐ

질리다, 기가 죽다

- 彼(かれ)の反抗的(はんこうてき)な態度(たいど)に、私(わたし)は一瞬(いっしゅん)**たじろい**だ。
  그의 반항적인 태도에 나는 일순간 기가 죽었다.

助(たす)かる

살아나다, (도난 · 화재 등에서) 해를 입지 않다

- 救命用具(きゅうめいようぐ)を着(き)ていたので溺(おぼ)れないで**助(たす)か**った。
  구명조끼를 입고 있어서 물에 빠지지 않고 살아남았다.
- 家(いえ)にどろぼうが入(はい)ったが通帳(つうちょう)だけは**助(たす)か**った。
  집에 도둑이 들어 왔지만 통장만은 무사했다.

助(たす)ける

구조하다, 살리다

- 溺(おぼ)れている子供(こども)を命懸(いのちが)けで**助(たす)け**た。
  물에 빠진 아이를 목숨 걸고 구했다.

携(たずさ)わる

관계하다, 종사하다

- 私(わたし)はIT関連(かんれん)の仕事(しごと)に**携(たずさ)わ**っている。
  나는 IT관련 일에 종사하고 있다.

戦(たたか)う

싸우다

- 絶対(ぜったい)あきらめないで最後(さいご)まで**戦(たたか)う**。
  절대 포기하지 않고 최후까지 싸우다.

叩(たた)く

두드리다, 치다

- ドアを**叩(たた)く**音(おと)がしたが、外(そと)には誰(だれ)もいなかった。
  문을 두드리는 소리가 들렸지만 밖에는 아무도 없었다.
- 減(へ)らず口(ぐち)を**叩(たた)い**ていないで、早(はや)く勉強(べんきょう)しなさい。
  억지 부리지 말고 빨리 공부해.

♠ **減(へ)らず口(ぐち)を叩(たた)く** (지지 않으려고) 억지 부리다. 생떼 쓰다

畳(たた)む 접(치)다	• 布団(ふとん)は必(かなら)ず畳(たた)んで押(お)し入(い)れにいれてください。 이불은 반드시 개서 장롱에 넣어 주세요.
漂(ただよ)う 떠돌다	• 社長(しゃちょう)の風格(ふうかく)が漂(ただよ)う。 사장다운 풍격이 나타나다.
立(た)ち上(あ)がる 일어서다, 행동을 개시하다, 나서다	• 被害者(ひがいしゃ)を助(たす)けるために立(た)ち上(あ)がった。 피해자를 돕기 위해 나섰다.
立(た)ち去(さ)る 떠나다, 물러가다	• 高額(こうがく)な寄付金(きふきん)を渡(わた)して、何(なに)も言(い)わずに立(た)ち去(さ)った。 고액의 기부금을 내고 아무 말도 하지 않고 떠났다.
立(た)ち止(ど)まる 멈추어 서다	• 歩(ある)いていて突然(とつぜん)立(た)ち止(ど)まった。 걷고 있다가 갑자기 멈춰 섰다.
立(た)ち寄(よ)る 다가서다, 들르다	• 家(いえ)に帰(かえ)る前(まえ)に友(とも)だちと居酒屋(いざかや)に立(た)ち寄(よ)った。 집에 돌아가기 전에 친구와 술집에 들렀다.

建つ（た）

세워지다

• 10月（がつ）には駅前（えきまえ）に50階建（かいだて）のビルが**建つ**（た）予定（よてい）だ。
10월에는 역 앞에 50층 빌딩이 세워질 예정이다.

発つ（た）

출발하다

• あさ9時（じ）に成田空港（なりたくうこう）を**発っ**（た）た。
아침 9시에 나리타공항을 출발했다.

経つ（た）

지나다, 흐르다

• 韓国（かんこく）に来（き）てもう20年（ねん）**経つ**（た）。
한국에 온 지 벌써 20년이 지난다.

絶つ（た）

끊다,
(술, 담배 등을) 그만두다

• 突然連絡（とつぜんれんらく）を**絶っ**（た）た。
갑자기 연락을 끊었다.

• 先月（せんげつ）からコーヒーを**絶っ**（た）ている。
지난 달부터 커피를 끊었다.

達する（たっ）

이르다, 다다르다

• 今月（こんげつ）の黒字額（くろじがく）は20億（おく）に**達し**（たっ）た。
이번 달의 흑자액은 20억에 다다랐다.

脱する（だっ）

벗어나다, 헤어나다

• 私（わたし）はやっとサラ金地獄（きんじごく）を**脱し**（だっ）た。
나는 겨우 신용대출 지옥에서 벗어났다.

立て替える(たてかえる) 입체하다, 대금을 대신 치르다	• 今月は予算がないので**立て替え**てくれないか。 이번 달은 예산이 없으니까 대금을 대신 내주지 않을래?
奉る(たてまつる) 바치다, 모시다	• 彼を会長に**奉っ**て、社長は別の人にしよう。 그를 회장으로 모시고 사장은 다른 사람으로 하자.
辿り着く(たどりつく) 겨우 도착하다, 고생 끝에 겨우 도달하다	• 目的地にやっと**たどり着い**た。 목적지에 겨우 도착했다.
辿る(たどる) 길을 따라가다, 더듬어 가다	• 足跡を**辿っ**ていけば、どこに行ったか突き止められる。 발자국을 따라 가면 어디로 갔는지 알아낼 수 있다. ♠ **突(つ)き止(と)める** (규명하여) 밝혀내다
束ねる(たばねる) 다발로 묶다	• 学生らしく髪を**束ねる**のがいい。 학생답게 머리를 묶는 것이 좋다.
給う(たまう) 주시다, 내리시다	• 社長から直接金一封を**給っ**た。 사장님이 직접 금일봉을 주셨다.

騙す（だま）
속이다

- 人をだましてお金を手にいれた。（ひと・かね・て）
  사람을 속이고 돈을 손에 넣었다.

溜る（たま）
괴다, 모이다

- 給料の半分を貯金しているのでお金がだいぶ溜った。（きゅうりょう・はんぶん・ちょきん・かね・たま）
  월급의 반을 적금하고 있기 때문에 돈이 꽤 모였다.
- 現代社会ではストレスが溜りやすい。（げんだいしゃかい・たま）
  현대사회에서는 스트레스가 쌓이기 쉽다.

黙る（だま）
침묵하다

- 悪行を黙って見ていられない。（あっこう・だま・み）
  악행을 입 다물고 보고 있을 수가 없다.
- けんかをして昨日からずっと黙ったままだ。（きのう・だま）
  싸우고 어제부터 쭉 침묵하고 있다.

賜る（たまわ）
윗사람에게 받다

- 市長に感謝状と記念品を賜った。（しちょう・かんしゃじょう・きねんひん・たまわ）
  시장님에게 감사장과 기념품을 받았다.

試す（ため）
시험하여 보다

- 薬の利き具合いを試した。（くすり・き・ぐあ・ため）
  약의 효과를 시험해 보았다.

躊躇う（ためら）
주저하다, 망설이다

- 言おうか言うまいか躊躇った。（い・い・ためら）
  말할까 말까 망설였다.

溜(た)める 한곳에 모아 두다, (일 · 지불할 돈 등을) 미루어 두다	• 目(め)に涙(なみだ)をいっぱい溜(た)めて話(はなし)を聞(き)いていた。 눈에 눈물을 글썽이며 이야기를 듣고 있었다. • 3ヶ月(かげつ)も部屋代(へやだい)を溜(た)めている。 3개월이나 방 값을 밀렸다.
保(たも)つ 유지하다, 가지다, 보전하다	• 長(なが)い間(あいだ)友好関係(ゆうこうかんけい)を保(たも)っている。 오랫동안 우호관계를 유지하고 있다. • 何(なん)とか面目(めんもく)を保(たも)つことができた。 어떻게든 체면을 유지할 수 있게 됐다.
たゆむ 마음이 풀리다, 방심하다, 해이하다	• あきらめないで、たゆまず努力(どりょく)する人(ひと)はいつかは必(かなら)ず成功(せいこう)する。 포기하지 않고 꾸준히 노력하는 사람은 언젠가는 반드시 성공한다.
頼(たよ)る 의지하다, 믿다	• いつまでも親(おや)に頼(たよ)っていてはいけない。 언제까지나 부모에게 의지하면 안 된다.
足(た)る 만족하다, 충분하다	• そんなに無駄遣(むだづか)いをしてはお金(かね)がいくらあっても足(た)りない。그렇게 낭비하면 돈이 아무리 많아도 부족하다. • その問題(もんだい)は取(と)るに足(た)りない。그 문제는 간단하다. ♠ 取(と)るに足(た)りない 문제가 되지 않다. 하잘것없다
弛(たる)む 느슨해지다, 늘어지다	• 試験(しけん)が終(お)わって、最近(さいきん)皆(みんな)弛(たる)んでいる。 시험이 끝나고 요즘 모두 느슨해져 있다. • 電線(でんせん)が古(ふる)くなって弛(たる)んでしまった。 전선이 낡아서 늘어져 버렸다.

② 동사

垂(た)れる

늘어지다, 처지다, 물방울을 떨어뜨리다, 흘리다

- おいしそうな食(た)べ物(もの)を前(まえ)にして、よだれが**垂(た)れ**そうだ
  맛있는 음식을 앞에 두고 침이 나올 것 같다.

戯(たわむ)れる

장난치다

- 久(ひさ)しぶりに子供(こども)たちと**戯(たわむ)れ**ることができて楽(たの)しかった
  오랜만에 아이들과 장난칠 수 있어서 즐거웠다.

誓(ちか)う

맹세하다

- 私(わたし)は絶対(ぜったい)にあきらめないと**誓(ちか)っ**た。
  나는 절대로 포기하지 않기로 맹세했다.

違(ちが)える

달리하다, 틀리게 하다, 잘못 알다

- うまく行(い)かなかったのは方法(ほうほう)を**違(ちが)え**たからだ。
  잘 되지 않았던 것은 방법을 달리 했기 때문이다.
- 寝(ね)**違(ちが)え**て首(くび)が痛(いた)い。
  잠을 잘못 자서 목이 아프다.

近付(ちかづ)く

접근하다

- 私(わたし)はそっと彼(かれ)の方(ほう)に**近付(ちかづ)い**た。
  나는 슬그머니 그에게 다가갔다.
- テレビに**近付(ちかづ)き**すぎると目(め)が悪(わる)くなる。
  텔레비전에 너무 가까이 가면 눈이 나빠진다.

近付(ちかづ)ける

가까이 하다, 접근시키다

- 机(つくえ)と本棚(ほんだな)を**近付(ちかづ)け**た。
  책상과 책꽂이를 가까이 붙였다.
- 女性(じょせい)ばかりの寮(りょう)なので男性(だんせい)は**近付(ちかづ)け**ない方(ほう)がいい。
  여자 기숙사이기 때문에 남자는 접근시키지 않는 것이 좋다.

ちかよ **近寄る** 가까이 가다, 접근하다	なに はな ちかよ • 何か話しかけながら**近寄っ**てきた。 뭔가 말을 걸면서 가까이 왔다. かれ なに ちかよ ふんいき も • 彼は何か**近寄り**がたい雰囲気を持っている。 그는 왠지 가까이 하기 어려운 분위기를 가지고 있다. ♠ **동사의 ます형+~がたい** ~하기 어렵다. 좀처럼 ~할 수 없다
ちぎ **千切る** 잘라 떼다	はな いちまい ちぎ こいうらな • 花びらを一枚ずつ**千切っ**て恋占いをする。 꽃잎을 한 장씩 떼어내면서 연애 운을 점친다.
ちぢ **縮まる** 줄어들다	ふたり じつりょく さ ちぢ • 二人の実力の差は**縮まっ**た。 두 사람의 실력차이는 줄어들었다.
ちぢ **縮む** 주름이 지다, 쪼글쪼글해지다	じゅみょう ちぢ • びっくりして寿命が**縮ん**だ。 놀라서 수명이 짧아졌다. おどろ み ちぢ おも • 驚きのあまり身が**縮む**思いだった。 놀란 나머지 몸이 오그라드는 줄 알았다.
ちぢ **縮める** 줄이다, 축소하다	すいえい れんしゅう かさ じこ きろく びょうちぢ • 水泳の練習を重ねて自己記録を１０秒**縮め**た。 수영연습을 반복해서 자기기록을 10초 단축시켰다.
ちぢ **縮れる** 주름지다, 오글오글해지다	ちぢ ふく の • アイロンで**縮れ**た服を伸ばした。 다리미로 구겨진 옷을 폈다. かのじょ ちぢ かみ け みりょく • 彼女は**縮れ**た髪の毛が魅力だ。 그녀는 곱슬머리가 매력이다.

2 동사

ちなむ 기념하기 위해하다	• 敬老(けいろう)の日(ひ)に**ちなん**だ行事(ぎょうじ)。 노인의 날을 기념한 행사.
散(ち)らかす 흩뜨리다, 어지르다	• 部屋(へや)のなかを**散(ち)らかす**ばかりで掃除(そうじ)をしない。 방을 어지르기만 하고 청소를 안 한다.
散(ち)らかる 흩어지다, 어지러지다	• **散(ち)らかっ**ておりますがどうぞお入(はい)りください。 어지럽혀져 있지만 어서 들어오세요.
散(ち)らす 흩뜨리다	• 集中(しゅうちゅう)した人口(じんこう)を**散(ち)らす**にはどうしたらいいか。 집중된 인구를 분산시키려면 어떻게 하면 좋을까.
散(ち)る (꽃잎이) 지다, 흩어지다	• 雨(あめ)が降(ふ)って桜(さくら)の花(はな)が一気(いっき)に**散(ち)っ**てしまった。 비가 내려 벚꽃이 한꺼번에 져 버렸다. • 卒業(そつぎょう)して同級生(どうきゅうせい)は皆(みんな)**散(ち)っ**てしまった。 졸업하고 동창생들은 모두 흩어져 버렸다.
費(つい)やす 소비하다	• 大切(たいせつ)な休暇(きゅうか)をボランティアに**費(つい)やし**た。 귀중한 휴가를 봉사로 썼다.

通じる(つう)·通ずる(つう) 연결되다, 통하다	• やっと電話(でんわ)が通(つう)じた。 간신히 전화가 연결 되었다. • あの店(みせ)は日本語(にほんご)が通(つう)じる。 저 상점은 일본어가 통한다.
仕(つか)える 섬기다, 시중들다, 봉사하다	• 30年間主人(ねんかんしゅじん)に仕(つか)えてきた。 30년 동안 주인을 섬겨왔다.
司(つかさど)る 직무를 맡아하다, 담당하다	• 戦後(せんご)、自民党(じみんとう)が国政(こくせい)を司(つかさど)ってきた。 전후, 자민당이 국정을 담당해왔다.
捕(つか)まる 잡히다, 붙잡히다	• 指名手配(しめいてはい)されていた犯人(はんにん)がやっと捕(つか)まった。 지명 수배되었던 범인이 간신히 잡혔다. • とても疲(つか)れたので友達(ともだち)の肩(かた)に捕(つか)まって歩(ある)いた。 너무 피곤해서 친구 어깨를 잡고 걸었다.
付(つ)き合(あ)う 교제하다, 사귀다	• 時間(じかん)があれば買(か)い物(もの)に付(つ)き合(あ)ってください。 시간이 있으면 쇼핑하러 같이 가 주세요. • 兄(あに)は今(いま)、年上(としうえ)の女性(じょせい)と付(つ)き合(あ)っています。 형은 지금 연상의 여성과 사귀고 있습니다.
突(つ)き当(あ)たる 부딪치다, 충돌하다	• まっすぐ行(い)って突(つ)き当(あ)たったら右(みぎ)に曲(ま)がってください。 곧장 가서 막다른 곳이 나오면 오른쪽으로 꺾어 주세요. • 今(いま)まで順調(じゅんちょう)に行(い)っていた仕事(しごと)が、急(きゅう)に壁(かべ)に突(つ)き当(あ)たって挫折(ざせつ)してしまった。 지금까지 순조롭게 진행되었던 일이 갑자기 벽에 부딪쳐 좌절해 버렸다.

尽きる

끝나다, 다하다

- 久しぶりに幼なじみと会って、いつまでも話が**尽き**なかった。
  오랜만에 소꿉친구와 만나서 아무리해도 이야기가 끝이 나지 않았다.

♠ **幼(おさな)なじみ** 소꿉친구

付く

붙다, 달라붙다

- 毎日こつこつ勉強したので日本語の力が**付い**てきた。
  매일 조금씩 꾸준히 공부했기 때문에 일본어 실력이 붙었다.
- この本は付録にCDが**付い**ています。
  이 책은 부록으로 CD가 포함되어 있습니다.

突く

찌르다, 내지르다

- こぶしでわき腹を**突い**た。
  주먹으로 옆구리를 찔렀다.
- 彼に虚を**突か**れた。
  그에게 허점을 찔렸다.

次ぐ

다음가다, 잇따르다

- 大阪は東京に**次い**で２番目の都市だ。
  오사카는 토쿄 다음으로 제2의 도시이다.
- 地震に**次い**で津波も起こった。
  지진에 잇따라 쓰나미도 일어났다.

注ぐ

붓다, 따르다

- コップにビールを**注い**だ。
  컵에 맥주를 따랐다.
- 日本では酒が残っていてもいっぱいに**注ぐ**のが一般的だ。
  일본에서는 술이 남아 있어도 가득 따르는 것이 일반적이다.

接ぐ

접목하다, 이어 붙이다

- 何枚かの布を**接い**で服を作った。
  몇 겹의 천을 붙여서 옷을 만들었다.

継(つ)ぐ 잇다	• 親(おや)の家業(かぎょう)を継(つ)いで酒屋(さかや)をやっている。 아버지의 가업을 이어 술집을 하고 있다.
尽(つく)す 다하다	• 最後(さいご)まで手(て)を尽(つく)したが、父(ちち)の病気(びょうき)は治(なお)らなかった。 마지막까지 온갖 수단을 다 써봤지만, 아버지의 병은 고쳐지지 않았다. ♠ **手(て)を尽(つく)す** 온갖 수단을 시도하다. 갖은 수를 다 써 보다
伝(つた)わる 전해지다	• 指示(しじ)が間違(まちが)って伝(つた)わった。 지시가 잘못 전해졌다. • 古(ふる)くから口伝(くちづたえ)で伝(つた)わった。 옛날부터 입으로 전해졌다.
造(つく)る 만들다, (술을) 빚다, 양조하다	• お酒(さけ)はお米(こめ)で造(つく)る。 술은 쌀로 빚는다.
繕(つくろ)う 고치다, 꾸며대다, 얼버무리다	• なんとかその場(ば)を繕(つくろ)った。 어떻게든 그 자리를 얼버무렸다.
付(つ)け加(くわ)える 덧붙이다, 부가하다	• 説明(せつめい)を付(つ)け加(くわ)えた。 설명을 덧붙였다.

浸(つ)ける 담그다, 절임을 만들다	• 洗濯物(せんたくもの)を洗剤(せんざい)に浸(つ)けておく。 빨랫감을 세제에 담가 놓다. • キムチを浸(つ)けるのは簡単(かんたん)じゃない。 김치를 절이는 것은 간단하지 않다.
着(つ)ける 대다, 입다	• エプロンを着(つ)けて料理(りょうり)をする。 앞치마를 입고 요리를 한다.
告(つ)げる 알리다	• 社員(しゃいん)に会社(かいしゃ)が倒産(とうさん)したことを告(つ)げた。 사원에게 회사가 도산한 것을 알렸다.
伝(つた)わる 전해지다	• 意味(いみ)が十分(じゅうぶん)に伝(つた)わるように説明(せつめい)してください。 의미가 충분히 전해지도록 설명해 주세요.
培(つちか)う 가꾸다, 기르다	• 韓国(かんこく)の文化(ぶんか)は長(なが)い歴史(れきし)の中(なか)でつちかわれた。 한국의 문화는 긴 역사 속에서 가꾸어졌다.
突(つ)っ込(こ)む 돌입하다, 처박다	• トラックが壁(かべ)に突(つ)っ込(こ)んだ。 트럭이 벽을 처박았다.

慎(つつし)む

삼가다

- ここでは喫煙(きつえん)を慎(つつし)んでください。
  여기서는 흡연을 삼가해 주세요.
- しばらくの間(あいだ)、営業(えいぎょう)を慎(つつし)んだ。
  잠시 영업을 중단했다.

突(つ)っ付(つ)く

가볍게 쿡쿡 찌르다

- 蜂(はち)の巣(す)を棒(ぼう)で突(つ)っついた。
  벌집을 막대기로 찔렀다.

突(つ)っ張(ぱ)る

버티다, 강경하게 나가다, 근육이 땅기다

- 先生(せんせい)に突(つ)っ張(ぱ)った態度(たいど)をとった。
  선생님에게 건방진 태도를 취했다.
- 激(はげ)しい運動(うんどう)をして足(あし)の筋肉(きんにく)が突(つ)っ張(ぱ)った。
  격심한 운동을 해서 다리의 근육이 뭉쳤다.

包(つつ)む

싸다, 포장하다

- 彼女(かのじょ)への贈(おく)り物(もの)をきれいな包装紙(ほうそうし)に包(つつ)んだ。
  그녀에게 줄 선물을 예쁜 포장지로 포장했다.
- お金(かね)を包(つつ)んで渡(わた)した。
  돈을 싸서 건넸다.

務(つと)まる

맡은 바 임무를 할 수 있다

- この仕事(しごと)は重労働(じゅうろうどう)なので健康(けんこう)でなければ務(つと)まらない。
  이 일은 중노동이기 때문에 건강한 사람이 아니라면 감당할 수 없다.

勤(つと)める・務(つと)める・努(つと)める

근무하다, 역할하다

- 今年(ことし)から貿易会社(ぼうえきがいしゃ)に勤(つと)めている。
  올해부터 무역회사에서 일하고 있다.
- 会議(かいぎ)で司会(しかい)を務(つと)めた。
  회의에서 사회를 보았다.

つな **繋がる** 이어지다, 연결되다, 관계가 있다	• 苦難(くなん)を共(とも)にすることで心(こころ)と心(こころ)が**繋**(つな)**がっ**た。 고난을 같이 한 것으로 마음과 마음이 이어졌다. • 二人(ふたり)は血(ち)が**繋**(つな)**がっ**ている。 두 사람은 혈연관계이다.
つな **繋ぐ** 묶어두다, 이어나가다	• 馬(うま)を木(き)に**繋**(つな)**い**で一休(ひとやす)みした。 말을 나무에 묶고 한 숨 쉬었다. • 雨水(あまみず)で命(いのち)を**繋**(つな)**い**だ。 빗물로 생명을 이어갔다.
つな **繋げる** 잇다, 연결하다	• テレビの映(うつ)りが悪(わる)いので別(べつ)のアンテナを**繋**(つな)**げ**た。 TV 화면이 나빠서 다른 안테나를 연결했다.
つね **抓る** 꼬집다	• 夢(ゆめ)かと思(おも)ってほっぺたを**抓**(つね)**っ**てみた。 꿈인가 하고 뺨을 꼬집어봤다.
つの **募る** 더해지다, 심해지다, 모으다	• 彼女(かのじょ)に対(たい)する思(おも)いは**募**(つの)**る**ばかりだ。 그녀에 대한 생각은 점점 심해질 뿐이다. • 新(あたら)しく会員(かいいん)を**募**(つの)**っ**た。 새로운 사원을 모집했다.
つぶや **呟く** 중얼거리다	• また今日(きょう)も残業(ざんぎょう)かと、一人(ひとり)でぶつぶつと**呟**(つぶや)**い**た。 오늘도 또 잔업인가 하고, 혼자서 중얼중얼 거렸다.

瞑(つぶ)る 눈을 감다, 보고도 못 본 체하다	• もう一度目を瞑って考えた。(いちどめ つぶ かんが) 다시 한 번 눈을 감고 생각했다. • 今度のことは目を瞑ってもう一度機会を与える。(こんど め つぶ いちどきかい あた) 이번 일은 눈감아 주고 다시 한 번 기회를 주었다.
潰(つぶ)れる 찌부러지다, 부서지다, 파산하다	• 今回の地震で多くの家屋がつぶれた。(こんかい じしん おお かおく) 이번 지진으로 많은 가옥이 부서졌다. • 不渡りが出て会社がつぶれた。(ふわた で かいしゃ) 부도가 나서 회사가 파산했다.
躓(つまず)く 발이 걸려 넘어질 뻔하다	• 夜道で石につまずいた。(よみち いし) 밤길 돌멩이에 걸려 넘어질 뻔 했다.
詰(つ)まる 가득 차다, 막히다, 메다	• 本棚に本がぎっしり詰まっている。(ほんだな ほん つ) 책꽂이의 책이 빽빽이 가득 차 있다. • 感激のあまり胸が詰まった。(かんげき むね つ) 감격한 나머지 목이 메었다.
摘(つ)む 따다	• 花畑で蓮華の花を摘んだ。(はなばたけ れんげ はな つ) 꽃밭에서 연꽃을 땄다.
積(つ)む 쌓다, 거듭하다	• 貨物列車に荷物を積んだ。(かもつれっしゃ にもつ つ) 화물열차에 짐을 쌓았다. • 長い間外国で経験を積んだ。(なが あいだがいこく けいけん つ) 오랫동안 외국에서 경험을 쌓았다.

2 동사

詰(つ)める 채우다, 담다	• お弁当(べんとう)にご飯(はん)とおかずを**詰(つ)め**た。 도시락에 밥과 반찬을 담았다.
強(つよ)まる 세지다	• さっきより雨足(あまあし)が**強(つよ)まっ**た。 아까보다 빗줄기가 거세졌다.
強(つよ)める 강화하다	• 牛肉(ぎゅうにく)の輸入制限(ゆにゅうせいげん)を**強(つよ)め**た。 소고기의 수입제한을 강화했다.
貫(つらぬ)く 꿰뚫다, 관철하다	• 自分(じぶん)の意思(いし)を最後(さいご)まで**貫(つらぬ)い**た。 자신의 의사를 끝까지 관철시켰다.
連(つら)ねる 늘어놓다, 줄지어 세우다	• 小(ち)さい家(いえ)が軒(のき)を**連(つら)ね**ている。 작은 집이 줄지어져 있다. • 会社(かいしゃ)に対(たい)する不満(ふまん)を**連(つら)ね**た。 회사에 대한 불만을 늘어놓았다. ♠ **軒(のき)を連(つら)ねる＝軒(のき)を並(なら)べる** 집이 처마를 잇대고 많이 늘어서있다
釣(つ)り合(あ)う 균형이 잡히다, 조화를 이루다	• 両国(りょうこく)の力関係(ちからかんけい)が**釣(つ)り合(あ)っ**ている。 양국의 힘의 관계가 조화를 이루고 있다.

吊(つ)る

경련이 일다, 땅기다

- 足(あし)の筋(すじ)が**吊(つ)**った。
  다리의 근육이 땅겼다.

吊(つ)るす

매달다

- 干(ほ)し柿(がき)を軒(のき)の下(した)に**吊(つ)るし**た。
  곶감을 처마 밑에 매달았다.

出会(であ)う・出合(であ)う

우연히 만나다, 마주치다, 눈에 띄다

- 道(みち)で偶然(ぐうぜん)に**出会(であ)**った。
  길에서 우연히 만났다.
- 思(おも)いがけぬ反撃(はんげき)に**出会(であ)**った。
  뜻밖의 반격을 받았다.

手掛(てが)ける

손수 다루다, 직접 하다, 양성하다

- １０年前(ねんまえ)から茸(きのこ)の栽培(さいばい)を**手掛(てが)け**ている。
  10년 전부터 버섯재배를 직접 손댔다.

出来上(できあ)がる

다 되다, 완성되다

- あと少(すこ)しで**出来上(できあ)がる**。
  조금 있으면 완성된다.
- **出来上(できあ)が**ったら持(も)っていきます。
  다 되면 가져가겠습니다.

適(てき)する

적합하다, 알맞다

- 済州島はみかんの栽培(さいばい)に**適(てき)し**ている。
  제주도는 밀감재배에 적합하다.

でくわ
出会す

우연히 만나다,
딱 마주치다

おも　ところ　で
- 思わぬ所で出くわした。
  뜻밖의 곳에서 마주쳤다.

てっ
徹する

사무치다, 일관하다,
밤을 지새우다

しあいかいし　いらい　ぼうぎょ　てっ
- 試合開始以来、ずっと防御に徹している。
  시합을 시작하고 계속 방어에만 일관하고 있다.

よ　てっ　かた　あ
- 夜を徹して語り合った。
  밤을 새워 이야기를 나누었다.

でむか
出迎える

마중하다

がいこく　きゃく　くうこう　でむか
- 外国からのお客を空港で出迎えた。
  외국에서 온 손님을 공항에서 마중했다.

て
照らす

비추다, 대조하다

かいちゅうでんとう　ぜんぽう　て
- 懐中電灯で前方を照らした。
  손전등으로 앞을 비추었다.

ほうりつ　て　はんだん
- 法律に照らして判断する。
  법에 비추어 판단하다.

て　かえ
照り返す

반사하다, 되비치다

たいよう　ひかり　て　かえ
- 太陽の光が照り返して、とてもまぶしい。
  햇빛이 반사되어 너무 눈이 부시다.

て
照る

밝게 빛나다, 개다

なんにちかん　あめ　ふ　きょう　ひ　て
- 何日間も雨が降らず、今日も日がさんさんと照ってい
  며칠간이나 비가 오지 않고, 오늘도 해가 눈부시게 빛나고 있다.

♠さんさん (햇빛 등이) 눈부시게 빛나는 모양

転じる・転ずる（てんじる・てんずる） 변하다, 바뀌다, 바꾸다	• 理系から文系に**転じ**た。（りけい・ぶんけい・てん） 이과에서 문과로 바꾸었다. • 禍を**転じ**て福となす。（わざわい・てん・ふく） 화가 변하여 복이 되다. (재난이 닥치더라도 그것을 거꾸로 이용하여 행운의 실마리가 될 수 있도록 노력하는 것. 전화위복)
問い合わせる（といあわせる） 조회하다, 문의하다	• わからないことがあったら、事務所に**問い合わせ**てください。（じむしょ・と・あ） 모르는 것이 있으면 사무실에 문의하세요.
問う（とう） 묻다, 추궁하다	• 女性に年齢を**問う**のは失礼なことだ。（じょせい・ねんれい・と・しつれい） 여성에게 연령을 묻는 것은 실례다. • うまく行かない場合は担当者に責任を**問う**ことになるだろう。（い・ばあい・たんとうしゃ・せきにん・と） 잘 되지 않을 때는 담당자에게 책임을 추궁하게 될 것이다.
遠ざかる（とおざかる） 멀어지다, 소원해지다	• 汽笛がだんだん**遠ざかる**。（きてき・とお） 기적이 점점 멀어지다. • 政界から**遠ざか**った。（せいかい・とお） 정계에서 멀어져 갔다.
通す（とおす） 통하게 하다, 안으로 들이다	• 北海道にも新幹線を**通す**ことにした。（ほっかいどう・しんかんせん・とお） 홋카이도에도 신간선을 연결시키기로 했다. • お客を応接室に**通し**た。（きゃく・おうせつしつ・とお） 손님을 응접실로 안내했다.
通り掛かる（とおりかかる） 마침 그 곳을 지나가다	• 駅前の本屋を**通りかか**った時、幼なじみにばったり会った。（えきまえ・ほんや・とお・とき・おさな・あ） 역 앞의 서점을 지나갔을 때 소꿉동무와 딱 마주쳤다.

とお す **通り過ぎる** 지나가다	おお さいがい たいふう とお • 大きな災害もなく、台風が**通りすぎ**た。 큰 재해도 없이 태풍이 지나갔다.
と **溶かす** 녹이다	え ぐ みず と いろ ぬ • 絵の具を水で**溶かし**てスケッチブックに色を塗った。 물감에 물을 섞어 스케치북에 색을 칠했다.
とが **咎める** 나무라다, 검문하다	せんぱい しんにゅうせい たいまん たいど • 先輩は新入生の怠慢な態度を**とがめ**た。 선배는 신입생의 태만한 태도를 나무랐다. おとうと いんしゅうんてん けいかん • 弟は飲酒運転で警官に**とがめ**られた。 남동생은 음주운전으로 경찰에게 검문받았다.
とが **尖る** 날카로워지다, 예민해지다	せんたん • ナイフの先端が**とがっ**ている。 칼끝이 날카롭다. てつや つづ しんけい • 徹夜続きで神経が**とがっ**ている。 계속 철야를 해서 신경이 날카로워졌다.
と ぎ **途切れる** 내왕이 끊기다, 중도에서 끊어지다	でんわ とちゅう と ぎ • 電話が途中で**途切れ**てしまった。 전화가 도중에 끊어져 버렸다.
と **溶く** 풀다, 용해시키다	え ぐ みず と • 絵の具を水で**溶い**た。 그림물감을 물에 풀었다.

解く（と） 끄르다, 풀다	• 一時間かかって一つの問題を解いた。 한 시간 걸려 한 문제를 풀었다. • 何度も説明をしてやっと疑いを解くことができた。 몇 번이나 설명을 하여 겨우 의심을 풀 수 있었다.
説く（と） 설득하다, 설명하다	• 命の大切さを説く。 생명의 귀중함을 설명하다.
研ぐ（と） (칼 등을) 갈다, (곡식을) 씻다	• 刀を研ぐ。 칼을 갈다. • 最近の若い子はお米の研ぎかたもしらない。 요즘 젊은이들은 쌀을 씻는 방법도 모른다.
退く（ど） 물러나다, 비키다	• すみませんが、ちょっとどいていただけませんか。 실례합니다만, 조금 비켜주시겠습니까?
溶け込む（とこ） 녹다, 동화되다	• チョコレートが溶け込んでいる。 초콜릿이 녹아 있다. • その場の雰囲気になかなか溶け込めない。 그 곳 분위기에 좀처럼 동화될 수 없다.
溶ける・解ける（と・と） 녹다	• 午後になって積もった雪が溶けはじめた。 오후가 되어 쌓였던 눈이 녹기 시작했다. • インスタントコーヒーは冷たい水にはなかなか溶けない。 인스턴트커피는 찬물에는 잘 녹지 않는다.

遂(と)げる 이루다, 성취하다	• IT産業(さんぎょう)はすばらしい発展(はってん)を遂(と)げた。 IT산업은 굉장한 발전을 이뤘다.
退(ど)ける 치우다, 비키다	• ここは駐車(ちゅうしゃ)できないので車(くるま)をどけてください。 여기는 주차할 수 없으니까 차를 치워 주세요.
閉(と)じる 닫다	• 閉店(へいてん)の時間(じかん)になったのでシャッターを閉(と)じた。 폐점시간이 되었기 때문에 셔터를 닫았다. • 試験(しけん)を始(はじ)めますから本(ほん)を閉(と)じてください。 시험을 시작하니까 책을 덮으세요.
綴(と)じる 철하다, 합쳐서 꿰매다	• 一年間(いちねんかん)かかって書(か)き上(あ)げた原稿(げんこう)を綴(と)じた。 일 년간 걸려 써놓은 원고를 철했다.
途絶(とだ)える 두절되다, 끊어지다	• 10時(じ)には人通(ひとどお)りが途絶(とだ)えてしまう。 10시에는 사람의 왕래가 끊어져 버린다. • 後継者(こうけいしゃ)がいないので伝統(でんとう)が途絶(とだ)えてしまう。 후계자가 없어서 전통이 끊어져 버린다.
滞(とどこお)る 밀리다, 막히다	• 三ヶ月間家賃(さんかげつかんやちん)が滞(とどこお)っている。 3개월간 집세가 밀려 있다.

ととの 整う

고르게 되다, 조화를 이루다, 구비되다

- かいぎ じゅんび ととの
  会議の準備が整いました。
  회의 준비가 되었습니다.
- ととの めはなだ
  整った目鼻立ちをしている。
  반듯한 이목구비를 하고 있다.

ととの 整える

정돈하다, 가다듬다, 갖추다

- だいじ しあい いま ととの
  大事な試合があるので、今コンディションを整えている。
  중요한 시합이 있어서 지금 컨디션을 조절하고 있다.
- ふくそう ととの い ほう
  パーティーなので服装を整えて行った方がいいよ。
  파티니까 복장을 갖추고 가는 편이 좋아.

とど 留まる

머무르다, 그치다

- たいふう そと で いちにちじゅう とど
  台風のせいで、外に出られず一日中ホテルに留まった。
  태풍 때문에 밖에 못나가고 하루 종일 호텔에 머물렀다.

とど 止める

멈추다, 만류하다, 남기다

- かえ きゃく むり とど
  帰ろうとするお客を無理やり止めた。
  돌아가려고 하는 손님을 무리하게 만류했다.
- れきし な とど
  歴史に名を止める。
  역사에 이름을 남기다.

とな 唱える

주장하다

- がっかい あたら がくせつ とな
  学会で新しい学説を唱えた。
  학회에서 새로운 학설을 주장했다.

どな 怒鳴る

소리치다, 고함치다

- せんせい がくせい おお こえ どな
  先生が学生を大きな声で怒鳴った。
  선생님이 학생에게 큰 소리로 고함치셨다.

2 동사

飛(と)ばす

날리다, 빨리 몰다

- 子供(こども)の頃(ころ)、よく紙飛行機(かみひこうき)を**飛(と)ばし**て遊(あそ)んだ。
  어렸을 때 자주 종이비행기를 날리고 놀았다.

飛(と)び込(こ)む

뛰어 들다

- 暑(あつ)さに絶(た)えきれず、一斉(いっせい)に川(かわ)に**飛(と)び込(こ)ん**だ。
  더위에 견딜 수 없어서 일제히 강에 뛰어 들었다.
- 思(おも)いきって新(あたら)しい環境(かんきょう)に**飛(と)び込(こ)ん**だ。
  과감하게 새로운 환경에 뛰어 들었다.

飛(と)び出(だ)す

뛰어나오다, 뛰쳐나오다

- 授業(じゅぎょう)が終(お)わって、子供達(こどもたち)は教室(きょうしつ)を**飛(と)び出(だ)し**た。
  수업이 끝나서 아이들은 교실을 뛰쳐나왔다.

惚(とぼ)ける

얼빠지다, 멍청하다,
시치미를 떼다

- 何(なに)も知(し)らないかのように**とぼけ**た顔(かお)をしている。
  아무것도 모르는 것처럼 시치미 떼는 얼굴을 하고 있다.

止(と)める・留(と)める・泊(と)める

멈추다, 멎게 하다

- 危険(きけん)を察知(さっち)して歩(あゆ)みを**止(と)め**た。
  위험을 눈치 채고 걸음을 멈췄다.

捕(と)らえる

붙잡다

- レーダーが敵(てき)の飛行機(ひこうき)を**捕(と)らえ**た。
  레이더가 적의 비행기를 포착했다.
- どろぼうが警察(けいさつ)に**捕(と)らえ**られた。
  도둑이 경찰에게 붙잡혔다.

取(と)り上(あ)げる

집어 들다, 문제 삼다

- 子供(こども)のおもちゃを**取(と)り上(あ)げ**た。
  아이 장난감을 집어 들었다.
- 新聞(しんぶん)で環境問題(かんきょうもんだい)を**取(と)り上(あ)げ**た。
  신문에서 환경문제를 문제 삼았다.

② 동사

取(と)り扱(あつか)う

다루다, 취급하다

- むげに**取(と)り扱(あつか)う**ことができない。
  함부로 취급할 수 없다.
- 高価(こうか)なものですから大切(たいせつ)に**取(と)り扱(あつか)**ってください。
  비싼 거니까 소중하게 다뤄 주세요.

取(と)り入(い)れる

거두어들이다, 수확하다
받아들이다

- 雨(あめ)が降(ふ)ってきたので、あわてて洗濯物(せんたくもの)を**取(と)り入(い)れ**た。
  비가 왔기 때문에 서둘러 빨래를 거두었다.

取(と)り組(く)む

맞붙다, 몰두하다,
~와 씨름하다

- セクハラ問題(もんだい)に対(たい)して真剣(しんけん)に**取(と)り組(く)ん**でいる。
  성희롱 문제에 대해 진지하게 씨름하고 있다.

♠ **セクハラ** 성희롱. 특히 직장 내 여성에 대한 성희롱

取(と)り消(け)す

취소하다

- 大学側(だいがくがわ)は学生(がくせい)の入学(にゅうがく)を**取(と)り消(け)**した。
  대학 측은 학생의 입학을 취소했다.

取(と)り締(し)まる

단속하다, 관리하다

- 飲酒運転(いんしゅうんてん)を厳(きび)しく**取(と)り締(し)ま**っている。
  음주운전을 엄격하게 단속하고 있다.

取り調べる (とりしらべる) 자세히 조사하다	• 犯人を捕まえて今**取り調べ**を行っているところです。 범인을 잡아 지금 자세히 조사를 하고 있는 참입니다.
取り出す (とりだす) 꺼내다	• 筆箱の中からボールペンを**取り出し**た。 필통 안에서 볼펜을 꺼냈다.
取り立てる (とりたてる) 거두다, 징수하다, 특별히 내세우다	• 借金取がお金を**取り立て**た。 빚쟁이가 돈을 징수했다. • そんなことは**取り立て**て言うまでもない。 그런 것은 특별히 내새워 말할 필요는 없다.
取り次ぐ (とりつぐ) 한쪽 뜻을 다른 쪽에 전하다, (전화를) 바꿔주다, (손님이 오셨다고) 전해주다	• 只今会議中ですので、電話を**取り次ぐ**ことができませ 지금 회의 중이므로 전화를 연결할 수가 없습니다. • 彼女の家に電話をしたが、お父さんが**取り次い**でくれなかった。 그녀의 집에 전화를 했지만 아버지가 바꿔 주지 않았다.
取り付ける (とりつける) 장치하다, 설치하다	• 部屋にクーラーを**取りつけ**た。 방에 에어컨을 설치했다.
取り除く (とりのぞく) 치우다, 없애다, 제거하다	• 芝生の中の雑草を**取り除い**た。 잔디 안에 잡초를 제거했다.

取り巻く

둘러싸다, 에워싸다, 추종하다

- 二人を取り巻く環境は厳しい。
  두 사람을 둘러싼 환경은 혹독하다.
- 彼を取り巻く人はすべて善良な人たちだ。
  그를 둘러싼 사람은 모두 선량한 사람들이다.

取り混ぜる

한데 섞다, 뒤섞다

- 各種のパンフレットを取り混ぜて送りますから、その中から適当な車を選んでください。
  각종 팸플릿을 섞어 보내니까 그 중에서 적당한 차를 골라 주세요.

取り戻す

되찾다, 회복하다

- 一度失った栄光を取り戻すことは容易ではない。
  한번 잃었던 영광을 되찾는 것은 쉽지 않다.

取り寄せる

가까이 끌어당기다, 주문해서 가져오게 하다

- 車を修理するために工場から部品を取り寄せた。
  차를 수리하기 위해 공장에서 부품을 주문했다.

取る·執る·採る·捕る

잡다, 맡다, 받다

- 夏休みに一週間の休暇を取るつもりです。
  여름방학에 일주일 휴가를 받을 생각입니다.
- 経営不振の責任を取って会社をやめることにした。
  경영부진의 책임을 지고 회사를 그만 두기로 했다.

取れる

떨어지다, 없어지다, 사라지다, 잡을 수 있다

- 薬を飲んでやっと痛みがとれた。
  약을 먹고 겨우 아픔이 없어졌다.
- 澄んだ川でしか鮎はとれない。
  맑은 강에서만 은어를 잡을 수 있다.

蕩(とろ)ける 녹다, 도취하다	• 暑(あつ)さのためにアイスクリームが**とろけ**てしまった。 더위로 아이스크림이 녹아버렸다.
治(なお)す 고치다, 치유하다	• 難病(なんびょう)を食事療法(しょくじりょうほう)で**治(なお)し**た。 난치병을 식사요법으로 고쳤다.
直(なお)す 고치다, 정정하다	• 間違(まちが)った部分(ぶぶん)を**直(なお)し**て提出(ていしゅつ)しなさい。 틀린 부분을 고쳐서 제출하세요.
流(なが)す 흘리다, 흐르게 하다	• 汗(あせ)を**流(なが)し**て稼(かせ)いだお金(かね)に価値(かち)がある。 땀 흘려 번 돈은 가치가 있다.
長引(ながび)く 오래 걸리다, 지연되다	• 不景気(ふけいき)が**長引(ながび)く**と失業者(しつぎょうしゃ)が増(ふ)える。 불경기가 지속되면 실업자가 늘어난다.
眺(なが)める 바라보다	• 二階(にかい)の窓(まど)から外(そと)を**眺(なが)め**た。 2층 창문에서 밖을 바라보았다.

なが **流れる** 흐르다, 흘러내리다	• 川の水が悠々と**流れ**ている。(かわ みず ゆうゆう なが) 강물이 유유히 흐르고 있다. • 時間があっという間に**流れ**た。(じかん ま なが) 시간이 눈 깜짝할 사이 흘렀다.
なぐさ **慰める** 위로하다, 달래다	• 死者の霊を**慰める**。(ししゃ れい なぐさ) 죽은 자의 혼령을 달래다. • これも運命だと自らを**慰め**た。(うんめい みずか なぐさ) 이것도 운명이라고 스스로를 위로했다.
なぐ **殴る** 때리다, 치다	• 女性を**殴る**なんて絶対許されない。(じょせい なぐ ぜったいゆる) 여성을 때리다니 절대로 용서받을 수 없다.
なげ **嘆く** 한탄하다, 슬퍼하다, 개탄하다	• 最近の若い者は礼儀を知らないと**嘆く**。(さいきん わか もの れいぎ し なげ) 요즘 젊은이들은 예의가 없다고 개탄하다.
な だ **投げ出す** 내던지다, 포기하다	• 問題を解決しないまま、**投げ出**した。(もんだい かいけつ な だ) 문제를 해결하지 않은 채 포기했다.
なじ **詰る** 힐책하다, 따지다	• 人のミスを**なじる**のはよくない。(ひと) 타인의 실수를 힐책하는 것은 좋지 않다.

な
偽す

하다, 행하다

な
- 偽すがままにさせておけ。
  하는 대로 놔둬라.

な　な　な　な　なにごと
- 偽せば成る、偽さねば成らぬ何事も。
  어떤 일이든 하면 되는 것이고, 안 하면 안 되는 것이다.

なづ
名付ける

이름 짓다, 부르다

いぬ　なづ
- ペットの犬をポピーと名付けた。
  애완용 강아지를 뽀삐 라고 이름 지었다.

しぜんしゅぎぶんがく　なづ　さくひん
- 自然主義文学と名付けられる作品がある。
  자연주의 문학이라고 불리는 작품이 있다.

な
撫でる

쓰다듬다, 살짝 스쳐가다, 매만지다

こども　あたま　な
- 子供の頭を撫でてやった。
  아이의 머리를 쓰다듬어 주었다.

なま
怠ける

게으름 피우다

なま　だいがく
- いつまでも怠けていると大学にはいれないぞ。
  언제까지나 게으름을 피우면 대학에는 못 들어가.

な
嘗める

깔보다, 얕보다

こうはい　な　せんぱい　こうどう
- 後輩に嘗められないように、先輩にふさわしい行動をしてください。
  후배에게 얕보이지 않도록 선배답게 어울리는 행동을 해 주세요.

なや
悩ます

괴롭히다, 시달리게 하다

なん　い　あたま　なや
- 何と言おうか頭を悩ました。
  뭐라고 말할까 고민했다.

なや
悩む

괴로워하다, 고민하다

そつぎょう まえ　しんろ　なや
- 卒業を前にして進路について悩んでいる。
  졸업을 앞두고 진로에 대해 고민하고 있다.

な
鳴らす

소리를 내다, 울리다, 떨치다

こども みち　と　だ　あわ　けいてき　な
- 子供が道から飛び出してきたので、慌てて警笛を鳴らした。
  아이가 길에서 뛰어들었기 때문이 황급히 경적을 울렸다.

むかし めいとうしゅ　な
- 昔は名投手として鳴らしたものだ。
  옛날에는 명투수로 이름을 날렸다.

な
馴らす

(동물 등을) 길들이다

もうどうけん　な　あたら　しゅじん　ひ　わた
- 盲導犬を馴らしてから、新しい主人に引き渡す。
  맹도견을 길들여서 새로운 주인에게 인계하다.

な
慣らす

익숙하도록 하다

そな　からだ　な
- カーレースに備えて体を慣らしている。
  카 레이스에 대비하여 몸을 단련하고 있다.

な　た
成り立つ

이루어지다, 성립되다

きゃく　は　けいえい　な　た
- お客がぜんぜんいないのに果たしてこれで経営が成り立つだろうか。
  손님이 전혀 없는데 도대체 이것으로 경영이 가능할 것인가.

♠ **果(は)たして** ①생각했던 대로. 역시. 과연 ②부정이나 가정문이 따라, 정말로. 진실로, 도대체

な
生る

(열매가) 열리다, 맺히다

ことし にわ かき　き　おお　み　な
- 今年も庭の柿の木に大きな実が生った。
  올해도 정원의 감나무에 커다란 열매가 열렸다.

成る（な） 되다, 이루어지다	• 子供(こども)は幼虫(ようちゅう)がさなぎに**なる**様子(ようす)を熱心(ねっしん)に観察(かんさつ)した。 아이는 요충이 번데기가 되는 모양을 열심히 관찰했다.
似合う（にあ） 어울리다, 잘 맞다	• 私(わたし)は赤(あか)い服(ふく)のよく**似合(にあ)う**子(こ)が好(す)きです。 나는 빨간 옷이 잘 어울리는 아이가 좋습니다.
煮える（に） 삶아지다, 익다, 끓다	• 鍋物(なべもの)に入(はい)っている大根(だいこん)が**煮(に)え**た。 냄비요리에 들어 있는 무가 익었다.
逃がす（に） 놓아주다, 도피시키다, 놓치다	• 犯人(はんにん)をあと少(すこ)しのところで**逃(に)が**した。 범인을 코앞에서 놓쳤다.
似通う（にかよ） 서로 비슷하다, 서로 닮은 데가 있다	• 彼(かれ)と私(わたし)の趣味(しゅみ)は**似通(にかよ)っ**ている。 그와 나의 취미는 서로 닮은 데가 있다.
握る（にぎ） 쥐다, 잡다	• 選手(せんしゅ)たちが皆手(みなて)を**握(にぎ)っ**て競技場(きょうぎじょう)に入(はい)ってきた。 선수들이 모두 손을 잡고 경기장에 들어왔다.

にぎ **賑わう** 번화해지다, 흥청거리다, 번성하다	きょう はなびたいかい かんこうきゃく にぎ • 今日は花火大会があるので観光客で**賑わ**っている。 오늘은 불꽃대회가 있어서 관광객으로 붐비고 있다.
にく **憎む** 미워하다, 싫어하다, 증오하다	ちい ちちおや にく • 小さいときから父親を**憎ん**だ。 어렸을 때부터 아버지를 싫어했다.
に だ **逃げ出す** 도망치다, 달아나다	しごと みっか に だ • 仕事がきつくて3日で**逃げ出**した。 일이 고되어 3일 만에 도망쳤다.
にご **濁る** 흐려지다, 탁해지다	あめあ かわ みず にご • 雨上がりで川の水が**濁**っている。 비가 막 갠 뒤라서 강물이 탁해졌다.
にじ **滲む** 번지다, 스미다, 배다	いま ち にじ どりょく つづ • 今まで血の**滲む**ような努力を続けてきた。 지금까지 피나는 노력을 계속해 왔다.
にな **担う** 메다, 짊어지다	こどもたち じんるい みらい にな • 子供達が人類の未来を**担**っている。 아이들이 인류의 미래를 짊어지고 있다.

鈍(にぶ)る
무디어지다, 둔해지다

- 長(なが)い間(あいだ)仕事(しごと)を休(やす)んでいたので腕(うで)が**鈍(にぶ)っ**た。
  오랫동안 일을 쉬었기 때문에 솜씨가 무뎌졌다.
- 久(ひさ)しぶりなので、勘(かん)が**鈍(にぶ)っ**ているのかもしれません。
  오랜만이기 때문에 감이 떨어져 있을지도 모릅니다.

睨(にら)む
노려보다, 주시하다, 점을 찍다

- 先輩(せんぱい)が私(わたし)たちの方(ほう)を**睨(にら)ん**でいる。
  선배는 우리들 쪽을 노려보고 있다.
- 来年(らいねん)の海外(かいがい)進出(しんしゅつ)を**睨(にら)ん**で準備(じゅんび)している。
  내년 해외진출을 노리고 준비하고 있다.

煮(に)る
삶다, 끓이다, 조리다

- 私(わたし)の大好物(だいこうぶつ)は大根(だいこん)を**煮(に)**た料理(りょうり)だ。
  내가 제일 좋아하는 것은 무를 조려서 만든 요리다.

縫(ぬ)う
바느질하다, (사람들의 틈새 등을) 누비다

- 家庭科(かていか)の時間(じかん)に針(はり)で**縫(ぬ)う**方法(ほうほう)を学(まな)んだ。
  가정시간에 바늘로 바느질하는 방법을 배웠다.
- 人混(ひとご)みの中(なか)を**縫(ぬ)う**ように進(すす)んでいった。
  사람들이 붐비는 틈을 누비듯이 앞으로 나아갔다.

抜(ぬ)かす
빼다, 힘이 빠지다, (사이를) 거르다, 따돌리다

- ４００メートルリレーで前(まえ)の選手(せんしゅ)を二人(ふたり)**抜(ぬ)かし**た。
  400m 릴레이에서 앞 선수를 두 사람 제쳤다.
- びっくりして腰(こし)を**抜(ぬ)かし**てしまった。
  놀라서 기겁하고 말았다.

♠ **腰(こし)を抜(ぬ)かす** 깜짝 놀라다. 기겁하다

抜(ぬ)く
뽑다, 빼내다, 골라내다, 제거하다

- 乾杯(かんぱい)をするためにビールの栓(せん)を**抜(ぬ)い**た。
  건배를 하기 위해 맥주 마개를 땄다.
- クリーニング店(てん)で、服(ふく)のしみを**抜(ぬ)い**てもらった。
  세탁소에서 옷의 얼룩을 제거했다.

抜(ぬ)け出(だ)す

빠져 나가다,
살짝 도망치다

- 自習時間(じしゅうじかん)に友達(ともだち)と学校(がっこう)を**抜(ぬ)け出(だ)**した。
  자습시간에 친구와 학교를 살짝 빠져 나갔다.
- やっとスランプを**抜(ぬ)け出(だ)す**ことができた。
  겨우 슬럼프에서 벗어 날 수 있었다.

抜(ぬ)ける

빠지다, 누락하다,
사라지다

- 最近(さいきん)よく髪(かみ)の毛(け)が**抜(ぬ)ける**ので心配(しんぱい)でしかたがない。
  요즘 머리카락이 자주 빠져서 걱정이 돼 죽겠다.
- 栓(せん)を抜(ぬ)いたまま放(ほう)っておいたのでビールの気(き)が**抜(ぬ)けて**しまった。
  뚜껑을 딴채 내버려 두어 맥주의 김이 빠져 버렸다.

濡(ぬ)らす

적시다

- コーヒーをこぼして服(ふく)を**濡(ぬ)らし**てしまった。
  커피를 쏟아서 옷을 적셔버렸다.

願(ねが)う

원하다, 기원하다,
청원하다

- 家族(かぞく)の健康(けんこう)を一番(いちばん)**願(ねが)って**いる。
  가족의 건강을 제일 원하고 있다.
- 留学(りゅうがく)とは**願(ねが)って**もないことだ。
  유학을 가게 되다니 더 바랄 나위가 없는 일이다.

♠ **願(ねが)ってもない** 더 바랄나위가 없다

寝(ね)かせる

재우다, 누이다, 묵히다

- 赤(あか)ん坊(ぼう)にミルクをあげて**寝(ね)かせ**た。
  갓난아기에게 우유를 주고 재웠다.

ねぎらう

노고를 치하하고 위로하다

- 社長(しゃちょう)は社員(しゃいん)の苦労(くろう)を**ねぎらっ**た。
  사장님은 사원의 노고를 치하했다.

捩じる(ね) 비틀다, 비꼬다, 비틀어 돌리다	• 階段で転んだ拍子に足を**ねじ**った。(かいだん ころ ひょうし あし) 계단에서 넘어지는 바람에 다리를 삐었다. • 水道のせんを**ねじる**と水が出る。(すいどう みず で) 수도꼭지를 돌리면 물이 나온다. ♠ **~した拍子(ひょうし)に** ~순간에. ~바람에. ~결에
捩れる(ねじ) 비틀어지다, 비뚤어지다	• 箱が**ねじれ**ていてふたが閉まらない。(はこ し) 상자가 삐뚤어져 뚜껑이 닫히지 않는다. • 性格が**ねじれ**ていて、ぜんぜん素直じゃない。(せいかく すなお) 성격이 삐뚤어서 전혀 솔직하지 않다.
妬む(ねた) 질투하다, 샘하다	• いくら友達といっても、成功を**妬む**気持がわいてくる。(ともだち せいこう ねた きもち) 아무리 친구라고 해도 (친구의) 성공을 질투하는 기분은 생긴다.
ねだる 조르다, 보채다	• 娘はおこづかいを**ねだる**時だけお父さんに愛敬を振り撒く。(むすめ とき とう あいきょう ふ ま) 딸아이는 용돈을 달라고 조를 때만 아버지에게 아양을 떤다. ♠ **愛敬(あいきょう)を振(ふ)り撒(ま)く** 애교를 떨다. 아양을 떨다
熱する(ねっ) 뜨거워지다, 열중하다	• 刀は赤く**熱し**た鉄をたたいて造る。(かたな あか ねっ てつ つく) 칼은 빨갛게 달아 오른 철을 두드려서 만든다. • 時間とともに議論が**熱し**てきた。(じかん ぎろん ねっ) 시간이 지날수록 의논이 뜨거워졌다.
粘る(ねば) 끈덕지게 견디며 버티다, 차져서 잘 달라붙다	• なんとか許可してもらおうと**粘っ**た。(きょか ねば) 어떻게든 허가를 받으려고 버텼다 • この餅は良く**粘っ**ておいしい。(もち よ ねば) 이 찹쌀떡은 적당히 차져서 맛있다.

ねら
狙う

겨누다, 노리다, 시기를 엿보다

- 的を**狙**って投げる。 과녁을 겨누어 던지다.
- 人質がテロリストの隙を**狙**って逃げた。
  인질이 테러리스트의 틈을 노리고 도망갔다.

ね
練る

가다듬다, 손질하다

- 監督とコーチが次の試合の戦略を**練**った。
  감독과 코치가 다음 시합 전략을 짰다.

のが
逃す

놓치다, 놓아주다

- もう一歩のところで優勝を**逃**した。
  눈앞에서 우승을 놓쳤다.

のが
逃れる

도주하다, 달아나다, 벗어나다, 면하다

- やっとのことで追っ手から**逃れ**た。
  겨우 추적자로부터 도망쳤다.
- どんなに言い訳をしても責任を**逃れる**ことはできない。
  어떤 핑계를 대도 책임을 면할 수 없다.

のこ
残す

남기다, 후세에 전하다

- まだ昔の面影を**残**している。
  아직 옛날의 모습을 남기고 있다.
- 彼は作曲家として名を**残**した。
  그는 작곡가로서 이름을 남겼다.

の
載せる

글 등을 싣다

- お店の新装開店の広告を新聞に**載せ**た。
  가게 신장개업 광고를 신문에 실었다.

の
乗せる

타게 하다, 태우다

かのじょ くるま の いえ おく
- 彼女を車に**乗せ**て家に送った。
  그녀를 차에 태워 집으로 보냈다.

くちぐるま の
- うまく口車に**乗せ**られた。
  감쪽같이 속았다.

のぞ
除く

없애다, 죽이다, 빼다, 제외하다

くすり がいちゅう のぞ
- 薬をまいて害虫を**除い**た。
  약을 뿌려 해충을 없앴다.

びょうき ひと のぞ ぜんいんさんか
- キャンプは病気の人を**除い**て全員参加です。
  캠프는 아픈 사람을 제외하고 전원 참가합니다.

のぞ
覗く

들여다보다, 잠깐 들르다

かべ あな へや のぞ
- 壁の穴からとなりの部屋を**覗い**た。
  벽의 구멍으로 옆방을 들여다보았다.

き はこ なか のぞ
- 気になって箱の中を**覗い**た。
  궁금해서 상자 안을 들여다보았다.

のぞ
望む

바라다, 원하다, 바라보다

がいこく りゅうがく のぞ
- 外国へ留学することを**望ん**でいる。
  외국에 유학하기를 바라고 있다.

がんか しない のぞ
- 眼下にソウル市内を**望む**ことができる。
  눈 아래 서울 시내를 바라 볼 수 있다.

のぞ
臨む

임하다, 대하다, 직면하다

じゅうぶんじゅんび かいぎ のぞ
- 十分準備をして会議に**臨ん**だ。
  충분히 준비해서 회의에 임했다.

きき のぞ とき れいせい なに たいせつ
- 危機に**臨ん**だ時、冷静さが何よりも大切だ。
  위기에 직면했을 때, 냉정함이 무엇보다도 중요하다.

の と
乗っ取る

쳐들어가서 빼앗다, 납치하다

しきん こ かいしゃ の と
- 資金をつぎ込んで会社を**乗っ取っ**た。
  자금을 들여 회사를 빼앗았다.

はんにん ひこうき の と
- 犯人が飛行機を**乗っ取っ**た。
  범인이 비행기를 납치했다.

ののし
罵る

큰소리로 비난하다, 욕설을 퍼붓다

- せいじしきん う と せいじか ののし
  政治資金を受け取った政治家を**罵**った。
  정치자금을 받은 정치가를 비난했다.

の
伸ばす

늘이다, 길게 기르다, 늘리다

- ひげ そ の
  髭を剃らないで**伸ばした**。 수염을 깍지 않고 길렀다.
- しゅつじょう たいかい きろく の
  出場する大会ごとに記録を**伸ばした**。
  출장하는 대회마다 기록을 갱신했다.
- まいねん じどうしゃ う あ の
  毎年、 自動車の売り上げを**伸ばした**。
  매년 자동차 매상을 늘렸다.

の
伸びる

자라다, 미치다

- いちねん せ の
  一年で１２センチ背が**伸びた**。
  1년에 12cm 자랐다.
- かぞく そうさ て の
  家族まで捜査の手が**伸びた**。
  가족까지 조사의 손이 미쳤다.

の
延びる

연장되다, 늘어지다

- あめ たいかい いちにちの
  雨のため、大会が一日**延びた**。
  비 때문에 대회가 하루 연장되었다.
- はや た の
  早く食べないとうどんが**延びて**しまう。
  빨리 안 먹으면 우동이 불어 버린다.

の
述べる

서술하다, 말하다, 진술하다

- しんねん も じぶん いけん の
  信念を持って自分の意見を**述べる**。
  신념을 가지고 자기의 의견을 말하다.

の こ
飲み込む

삼키다, 납득하다, 수용하다, 억누르다

- あわ あめ の こ
  慌てて飴を**飲み込ん**でしまった。
  허둥대다 사탕을 삼켜 버렸다.
- ことば おも の こ
  のどまででかかった言葉をやっとの思いで**飲み込ん**だ。
  목까지 나오려던 말을 겨우 삼켰다.

乗り換える(のりかえる) 갈아타다, 바꿔타다	• ソウル駅に来るためには地下鉄の新道林駅で**乗り換え**てください。 서울역에 올 때는 지하철의 신도림역에서 갈아타 주세요.
乗り込む(のりこむ) 탈것에 올라타다, 기세를 떨치며 들어가다	• 慌てて地下鉄に**乗り込ん**だ。 서둘러 지하철을 탔다. • 一人で相手の陣地に**乗り込ん**だ。 혼자서 상대편의 진지에 쳐들어갔다.
載る(のる) 실리다, 얹히다	• 投稿した記事が雑誌に**載っ**た。 투고한 기사가 잡지에 실렸다.
生える(はえる) 나다, 자라다	• 古くなったパンにかびが**生え**た。 오래된 빵에 곰팡이가 났다.
映える(はえる) 빛나다, 잘 어울리다	• 新緑が太陽の光に**映え**て美しい。 신록이 태양 빛에 빛나 아름답다. • 洋服にはこのネクタイが**映える**。 양복에는 이 넥타이가 어울린다.
剥がす(はがす) 벗기다, 떼다	• 期間が過ぎたのでポスターを**はがし**た。 기간이 지났기 때문에 포스터를 떼어냈다.

捗(はかど)る 진척되다, 일이 잘 되어가다	• 今日(きょう)はいつになく仕事(しごと)が**捗(はかど)**った。 오늘은 전에 없이 일이 잘 되어 갔다.
計(はか)る·測(はか)る·量(はか)る 달다, 재다, 도모하다, 꾀하다	• 取引(とりひき)では相手(あいて)の心中(しんちゅう)を**計(はか)る**のが重要(じゅうよう)だ。 흥정에서는 상대의 심중을 헤아리는 것이 중요하다. • 知(し)り合(あ)いの人(ひと)なのでビザの発行(はっこう)の便宜(べんぎ)を**計(はか)**ってあげた。 아는 사람이라서 비자 발행의 편의를 도모해줬다.
諮(はか)る 의견을 묻다	• その問題(もんだい)は委員会(いいんかい)に**はかる**ことにした。 그 문제는 위원회에 물어 보기로 했다.
図(はか)る 도모하다	• 成績(せいせき)を悲観(ひかん)して発作的(ほっさてき)に自殺(じさつ)を**はか**ったようだ。 성적을 비관하여 충동적으로 자살을 도모한 것 같다. ♠ **発作的(ほっさてき)** 발작적. 병의 증세가 갑자기 일어나는 모양. 또는 갑자기 어떤 행동을 하는 모양
吐(は)く 뱉다, 토하다	• 道(みち)に唾(つば)を**吐(は)**くと5万(まん)ウォンの罰金(ばっきん)です。 길에서 침을 뱉으면 5만원의 벌금입니다. • お酒(さけ)を飲(の)みすぎて、地下鉄(ちかてつ)のなかで**吐(は)い**てしまった。 술을 너무 많이 마시고 지하철 안에서 토하고 말았다.
掃(は)く 쓸다, 비질하다	• 毎朝(まいあさ)ほうきで庭(にわ)を**掃(は)**く。 매일 아침 비로 마당을 쓸다.

剥(は)ぐ 벗기다, 빼앗다	• 結婚(けっこん)の前(まえ)に相手(あいて)の仮面(かめん)をはぐ必要(ひつよう)がある。 결혼 전에 상대의 가면을 벗겨볼 필요가 있다.
育(はぐく)む 소중히 기르다, 키우다	• 子供(こども)は家庭(かてい)のなかで大切(たいせつ)にはぐくむのが大切(たいせつ)だ。 아이는 가정 속에서 소중히 키우는 것이 중요하다.
励(はげ)ます 격려하다	• 試験勉強(しけんべんきょう)に疲(つか)れた生徒(せいと)を励(はげ)ます。 시험공부에 지친 학생을 격려한다.
励(はげ)む 힘쓰다, 노력하다	• 朝(あさ)から仕事(しごと)に励(はげ)んでいる。 아침부터 일에 힘쓰고 있다.
剥(は)げる 벗겨지다, 퇴색하다	• 古(ふる)くなって車(くるま)のメッキが剥(は)げはじめた。 오래 돼서 차의 페인트가 벗겨지기 시작했다.
禿(は)げる 벗겨지다, 머리가 벗어지다	• 年(とし)をとってそろそろ頭(あたま)が禿(は)げる頃(ころ)だ。 나이 먹고 슬슬 머리가 벗겨질 때이다.

化ける(ば) 둔갑하다, 변장하다	• 女性(じょせい)に化(ば)けて女子寮(じょしりょう)に侵入(しんにゅう)した。 여자로 변장하고 여자 기숙사에 침입했다.
挟まる(はさ) 사이에 끼이다	• 慌(あわ)てて地下鉄(ちかてつ)に乗(の)ろうとしたら、かばんがドアに挟(はさ)まった。 서둘러 지하철에 타려고 하다가 가방이 문에 끼었다.
挟む(はさ) 끼우다, 집다, 사이에 두다	• 今読(いまよ)んでいるページを忘(わす)れないように、本(ほん)にメモ用紙(ようし)を挟(はさ)んだ。 지금 읽고 있는 페이지를 잊지 않도록 책에 메모용지를 끼웠다. • 今週(こんしゅう)は日曜日(にちようび)を挟(はさ)んで三連休(さんれんきゅう)だ。 이번 주는 일요일을 끼워 3일 연휴다.
弾く(はじ) 튀기다	• 野手(やしゅ)がボールを弾(はじ)いて打者(だしゃ)をアウトにできなかった。 야수가 볼을 튀겨 타자를 아웃시키지 못했다.
恥じらう(は) 부끄러워하다, 수줍어하다	• 人前(ひとまえ)で歌(うた)を歌(うた)うことを今(いま)でも恥(は)じらう。 사람들 앞에서 노래를 부르는 것을 지금까지도 부끄러워한다. • 昔(むかし)は男性(だんせい)の前(まえ)で恥(は)じらうような女性(じょせい)が人気(にんき)があったが、今(いま)はそうじゃない。 옛날에는 남자 앞에서 부끄러워하는 여자가 인기가 있었지만 지금은 그렇지 않다.
恥じる(は) 부끄럽게 생각하다	• いくら自分(じぶん)の過(あやま)ちを恥(は)じても、もう遅(おそ)い。 아무리 자기의 잘못을 부끄럽게 생각해도 이미 늦었다. • 分(わ)からないことを質問(しつもん)するのは決(けっ)して恥(は)じることではない。 모르는 것을 질문하는 것은 결코 부끄러운 일이 아니다.

外(はず)す

떼다, 풀다, 제외하다, 빼다

- ドアの鍵(かぎ)を**外(はず)し**て中(なか)に入(はい)った。
  문 열쇠를 열고 안으로 들어갔다.
- 監督(かんとく)が代(かわ)って、代表(だいひょう)メンバーから**外(はず)さ**れた。
  감독이 바뀌어 대표명단에서 제외 되었다.

弾(はず)む

튀다, 숨이 가빠지다, 들뜨다

- 新学期(しんがっき)を迎(むか)えて何(なん)となく心(こころ)が**弾(はず)み**ます。
  신학기를 맞이하여 왠지 모르게 마음이 들뜹니다.
- 友達(ともだち)と話(はなし)が**弾(はず)ん**で、時間(じかん)が過(す)ぎるのもわからなかった。
  친구와 이야기가 활기를 띠다 시간이 지나는 줄도 몰랐다.

外(はず)れる

빠지다, 벗어나다, 어긋나다

- 彼(かれ)ならお金(かね)を持(も)っているだろうと思(おも)ったのに的(まと)が**外(はず)れ**てしまった。
  그라면 돈을 가지고 있을 것이라고 생각했지만 예상이 어긋났다.
- 株価(かぶか)が上(あ)がるという予想(よそう)は見事(みごと)に**外(はず)れ**た。
  주가가 오른다는 예상은 완벽하게 벗어났다.

叩(はた)く

때리다, 치다, 떨다, 털다

- 肩(かた)をポンと**叩(はた)い**て友(とも)だちを元気(げんき)づけた。
  어깨를 툭툭 두드려 친구를 북돋아 주었다.

果(は)たす

완수하다, 달성하다

- 任(まか)せられた責任(せきにん)を見事(みごと)に**果(は)た**した。
  맡은 바 임무를 훌륭하게 완수했다.

罰(ばっ)する

벌하다, 처벌하다

- 法律(ほうりつ)を犯(おか)した者(もの)はどんなことがあっても**罰(ばっ)する**べきだ。
  법을 어긴 자는 어떤 일이 있어도 벌을 받아야 한다.

果(は)てる

끝나다, 다하다, 죽다

- 子供(こども)の教育(きょういく)にはもう精(せい)も根(こん)も**果(は)て**た。
  아이교육에는 이제 완전히 지쳤다.
- 警察(けいさつ)に包囲(ほうい)された犯人(はんにん)は自害(じがい)して**果(は)て**た。
  경찰에게 포위당한 범인은 자해하고 죽었다.

ばてる

지치다, 기진하다, 녹초가 되다

- 一日中(いちにちじゅう)外(そと)で仕事(しごと)をしていては、さすがに**ばてる**よ。
  하루 종일 밖에서 일을 하고 있으면 역시 지치지.
- 熱帯夜(ねったいや)が一週間(いっしゅうかん)も続(つづ)いたら、**ばてる**のは当然(とうぜん)だよ。
  열대야가 일주일이나 계속되면 지치는 것은 당연해.

話(はな)し合(あ)う

서로 이야기하다, 서로 의논하다

- 明日(あした)のスケジュールについてみんなで**話(はな)し合(あ)**った。
  내일 스케줄에 대해 모두 서로 의논했다.

話(はな)し掛(か)ける

말을 걸다, 말을 시작하다

- ベンチに一人(ひとり)で座(すわ)っている人(ひと)に優(やさ)しく**話(はな)しかけ**た。
  벤치에 혼자 앉아 있는 사람에게 친절하게 말을 걸었다.

離(はな)す·放(はな)す

떼다, 놓다, 풀다, 거리를 두다

- 子供(こども)から目(め)を**離(はな)し**たすきに、見失(みうしな)ってしまった。
  아이에게 눈을 너무 뗀 사이에 잃어버리고 말았다.
- 今(いま)は忙(いそが)しくてとても手(て)が**離(はな)せ**ません。
  지금은 바빠서 도저히 손을 뗄 수가 없습니다.

放(はな)つ

풀어 주다, 멀리하다, 쏘다

- ある程度大(ていどおお)きくなるまで飼育(しいく)して、後(あと)で野(の)に**放(はな)っ**てやる。
  어느 정도 클 때까지 기르고 나중에 들판에 풀어 줄 것이다.
- 犯人(はんにん)が近(ちか)づいてきたので、仕方(しかた)なく銃(じゅう)を**放(はな)っ**た。
  범인이 가까이 왔기 때문에 어쩔 수 없이 총을 쏘았다.

離(はな)れる・放(はな)れる 떨어지다, 벗어나다	• 高校生(こうこうせい)の時(とき)に親元(おやもと)を**離(はな)れ**た。 고등학교 때 부모 곁을 떠나 독립했다.
跳(は)ねる 뛰다, 뛰어오르다	• 取(と)ろうとした瞬間(しゅんかん)、ボールが高(たか)く**跳(は)ね**た。 잡으려고 한 순간 공이 높이 뛰어 올라갔다.
阻(はば)む 막다, 방해하다	• 機動隊(きどうたい)がデモ隊(たい)の行(い)く手(て)を**阻(はば)ん**だ。 기동대가 시위대의 앞길을 가로 막았다. ♠ 行(い)く手(て)=行(ゆ)く手(て) 전방, 앞길
省(はぶ)く 줄이다, 덜다	• 手間(てま)を**省(はぶ)く**ために、校正(こうせい)と同時(どうじ)に編集(へんしゅう)を行(おこな)った。 손을 덜기 위해 교정과 동시에 편집을 했다.
はまる 꼭 끼이다, 꼭 들어맞다, 빠지다	• 肥(ふと)ってしまってズボンのボタンがなかなか**はまら**ない。 살이 쪄버려 바지 단추가 좀처럼 채워지지 않는다. • ゲームに**はまっ**てしまってなかなかやめられない。 게임에 빠져서 쉽사리 그만둘 수가 없다.
生(は)やす 기르다, 자라게 하다	• 高校生(こうこうせい)のころから髭(ひげ)を**生(は)やし**ている。 고등학교 때부터 수염을 기르고 있다.

はや
早める

속력을 내다, 서두르다, 앞당기다

おも じゅんちょう すす よてい はや
- 思ったより順調に進んでいるので、予定を**早める**ことにする。
  생각보다 순조롭게 진행되고 있기 때문에 예정을 앞당기기로 했다.

② 동사

は や
流行る

유행하다, 널리 퍼지다, 번창하다

ことし はや
- 今年はミニスカートが**流行**っています。
  올해는 미니스커트가 유행하고 있습니다.

にほん いま かんこく はや
- 日本では今、韓国のドラマが**流行**っています。
  일본에서는 지금 한국 드라마가 유행하고 있습니다.

はら こ
払い込む

불입하다, 납부하다

はや ぎんこう だいきん はら こ
- 早く銀行に代金を**払い込ん**でください。
  빨리 은행에 대금을 납부하여 주세요.

はら もど
払い戻す

되돌려 주다, 환불하다

ふね けっこう かね はら もど
- 船が欠航になったので、お金を**払い戻**します。
  배가 결항되었기 때문에 돈을 환불하겠습니다.

はら だ
腹立つ

노하다, 화를 내다

ともだち やくそく まも ほんとう はらだ
- 友達が約束を守らないので本当に**腹立つ**。
  친구가 약속을 지키지 않았기 때문에 정말로 화가 난다.

ばら ま
散蒔く

흩뿌리다, 여기저기 뿌리다

せんきょ か かね
- 選挙に勝つためにお金を**ばらまい**た。
  선거에서 이기기 위해 돈을 여기저기 뿌렸다.

張(は)り切(き)る

팽팽하게 켕기다, 의욕이 충만 되다

- 今度(こんど)は絶対(ぜったい)勝(か)つと**張(は)り切(き)**っている。
  이번에는 절대로 이긴다고 의욕에 불타있다.

張(は)る・貼(は)る

덮이다, 깔리다, 붙이다

- 怪我(けが)をしたところに絆創膏(ばんそうこう)を**はる**。
  다친 곳에 반창고를 붙이다.
- 思(おも)い出(で)の写真(しゃしん)をアルバムに一枚一枚(いちまいいちまい)**貼(は)**った。
  추억의 사진을 앨범에 한 장 한 장 붙였다.

腫(は)れる

붓다

- 夕(ゆう)べ思(おも)いっきり泣(な)いたせいで、今朝(けさ)起(お)きると目(め)が**腫(は)れ**ていた。
  어젯밤 실컷 운 탓에 오늘 아침에 일어나니 눈이 부어 있었다.

控(ひか)える

대기하다, 기다리다

- 補欠(ほけつ)の選手(せんしゅ)が**控(ひか)え**ている。
  후보 선수가 대기하고 있다.

♠ **補欠(ほけつ)** 보결
♠ **補欠選手(ほけつせんしゅ)** 후보 선수

引(ひ)き上(あ)げる

끌어 올리다, 인양하다, 인상하다

- やっとの思(おも)いで海底(かいてい)に沈(しず)んでいた船(ふね)を**引(ひ)き上(あ)げ**た。
  간신히 바다 밑에 침몰했던 배를 인양했다.
- ５年(ねん)ぶりに地下鉄(ちかてつ)の料金(りょうきん)を１０パーセント**引(ひ)き上(あ)げ**た。
  5년 만에 지하철의 요금을 10퍼센트 인상했다.

率(ひき)いる

거느리다, 인솔하다, 지휘하다

- 国家代表(こっかだいひょう)の選手(せんしゅ)を**率(ひき)い**て海外遠征(かいがいえんせい)に出(で)る。
  국가대표 선수를 인솔하고 해외 원정에 나섰다.

引き受ける(ひうける) 책임지고 떠맡다, 부담하다	• 頼まれたら決していやとは言えず、何でも**引き受**けてしまう性格です。 부탁하면 결코 싫다고 하지 못하고 무엇이든 떠맡는 성격입니다.
引き起こす(ひおこす) 일으키다	• 会社に入社するやいなや問題を**引き起こ**した。 회사에 입사하자마자 문제를 일으켰다.
引き返す(ひかえす) 되돌아가다, 돌아오다, 반복하다	• 急に雨が降ってきたので家に**引き返**した。 갑자기 비가 왔기 때문에 집에 돌아갔다.
引き下げる(ひさげる) 끌어내리다, 낮추다, 물러나다	• ここまで来たら簡単には**引き下げ**られない。 여기까지 왔으니 간단히는 물러날 수 없다.
引き摺る(ひずる) 질질 끌다, 지연시키다	• 過去の問題を現在も**引き摺**っている。 과거의 문제를 현재에도 질질 끌고 있다.
引き出す(ひだす) 꺼내다, 인출하다	• 銀行でお金を**引き出**した。 은행에서 돈을 인출했다.

② 동사

ひ　と
引き留める

말리다, 만류하다, 붙잡다

きこく　かれ　おも　ひ　と
- 帰国しようとする彼をやっとの思いで**引き留め**た。

  귀국하려고 하는 그를 간신히 붙잡았다.

ひ　と
引き取る

물러나다, 인수하다, 떠맡다

さい　おとこ　こ　ひ　と
- 5歳になる男の子を**引き取**った。

  다섯 살 되는 남자아이를 떠맡았다.

ひ
轢く

치다

えきまえ　とお　くるま　ひ
- 駅前の通りで車に**轢か**れた。

  역 앞길에서 차에 치였다.

ひず
歪む

비뚤어지다, 일그러지다

じょうたい　わる　こうおんぶ　ひず　き
- スピーカーの状態が悪くて、高音部が**歪ん**で聞こえる。

  스피커의 상태가 나빠서 높은 음이 일그러져 들린다.

ひそ
潜む

숨다

くさかげ　ひそ　はんにん　あらわ　ま
- 草陰に**潜ん**で犯人が現れるのを待ちつづけた。

  풀숲에 숨어 범인이 나타나기를 계속 기다렸다.

ひそ
潜める

숨기다

さいきん　ぼうそうぞく　かげ　ひそ
- 最近は暴走族が陰を**潜め**た。

  최근에는 폭주족이 자취를 감추었다.

浸(ひた)す

담그다, 흠뻑 적시다

- タオルを冷(つめ)たい水(みず)に**浸(ひた)し**て冷(ひ)やす。
  수건을 찬물에 적셔 차게 하다.

引(ひ)っ掻(か)く

할퀴다, 세게 긁다

- 猫(ねこ)に手(て)を**引(ひ)っ掻(か)か**れてけがをしてしまった。
  고양이가 손을 할퀴어 상처가 났다.

引(ひ)っ掛(か)ける

걸다

- 服(ふく)を衣紋掛(えもんか)けに**引(ひ)っ掛(か)け**た。
  옷을 옷걸이에 걸었다.

♠ **衣紋掛(えもんか)け** 옷걸이

引(ひ)っくり返(かえ)す

뒤집다, 뒤엎다

- 手(て)が滑(すべ)って茶碗(ちゃわん)を**引(ひ)っくり返(かえ)し**てしまった。
  손이 미끄러져 밥그릇을 뒤엎어 버렸다.

引(ひ)っ越(こ)す

이사하다, 이전하다

- 来月(らいげつ)の初(はじ)めにソウルに**引(ひ)っ越(こ)す**ことになりました。
  내달 초에 서울로 이사하게 되었습니다.

引(ひ)っ込(こ)む

틀어박히다

- 子供(こども)が部屋(へや)に**引(ひ)っ込(こ)ん**だきり出(で)てこない。
  아이가 방에 틀어박힌 채 나오지 않다.

引(ひ)っ張(ぱ)る

당겨서 팽팽한 상태가 되게 하다, 끌다

- 子供達(こどもたち)がお父(とう)さんの両手(りょうて)を**引(ひ)っ張(ぱ)**って公園(こうえん)に向(む)かっている。아이들이 아버지의 양손을 끌며 공원으로 향하고 있다.
- 労働者(ろうどうしゃ)のストライキが経済発展(けいざいはってん)の足(あし)を**引(ひ)っ張(ぱ)**っている。노동자의 데모가 경제발전의 발목을 잡고 있다.

ひなびる

시골티가 나다, 촌스럽다

- 私達(わたしたち)が行(い)ったところは人影(ひとかげ)も少(すく)ない**ひなび**た温泉街(おんせんがい)だった。우리들이 갔던 곳은 사람 그림자도 없는 촌구석의 온천가였다.

響(ひび)く

울리다, 울려 퍼지다

- 聖堂(せいどう)の中(なか)では声(こえ)がよく**響(ひび)く**。성당 안에서는 목소리가 잘 울린다.

冷(ひ)やかす

놀리다, 야유하다

- 人(ひと)の弱点(じゃくてん)を**冷(ひ)やかす**のは卑怯(ひきょう)な行(おこな)いだ。사람의 약점을 놀리는 것은 비겁한 행동이다.

冷(ひ)やす

식히다, 기분을 가라앉히다, 서늘해지다

- 夏(なつ)にはビールを冷(つめ)たく**冷(ひ)や**して飲(の)むのが一番(いちばん)だ。여름에는 맥주를 시원하게 해서 마시는 것이 제일이다.
- 少(すこ)し頭(あたま)を**冷(ひ)や**して考えろ。조금 머리를 식히고 생각해라.
- 肝(きも)を**冷(ひ)や**した。간담이 서늘해졌다.

怯(ひる)む

기가 꺾이다, 겁먹다

- 相手(あいて)の剣幕(けんまく)に一瞬(いっしゅん)**ひるん**だが、こちらも負(ま)けじと大声(おおごえ)を出(だ)した。상대의 무서운 기세에 순간 겁을 먹었지만 이쪽도 질 수 없다고 크게 소리를 질렀다.

♠ **剣幕(けんまく)** (몹시 노하거나 흥분하여) 무서운 얼굴이나 기세

広(ひろ)がる 넓어지다, 번지다	• 民間交流(みんかんこうりゅう)のおかげで、友好(ゆうこう)の輪(わ)が広(ひろ)がりつつある。 민간교류 덕에 우호의 고리가 넓어지고 있다. ♠ 동사의 **ます형+つつある** ~하고 있다 어떠한 작용이나 동작이 계속적으로 진행되는 상태를 나타낼 때 사용
広(ひろ)げる 넓히다, 확장하다	• いつもお店(みせ)がお客(きゃく)であふれているので、この際(さい)お店(みせ)を広(ひろ)げようと思(おも)う。 항상 가게가 손님으로 넘쳤기 때문에 이 기회에 가게를 확장시키려고 한다. ♠ **この際(さい)** 이 기회, 이때
広(ひろ)まる 넓어지다, 보급되다	• インフルエンザが全国(ぜんこく)に広(ひろ)まった。 독감이 전국에 번졌다.
広(ひろ)める 범위를 넓히다, 퍼뜨리다	• 見聞(けんぶん)を広(ひろ)める目的(もくてき)で海外旅行(かいがいりょこう)に出(で)かけた。 견문을 넓히기 위한 목적으로 해외여행에 나섰다. • キリスト教(きょう)を広(ひろ)めるのが宣教師(せんきょうし)の使命(しめい)だ。 그리스도교를 보급시키는 것이 선교사의 사명이다.
深(ふか)まる 깊어지다	• 大学(だいがく)で日本語(にほんご)を専攻(せんこう)して、日本(にほん)に対(たい)する理解(りかい)が深(ふか)まった。 대학에서 일본어를 전공하고 일본에 대한 이해가 깊어졌다.
深(ふか)める 깊게 하다	• 本(ほん)をたくさん読(よ)んで教養(きょうよう)を深(ふか)める必要(ひつよう)がある。 책을 많이 읽어서 교양을 넓힐 필요가 있다.

拭(ふ)く 닦다, 훔치다	• 暑(あつ)いのでタオルで汗(あせ)を**拭(ふ)き**ながら授業(じゅぎょう)をした。 더워서 타올로 땀을 닦으며 수업을 했다.
含(ふく)む 입에 물다, 머금다, 포함하다	• キムチはたくさんのビタミンを**含(ふく)ん**でいる。 김치는 많은 비타민을 함유하고 있다.
含(ふく)める 포함시키다, 포함하다	• 私(わたし)を**含(ふく)めて**12人(にん)の学生(がくせい)が参加(さんか)した。 나를 포함하여 12사람의 학생이 참가했다.
膨(ふく)らます 부풀게 하다, 부풀리다	• 風船(ふうせん)を**膨(ふく)らま**した。 풍선을 부풀렸다. • 期待(きたい)に胸(むね)を**膨(ふく)らま**せた。 기대에 가슴이 부풀었다.
膨(ふく)らむ 부풀다, 불룩해지다	• 宇宙旅行(うちゅうりょこう)の夢(ゆめ)が**膨(ふく)らん**だ。 우주여행의 꿈이 부풀었다.
膨(ふく)れる 부풀다, 커지다	• 壁(かべ)に頭(あたま)をぶつけて赤(あか)く**ふくれ**た。 벽에 머리를 부딪쳐서 빨갛게 부풀었다.

更ける(ふ) 깊어지다	• 夜(よ)が更(ふ)けてから出発(しゅっぱつ)する予定(よてい)です。 밤이 깊어지고 나면 출발할 예정입니다.
老ける(ふ) 나이를 먹다, 늙다	• 父(ちち)は退職(たいしょく)して、一気(いっき)に老(ふ)けてしまったようだ。 아버지는 퇴직하고 단숨에 늙어 버리신 것 같다.
耽る(ふけ) 탐닉하다, 골몰하다, 빠지다	• 夕焼(ゆうや)けを見(み)つめながらしばらく瞑想(めいそう)に耽(ふけ)っていた。 저녁놀을 보면서 잠시 명상에 잠겼다.
塞がる(ふさ) 막히다, 메다, 닫히다	• 下水管(げすいかん)がごみで塞(ふさ)がってしまって、水(みず)が流(なが)れていかない。 하수관이 쓰레기로 막혀버려서 물이 흘러가지 않는다.
塞ぐ(ふさ) 막다	• 水(みず)があふれ出(で)ないように穴(あな)を塞(ふさ)いだ。 물이 넘치지 않도록 구멍을 막았다.
ふざける 까불다, 깔보다, 장난치다	• 先生(せんせい)が不在(ふざい)で、学生達(がくせいたち)がふざけあっている。 선생님이 안 계셔서 학생들이 장난치고 있다. • 約束時間(やくそくじかん)に遅(おく)れるなんてふざけている。 약속시간에 늦다니 까불고 있다.

防ぐ (ふせ)

막다, 방비하다

- 好守備(こうしゅび)が失点(しってん)を**防**(ふせ)**い**だ。
  좋은 수비가 실점을 막았다.
- 攻撃(こうげき)こそが失点(しってん)を**防**(ふせ)**ぐ**道(みち)だ。
  공격이야말로 실점을 막는 길이다.

打つ (ぶ)

치다, 때리다

- 先生(せんせい)は宿題(しゅくだい)を忘(わす)れてきた学生(がくせい)の手(て)のひらを**打**(ぶ)った。
  선생님이 숙제를 잊어버리고 온 학생의 손바닥을 때렸다.

打つかる (ぶ)

부딪치다, 부닥치다

- 前(まえ)を見(み)ないで歩(ある)いていたら電柱(でんちゅう)に**ぶつか**った。
  앞을 안 보고 걸어서 전봇대에 부딪쳤다.
- 思(おも)いがけない難題(なんだい)に**ぶつか**った。
  생각지도 않은 난제에 부딪쳤다.

打つける (ぶ)

부딪치다, 냅다 던지다,
(불만을) 마구 터뜨리다

- デモ隊(たい)は機動隊(きどうたい)に向(む)かって石(いし)を**ぶつけ**た。
  시위대는 기동대를 향해 돌을 던졌다.
- 会食(かいしょく)の場(ば)で、酔(よ)って上司(じょうし)に不満(ふまん)を**ぶつけ**た。
  회식에서 취해서 상사에게 불만을 토로했다.

踏まえる (ふ)

힘주어 밟다,
판단의 근거로 삼다

- 今(いま)までの調査(ちょうさ)の結果(けっか)を**踏**(ふ)**まえ**て結論(けつろん)を出(だ)します。
  지금까지의 조사결과를 근거로 삼아 결론을 내겠습니다.

踏み込む (ふ こ)

발을 내딛다,
파고들어가다

- 探剣隊(たんけんたい)は危険(きけん)を承知(しょうち)で草(くさ)むらに**踏**(ふ)**み込**(こ)**ん**だ。
  탐험대는 위험을 알면서 풀밭에 발을 들여놓았다.
- もう少(すこ)し**踏**(ふ)**み込**(こ)**ん**だ討論(とうろん)が必要(ひつよう)だと思(おも)う。
  조금 더 깊이 있는 토론이 필요하다고 생각한다.

増やす・殖やす

늘리다, 불리다

- 障害者のための施設を**増やす**予定だ。
  장애자를 위한 시설을 늘릴 예정이다.
- 日本語が上手になるためには語彙を**増やす**必要がある。
  일본어를 잘 하기 위해서는 어휘를 늘릴 필요가 있다.

振り返る

뒤돌아보다, 회고하다

- 私の名を呼ぶ声がしたので**振り返**った。
  내 이름을 부르는 목소리가 들려서 뒤돌아보았다.
- 自分の歩んできた人生を**振り返**ってみた。
  자신의 걸어 왔던 인생을 회고해 보았다.

振り向く

돌아보다, 관심을 보이다

- 彼は私の方を**振り向**いてもくれない。
  그는 나에게 관심을 보이지도 않는다.

降る

(비 · 눈 등이) 내리다, 떨어지다

- 一晩に200ミリ以上の雨が**降**った。
  하룻밤에 200m 이상의 비가 내렸다.

振る

움직이다, 잡고 흔들다, 흔들다

- わき目も**振ら**ずに走り去った。
  한눈도 팔지 않고 뛰어갔다.
- 歓迎の意味で皆で手を**振**った。
  환영의 의미로 모두 손을 흔들었다.

震える

흔들리다, 떨리다

- 人前で歌うのが初めてで、緊張して手が**ふるえ**た。
  사람들 앞에서 노래하는 것이 처음이라 긴장돼서 손이 떨렸다.

振る舞う(ふるまう)

행동하다, 대접하다

- 大切(たいせつ)なパーティですから紳士(しんし)に**振る舞**(ふるま)ってください。
  중요한 파티이기 때문에 신사답게 행동해 주세요.
- 出席者全員(しゅっせきしゃぜんいん)に記念品(きねんひん)を**振る舞**(ふるま)った。
  출석자 전원에게 기념품을 대접했다.

震わせる(ふるわせる)

떨게 하다, 떨다

- 彼(かれ)は怒(いか)りのあまり声(こえ)を**震わせ**(ふるわせ)た。
  그는 화가 난 나머지 목소리가 떨렸다.

触れる(ふれる)

닿다, 스치다, 언급하다

- 高価(こうか)なものですから手(て)に**触れ**(ふれ)てはいけません。
  비싼 것이니까 손으로 만지면 안 됩니다.
- いつも問題(もんだい)の核心(かくしん)に**触れる**(ふれる)質問(しつもん)をする。
  언제나 문제의 핵심을 언급하는 질문을 한다.

ぶれる

약간 흔들려서 일정한 위치에서 벗어나다

- カメラが**ぶれ**てきれいに映(うつ)せなかった。
  카메라가 흔들려 (사진이) 예쁘게 안 찍혔다.

凹む(へこむ)

우그러들다, 움푹 들어가다

- 大切(たいせつ)な試験(しけん)に失敗(しっぱい)して**へこん**でしまった。
  중요한 시험에 떨어져서 낙담했다.

隔たる(へだたる)

사이가 떨어지다, 세월이 흐르다

- 彼女(かのじょ)と別(わか)れて2年(ねん)の年月(としつき)が**隔た**(へだた)った。
  그녀와 헤어져서 2년이란 세월이 흘렀다.

へだ
隔てる

사이에 두다, 거리를 두다, 세월을 보내다

へや　かず　すく　　　　　　　　　　へや　へだ
- 部屋の数が少ないので、ついたてで部屋を隔てて
つか
使った。 방이 얼마 없어서 칸막이로 방을 막고 사용했다.

おさな　　　とも　　　ねん さいげつ へだ　さいかい
- 幼なじみの友と10年の歳月を隔てて再会した。
어렸을 적 친구와 10년 세월을 보내고 재회했다.

へ
減らす

줄이다, 감하다

しょくじ　りょう　はんぶん　へ
- ダイエットのために食事の量を半分に減らした。
다이어트를 위해 식사량을 반으로 줄였다.

へりくだ
謙る

겸양하다, 자신을 낮추고 상대를 높이다

けんじょうご　　　　　　　ことば
- 謙譲語は、へりくだる言葉だ。
겸양어는 자기를 낮추는 언어이다.

がいこく　　き きゃく しゅうし　　　　　たい ど　たいおう
- 外国から来た客に終始へりくだった態度で対応した。
외국에서 온 손님에게 시종 겸손한 태도로 대접했다.

へ
減る

줄다, 적어지다, 배고프다

あさ　　なに　た　　　　　　　　　なか　へ
- 朝から何も食べていないのでお腹が減った。
아침부터 아무것도 먹지 않아서 배가 고팠다.

いっかげつ　　　たいじゅう　へ
- 一ヶ月で5キロ体重が減った。
한 달에 5kg 체중이 줄었다.

へ
経る

경과하다, 거치다, 거쳐 가다

ねん さいげつ　へ　　　　こうじ　かんせい
- 10年の歳月を経てやっと工事が完成した。
10년 세월을 거쳐 겨우 공사가 완공되었다.

ほうむ
葬る

묻다, 매장하다

がいこく　き　じこ　　　　ろうどうしゃ ていちょう ほうむ
- 外国から来て事故にあった労働者を丁重に葬った。
외국에서 와서 사고를 당한 노동자를 극진하게 장사지냈다.

放(ほう)り込(こ)む

던져 넣다, 집어넣다

- 学校(がっこう)から帰(かえ)って来(く)るや否(いな)やカバンを部屋(へや)に**放(ほう)り込(こ)ん**でまた出(で)かけた。
  학교에서 돌아오자마자 가방을 집어 던지고 나갔다.

放(ほう)り出(だ)す

밖으로 내던지다, 내팽개치다

- 妻(つま)はいつも子供(こども)を**放(ほう)り出(だ)し**たままテレビを見(み)ている。
  아내는 항상 아이를 내팽개친 채 TV를 보고 있다.

放(ほう)る

멀리 내던지다, 내버려두다

- 塾(じゅく)に行(い)かないのはまだしも、宿題(しゅくだい)も**放(ほう)っ**て遊(あそ)んでいる。
  학원에 가지 않는 것은 괜찮다 치더라도 숙제를 내버려 둔 채 놀고 있다.

♠ **まだしも** 그런 대로(괜찮지만)

吠(ほ)える

짖다, 으르렁거리다

- うちの犬(いぬ)は知(し)らない人(ひと)が来(く)るといつも**吠(ほ)える**。
  우리 개는 모르는 사람이 오면 언제나 짖는다.

惚(ぼ)ける・呆(ぼ)ける・暈(ぼ)ける

멍청해지다, 망령들다

- 子供(こども)たちのためにも、年(とし)をとって**惚(ぼ)け**たくない。
  아이들을 위해서라도 나이 들어 망령들고 싶지 않다.

誇(ほこ)る

자랑하다, 자만하다

- IT産業(さんぎょう)では世界最高(せかいさいこう)の水準(すいじゅん)を**誇(ほこ)っ**ている。
  IT산업에서는 세계최고의 수준을 자랑하고 있다.

干(ほ)す

말리다, 남김없이 마시다

- 日曜日(にちようび)には、妻(つま)が洗濯(せんたく)をして、私(わたし)が洗濯物(せんたくもの)を干(ほ)す。
  일요일에는 아내가 빨래를 하고 나는 세탁물을 말린다.
- ベランダに布団(ふとん)をかけて干(ほ)す人(ひと)が多(おお)い。
  베란다에 이불을 널고 말리는 사람이 많다.
- ビールを一気(いっき)に飲(の)み干(ほ)した。 맥주를 단숨에 비웠다.

解(ほど)く

풀다, 뜯다

- 日本(にほん)の着物(きもの)は帯(おび)を締(し)めるのもほどくのも一人(ひとり)ではできない。
  일본의 기모노는 띠를 묶는 것도 푸는 것도 혼자서 할 수 없다.

解(ほど)ける

풀리다, 마음이 풀리다

- 走(はし)っていたら運動靴(うんどうぐつ)の紐(ひも)がほどけてしまった。
  달리고 있는데 운동화 끈이 풀어져 버렸다.

施(ほどこ)す

베풀다, 시행하다, 가하다

- すべての国民(こくみん)に教育(きょういく)を施(ほどこ)す。
  모든 국민에게 교육을 시행하다.
- 趣味(しゅみ)で車(くるま)に派手(はで)な装飾(そうしょく)を施(ほどこ)している。
  취미로 자동차에 화려한 장식을 하고 있다.

微笑(ほほえ)む

미소 짓다

- 彼女(かのじょ)はこちらを振(ふ)り向(む)いて微笑(ほほえ)んだ。
  그녀는 이쪽을 돌아보고 미소 지었다.

ぼやく

투덜거리다, 불평하다

- 従業員(じゅうぎょういん)はいつも待遇(たいぐう)が悪(わる)いとぼやいている。
  종업원은 항상 대우가 나쁘다고 불평하고 있다.

ぼやける 흐릿해지다, 희미해지다	• 霧(きり)のために富士山(ふじさん)が**ぼやけ**てよく見(み)えない。 안개 때문에 후지산이 흐려서 잘 안 보인다.
彫(ほ)る 새기다, 조각하다	• この仏像(ぶつぞう)は木(き)を**彫(ほ)**って造(つく)ったものです。 이 불상은 나무를 조각해서 만든 것이다.
掘(ほ)る 파다	• 彼(かれ)は30年間(ねんかん)、金脈(きんみゃく)を探(さが)して山(やま)を**掘(ほ)**っている。 그는 30년간 금맥을 찾아서 산을 파고 있다.
滅(ほろ)びる 망하다, 멸망하다	• 聖書(せいしょ)に出(で)てくるソドム・ゴモラの町(まち)は淫乱(いんらん)によって**滅(ほろ)びた**。 성서에 나오는 소돔과 고모라의 마을은 음란함 때문에 망했다.
滅(ほろ)ぶ 망하다, 없어지다, 사라지다	• このままだと地球温暖化(ちきゅうおんだんか)のために自然(しぜん)が**滅(ほろ)ん**でしまうかもしれない。 이대로라면 지구 온난화 때문에 자연이 파괴될지도 모른다.
滅(ほろ)ぼす 멸망시키다, 망치다	• 国(くに)の首脳部(しゅのうぶ)の無知(むち)が国(くに)を**滅(ほろ)ぼす**。 국가 수뇌부의 무지가 국가를 망친다.

まい

舞う（まう）

빙빙 돌다, 흩날리다

- 春風(はるかぜ)に桜(さくら)の花(はな)が**舞**(ま)っている。
  봄바람에 벚나무의 꽃잎이 흩날리고 있다.

任す（まかす）

맡기다

- この仕事(しごと)はあなたにお**任**(まか)**せ**します。
  이 일은 당신에게 맡기겠습니다.

負かす（まかす）

지게하다, 이기다

- だれが見(み)ても、今度(こんど)こそ完全(かんぜん)に**負**(ま)**か**しました。
  누가 봐도 이번이야말로 완전히 이겼습니다.

任せる（まかせる）

맡기다

- 今度(こんど)の仕事(しごと)は山田君(やまだくん)に**任**(まか)**せる**つもりだ。
  이번 일은 야마타군에게 맡길 예정이다.

賄う（まかなう）

마련하다

- 支出(ししゅつ)は全部会費(ぜんぶかいひ)で**賄**(まかな)っています。
  지출은 전부 회비에서 마련하고 있습니다.

紛れる（まぎれる）

혼동되다, 헷갈리다

- 追(お)い掛(か)けていたすりが群衆(ぐんしゅう)に**紛**(まぎ)**れ**て見(み)えなくなった。
  뒤쫓던 소매치기가 군중 속에 섞여 보이지 않게 되었다.

② 동사

蒔(ま)く
뿌리다

- 種(たね)を蒔(ま)いて、二三日(にさんにち)したら芽(め)が出(で)てくるはずだよ。
  씨를 뿌리고 2, 3일 지나면 싹이 나올 거야.

まくる
(소매 등을) 걷다,
걷어 올리다

- 早(はや)く起(お)きなさいとお母(かあ)さんが私(わたし)の布団(ふとん)をまくった。
  빨리 일어나지 않는다고 엄마가 내 이불을 걷었다.

曲(ま)げる
구부리다, 기울이다

- 彼(かれ)はいつも些細(ささい)なことでへそを曲(ま)げる。
  그는 언제나 사소한 것에 토라진다.

♠ **へそを曲(ま)げる** 기분 나빠하다. 토라지다

勝(まさ)る
낫다, 뛰어나다

- 体力(たいりょく)の面(めん)ではA君(くん)のほうが勝(まさ)っている。
  체력 면에서는 A군 쪽이 뛰어나다.

混(ま)ざる·交(ま)ざる
섞이다

- 爆弾酒(ばくだんしゅ)はビールとウイスキーが混(ま)ざってできている。
  폭탄주는 맥주와 위스키가 섞여 있다.
- アメリカはいろんな人種(じんしゅ)が混(ま)ざっている。
  미국은 여러 인종이 섞여 있다.

交(まじ)える
섞다, 끼게 하다

- 学生(がくせい)の代表(だいひょう)を交(まじ)えて全体(ぜんたい)の会議(かいぎ)を開(ひら)いた。
  학생 대표를 한데 섞어 전체 회의를 열었다.

まじ
交わる

엇갈리다, 교차하다, 뒤섞이다

さまざま くに りゅうがくせい いちどう まじ
- 様々 な国からの留学生が一同に**交わ**った。
  다양한 나라에서 온 유학생들이 모두 뒤섞였다.

② 동사

ま
増す

많아지다, 늘다

にほん たい えいきょうりょく ま
- アメリカは日本に対する影響力を**増**している。
  미국은 일본에 대한 영향력을 늘리고 있다.

ま
混ぜる

섞다, 혼합하다

はくさい こな ま つく
- キムチは白菜ととうがらしの粉を**混ぜ**て作る。
  김치는 배추와 고춧가루를 섞어 만든다.

またが
跨る

올라타다, 걸터앉다

うま またが はじ きもち よ
- 馬に**跨る**のは初めてだったが、とても気持が良かった。
  말에 올라타는 것은 처음이었지만, 매우 기분이 좋았다.

また
跨ぐ

가랑이를 벌리고 넘다, 걸치다

ちい おがわ わた
- 小さな小川だったので、**またい**で渡った。
  조그만 시냇물이었기 때문에 넘어서 건너갔다.

ま あ
待ち合わせる

미리 장소와 시간을 정해 놓고 상대를 기다리다

えきまえ じ ま あ
- 駅前で3時に**待ち合わせ**た。
  역 앞에서 3시에 만나기로 하고 기다렸다.

まちが **間違う** 틀리다, 잘못되다	• なんど 何度も みなおし 見直したにもかかわらず、いくつか じ 字を まちが **間違え**た。 몇 번이나 다시 봤는데도 불구하고 몇 개인지 글자가 틀렸다.
ま のぞ **待ち望む** 기다리고 기다리다, 대망하다	• ふうふ 夫婦ともに こども 子供ができるのを ま のぞ **待ち望ん**でいる。 부부는 아이가 생기는 것을 바라고 있다.
まつ まつ **祭る・祀る** 제사지내다, 신으로 받들어 모시다	• せんぞ 先祖の みたま 御霊が むら 村の じんじゃ 神社に まつ **祭っ**てある。 선조의 혼령이 마을 신사에 모셔져 있다. ♠ **御霊(みたま)** 신령이나 조상의 혼령. 영혼
まと **纏まる** 합쳐지다, 정리되다, 성립되다	• 1 ねん 年かかって、やっと けいやく 契約が**まとまっ**た。 1년 걸려 겨우 계약이 성립 되었다.
まと **纏める** 합치다	• みんな 皆の いけん 意見を**まとめ**て かいしゃ 会社に ほうこく 報告した。 모두의 의견을 모아서 회사에 보고했다.
まな **学ぶ** 배우다	• 1 ねんまえ 年前から にほんご 日本語を まな **学ん**でいます。 1년 전부터 일본어를 배우고 있습니다.

間に合う（まあ） 시간에 늦지 않게 대다	• 朝寝坊（あさねぼう）をして、約束（やくそく）の時間（じかん）に間に合（まあ）わなかった。 아침에 늦잠을 자서 약속 시간에 늦었다.
免れる（まぬがれる） 피하다, 벗어나다	• 台風（たいふう）がそれて何（なん）とか災害（さいがい）を免（まぬが）れることができた。 태풍이 빗겨나가 어떻게든 재해를 면할 수 있었다. ♠ **逸(そ)れる** 빗나가다. 벗어나다
招く（まねく） 손짓하여 부르다, 불러오다, 초대하다	• 大学教授（だいがくきょうじゅ）を招（まね）いてセミナーを行（おこな）った。 대학교수를 초빙하여 세미나를 열었다.
真似る（まねる） 흉내 내다, 모방하다	• 九官鳥（きゅうかんちょう）は人（ひと）の声（こえ）をまねることができる。 구관조는 사람의 목소리를 흉내 낼 수 있다.
迷う（まよう） 길을 잃다, 헤매다	• 道（みち）に迷（まよ）って、なかなか目的地（もくてきち）に行（い）けなかった。 길을 잃고 좀처럼 목적지에 가지 못했다.
丸める（まるめる） 둥글게 하다, 뭉치다, 머리를 깎다	• 恥（は）ずかしそうにハンカチを丸（まる）めている。 부끄러운 듯이 손수건을 만지작거렸다. • 頭（あたま）を丸（まる）めて出家（しゅっけ）した。 머리를 밀고 출가했다.

回す

돌리다, 회전시키다

- 母はびっくりして目を回した。
  엄마는 깜짝 놀라 기절했다.

♠ 目(め)を回(まわ)す ①기절하다 ②바빠서 쩔쩔매다

見上げる

우러러보다, 올려다보다

- ビルの高さに驚きながら、そのてっぺんを見上げた。
  빌딩 높이에 놀라며 그 꼭대기를 올려다보았다.
- あんなに若いのに世界チャンピオンだなんて見上げたものだ
  저렇게 젊은데 세계 챔피언이라니 존경할만하다.

見合わせる

마주보다, 보류하다

- 二人は顔を見合わせてにっこりと笑った。
  두 사람은 얼굴을 마주 보며 빙긋 웃었다.
- 台風のため定期便の運転を見合わせている。
  태풍으로 인해 정기편의 운송을 보류하고 있다.

見送る

떠나는 것을 바라보다, 전송하다, 배웅하다, 보류하다

- 昨日、ソウル駅に彼を見送った。
  어제 서울역에 그를 배웅했다.
- 今回は昇進を見送ることになりました。
  이번에는 승진을 보류하게 되었습니다.

見落とす

간과하다, 빠뜨리고 보다

- 何人かで確認したのに、誤字を見落とした。
  몇 명이 확인했는데 오자를 빠뜨리고 보았다.

見下ろす

내려다보다, 굽어보다

- アパートの屋上から私の住んでいる町を見下ろした。
  아파트 옥상에서 내가 살고 있는 마을을 내려다보았다.

みか
見掛ける

눈에 띄다, 언뜻 보다

きのう　だいがく　　　　　　　かれ　みか
- 昨日、大学のキャンパスで彼を**見掛け**た。
  어제 대학 캠퍼스에서 그를 언뜻 보았다.

みくだ
見下す

아래를 보다, 깔보다

ぶちょう　　　　あいて　みくだ　　たいど
- 部長はいつも相手を**見下し**た態度をとるので、
  みんな　きら
  皆に嫌われている。
  부장은 항상 상대를 깔보는 듯한 태도를 취해서 모두 싫어한다.

み
満たす

채우다, 만족시키다

さいいじょう だいがくせい　じょうけん　み
- 18才以上で大学生なら条件を**満た**しています。
  18세 이상 대학생이라면 조건을 충족시킵니다.

みだ
乱れる

흐트러지다, 어지러워지다

よこはい　　　　ひと　　　れつ　みだ
- 横入りをする人がいて、列が**乱れ**た。
  새치기하는 사람이 있어서 줄이 흐트러졌다.

みちび
導く

안내하다, 이끌다,
유도하다

しょうぐん　にほん　　かいせん　しょうり　みちび
- 李舜臣将軍が日本との海戦で勝利に**導い**た。
  이순신 장군이 일본과의 해전에서 승리로 이끌었다.

み
満ちる

가득하다, 기한이 차다

しんこん　ふたり　　　いましあわ　　み
- 新婚の二人は、今幸せに**満ち**ている。
  신혼인 두 사람은 지금 행복에 가득 차 있다.

りじ　　ことし　　がつ　　ねん　にんき　　み
- 理事は今年の３月で４年の任期が**満ちる**。
  이사는 올해 3월로 4년 임기가 찬다.

見詰める

응시하다, 주시하다

- 別れ話を聞かされて、彼は何も言わずじっと本を**見詰**ていた。
  이별의 말을 듣게 된 그는 아무 말도 하지 않고 가만히 책을 보고 있다
- 二人は何も言わないでお互いの顔を**見詰め**ていた。
  두 사람은 아무 말도 하지 않고 서로의 얼굴을 바라보았다.

見積もる

견적을 뽑다

- 引っ越しするのにいくらぐらいかかるか業者の人に**見積も**ってもらった。
  이사하기 전에 어느 정도 들지 업자에게 견적을 냈다.

認める

인지하다, 인정하다, 시인하다

- 検査の結果、異常は**認め**られませんでした。
  검사 결과 이상은 발견되지 않았습니다.
- 犯人はやっと自分の罪を**認め**た。
  범인은 겨우 자기의 죄를 인정했다.

見直す

다시 보다, 재인식하다

- 原稿を出す前にもう一度**見直**した。
  원고를 주기 전에 다시 한 번 재점검했다.
- 彼があんなに気が利くなんて**見直**した。
  그가 그렇게 재치가 있다니 다시 봤다.

見做す

간주하다

- 反対の意見がなければ皆賛成と**みなし**ます。
  반대 의견이 없으면 모두 찬성하는 것으로 간주합니다.

見習う

보고 익히다, 수습하다, 본받다

- 先輩の努力する姿を**見習**った方がいい。
  선배의 노력하는 모습을 보고 본받는 것이 좋다.
- 君も少しはC君を**見習い**なさい。
  자네도 조금은 C군을 본받게나.

見慣(みな)れる

늘 보아오다, 낯익다

- クレジットカードや交通(こうつう)カードでバス料金(りょうきん)を支払(しはら)うのは韓国(かんこく)では**見慣(みな)れ**た光景(こうけい)だ。
  신용카드나 교통카드로 버스요금을 내는 모습은 한국에서는 익숙해진 광경이다.

見逃(みのが)す

간과하다, 보고도 못 본 체하다

- 計画(けいかく)を作成(さくせい)するにあたって大事(だいじ)な点(てん)を**見逃(みのが)し**ていた。
  계획을 작성하는데 있어서 중요한 점을 간과하고 있다.
- 今日(きょう)だけは**見逃(みのが)し**てやるが、もう二度(にど)と盗(ぬす)みをしてはだめだぞ。
  오늘만은 넘어가 주겠지만, 두 번 다신 훔쳐서는 안 된다.

実(みの)る

열매를 맺다, 결실하다

- 今年(ことし)もりんごの木(き)に大(おお)きな実(み)が**実(みの)**った。
  올해도 사과나무에 큰 열매가 열렸다.
- 長年(ながねん)の努力(どりょく)がやっと**実(みの)**った。
  다년간의 노력이 드디어 결실을 맺었다.

見計(みはか)らう

보아서 적당한 때를 가늠하다

- 出生(しゅっせい)の秘密(ひみつ)は、時期(じき)を**見計(みはか)ら**って話(はなし)をするつもりだ。
  출생의 비밀은 시기를 보아서 이야기할 것이다.

見舞(みま)う

문안하다, 문병하다, 찾아오다

- 病気(びょうき)で倒(たお)れた恩師(おんし)を**見舞(みま)**った。
  병으로 쓰러진 은사를 문병했다.
- 大(おお)きな地震(じしん)が東海地方(とうかいちほう)を**見舞(みま)**った。
  큰 지진이 동해지방을 엄습했다.

診(み)る

진찰하다

- 診療所(しんりょうじょ)に行(い)けば無料(むりょう)で**診(み)**てくれます。
  진료소에 가면 무료로 진료해 줍니다.

見渡す（みわたす）

멀리 바라다보다, 전망하다

- 丘に立って辺りを**見渡し**ても人一人見当たらない。
  언덕에 서서 주의를 둘러봐도 사람 한 명 보이지 않는다.

♠**見当(みあ)たる** 발견되다. 눈에 띄다
흔히 「見当(みあ)たらない 발견되지 않는다. 눈에 띄지 않는다」**로 부정의 형태로 사용**

向く（むく）

향하다, 적합하다, (마음이) 쏠리다

- 私の部屋は南を**向い**ていて、日当たりがいい。
  내방은 남향이라서 햇볕이 잘 든다.
- 彼は皆に好かれるタイプなので、リーダーに**向い**ている。
  그는 모두가 좋아하는 타입이기 때문에 리더에 적합하다.
- 気が**向い**たら行きます。 마음이 내키면 가겠습니다.

剥く（むく）

벗기다, 까다, 드러내다

- ぶどうの皮を**剥か**ないで、そのまま食べる人も結構多い
  포도 껍질을 벗기지 않고 그대로 먹는 사람도 꽤 많다.
- 番犬が歯を**剥い**てうなっている。
  집지키는 개가 이를 드러내고 으르렁거리고 있다.

向ける（むける）

향하게 하다, 향하다

- 政府は国民の関心を外に**向け**ようとしている。(타동사)
  정부는 국민의 관심을 밖으로 향하게 하려 하고 있다.
- 船は今朝、日本に**向け**て出発した。(자동사)
  배는 오늘 아침 일본을 향해 출발했다.

蒸す（むす）

무덥게 느끼다, 찌다

- 昨晩は**蒸し**てほとんど眠れなかった。(자동사)
  간밤에는 무더워서 거의 잠을 잘 수가 없었다.
- 3時のおやつに、饅頭を**蒸し**て食べた。(타동사)
  3시에 간식으로 만두를 쪄서 먹었다.

結び付く（むすびつく）

맺어지다, 결합되다

- 十分に準備して試合に臨んだことが、勝利に**結び付い**た
  충분히 준비하고 시합에 임했던 것이 승리로 연결되었다.

結び付ける（むすびつける）
잡아매다, 묶다, 연결시키다

- 犬（いぬ）が逃（に）げないように柱（はしら）に**結び付け**（むすびつけ）ておいた。
  개가 도망가지 않도록 기둥에 묶어 두었다.
- 共通（きょうつう）の趣味（しゅみ）である社交（しゃこう）ダンスが二人（ふたり）を**結び付け**（むすびつけ）た。
  공통의 취미인 사교댄스가 두 사람을 연결시켰다.

結ぶ（むすぶ）
매다, 잇다, 관계를 맺다

- 慣（な）れていないのでネクタイを**結ぶ**（むすぶ）のも楽（らく）じゃない。
  익숙하지 않기 때문에 넥타이를 매는 것도 불편하다.
- 日本（にほん）とアメリカが同盟（どうめい）を**結ん**（むすん）だ。
  일본과 미국이 동맹을 맺었다.

群がる（むらがる）
떼 지어 모이다, 군집하다

- バーゲンセールで商品（しょうひん）が半額（はんがく）のため、人々（ひとびと）が**群がっ**（むらがっ）ている。
  바겐세일에서 물건이 반값이라 사람들이 몰려들었다.

命じる・命ずる（めいじる・めいずる）
명령하다, 임명하다

- 機動隊（きどうたい）がデモ隊（たい）の解散（かいさん）を**命じ**（めいじ）た。
  기동대가 시위대 해산을 명령했다.

恵まれる（めぐまれる）
모자람이 없다

- 最近（さいきん）の子供（こども）たちは体格（たいかく）に**恵まれ**（めぐまれ）ているが体力（たいりょく）はない。
  요즘 아이들은 체격은 나무랄 데 없지만 체력은 없다.

恵む（めぐむ）
사랑을 베풀다

- 不幸（ふこう）な人（ひと）には何（なん）でも**恵ん**（めぐん）であげたい。
  불행한 사람에게는 무엇이라도 베풀어 주고 싶다.

めく
捲る

넘기다, 젖히다

- カレンダーを**捲る**たびに年月の早さに驚かされる。
  캘린더를 넘길 때마다 세월의 빠름에 놀란다.

めぐ
巡る

돌다, 회전하다, 둘러싸다

- 私の夢は自転車で世界を**巡る**ことだ。
  내 꿈은 자전거로 세계를 도는 것이다.
- 今回は環境問題を**巡る**問題を討議する予定です。
  이번에는 환경문제를 둘러싼 문제를 토의할 예정입니다.

めざ
目指す

목표로 하다, 노리다

- 外交官を**目指**して勉強しています。
  외교관을 목표로 공부하고 있습니다.

めざ
目覚める

잠에서 깨다, 싹트다, 각성하다

- 明日の試験が心配で夜中に何度も**目覚め**た。
  내일 시험이 걱정이라서 밤중에 몇 번이나 잠이 깼다.
- 中学生時代に自我に**目覚め**た。
  중학교 시절에 자아에 눈을 떴다.

め　あ
召し上がる

(음식을) 드시다, 잡수다

- どうぞ**召し上が**ってください。
  어서 드세요.

♠ **召(め)す** 드시다 불러들이다, 먹다 등의 높임말

めだ
目立つ

눈에 띄다

- 最近はミニスカートをはいている人が**目立つ**。
  요즘은 미니스커트를 입고 있는 사람이 눈에 띈다.

面(めん)する

마주보다, 면하다

- 別荘(べっそう)は海(うみ)に**面**(めん)**して**います。
  별장은 바다와 마주보고 있습니다.

儲(もう)かる

벌리다, 득이 되다

- 株価(かぶか)が上昇(じょうしょう)して予想(よそう)以上(いじょう)に**儲**(もう)**かっ**た。
  주가가 상승해서 예상이상으로 벌었다.

儲(もう)ける

벌다, 이익을 보다

- ただで**儲**(もう)**け**たお金(かね)は、浪費(ろうひ)しやすい。
  그냥 들어온 돈은 낭비하기 쉽다.

設(もう)ける

마련하다

- 自由(じゆう)に歌(うた)の練習(れんしゅう)ができる会場(かいじょう)を**設**(もう)**け**た。
  자유롭게 노래연습을 할 수 있는 장소를 마련했다.

申(もう)し上(あ)げる

말씀드리다, 아뢰다
(言(い)う의 겸사말)

- はっきり**申**(もう)**しあげ**て、今(いま)の実力(じつりょく)では合格(ごうかく)は難(むずか)しいです。
  확실히 말씀드린다면 지금 실력으로는 합격은 어렵습니다.

申(もう)し入(い)れる

신청하다, 제의하다

- 労組(ろうそ)が本社(ほんしゃ)に和解(わかい)を**申**(もう)**し入**(い)**れ**た。
  노조가 본사에 화해를 제의했다.

申(もう)し込(こ)む 신청하다	• JPT試験(しけん)を**申(もう)し込(こ)ん**だ。 JPT시험을 신청했다.
申(もう)し出(で)る 자청해서 말하다, 신청하다	• 自治団体(じちだんたい)が日(にっ)・韓交流(かんこうりゅう)の協力(きょうりょく)を**申(もう)し出(で)**ました。 자치단체가 한일교류협력을 요청했습니다.
燃(も)える (불)타다, 희망이나 정열이 솟다, 달아오르다	• ろうそくの火(ひ)が一日中(いちにちじゅう)**燃(も)え**ている。 촛불이 하루 종일 타고 있다. • 今度(こんど)こそ勝(か)とうと皆(みんな)が**燃(も)え**ている。 이번이야말로 이기려고 모두가 불타오르고 있다.
もがく 허우적거리다, 발버둥치다	• なかなか問題(もんだい)が解(と)けなくて苦(くる)しみ**もがい**ています。 좀처럼 문제가 해결되지 않아서 괴로워하며 발버둥치고 있습니다.
潜(もぐ)る 물속에 잠겨들다, 잠수하다	• 海女(あま)の仕事(しごと)は、毎日海(まいにちうみ)に**潜(もぐ)っ**てさざえをとることです。 해녀의 일은 매일 바다에 잠수하여 소라를 따는 것입니다.
齎(もたら)す 가져오다, 초래하다	• 四葉(よつば)のクローバーは幸運(こううん)を**もたらす**と信(しん)じられている。 네잎 클로버는 행운을 가져다준다고 여겨지고 있다.

凭れる（もたれる）

트릿하다, 거북하다

- 昨日（きのう）食（た）べ過（す）ぎて、胃（い）が**もたれる**。
  어제 과식해서 위가 거북하다.

持ち上げる（もちあげる）

들어 올리다, 쳐들다, 치켜세우다

- 40キロもある荷物（にもつ）を軽々（かるがる）と**持（も）ち上（あ）げ**た。
  40kg이나 되는 짐을 번쩍 들어 올렸다.
- 皆（みんな）に**持（も）ち上（あ）げ**られて市長（しちょう）に立候補（りっこうほ）した。
  모두가 치켜세워 시장이 입후보했다.

用いる（もちいる）

쓰다, 사용하다

- 車（くるま）の燃料（ねんりょう）として胡麻油（ごまあぶら）を**用（もち）いる**。
  자동차의 연료로 참기름을 사용한다.
- このダムは新（あたら）しい技術（ぎじゅつ）を**用（もち）い**て建設（けんせつ）された。
  이 댐은 새로운 기술을 사용해서 건설되었다.

持て成す（もてなす）

대우하다, 대접하다

- 客人（きゃくじん）として手厚（てあつ）く**もてなし**た。
  손님으로 극진하게 대접했다.

持てる（もてる）

유지할 수 있다, 인기가 있다

- 小（ちい）さい頃（ころ）から女（おんな）の子（こ）には全然（ぜんぜん）**持（も）て**なかった。
  어렸을 때부터 여자아이에게는 전혀 인기가 없었다.

戻す（もどす）

되돌리다, 돌려주다, 토하다

- 使（つか）ったものは元（もと）の所（ところ）に必（かなら）ず**戻（もど）し**てください。
  사용한 것은 원래장소에 반드시 되돌려주세요.
- 食（た）べたものを全部（ぜんぶ）**戻（もど）し**てしまった。
  먹은 것을 전부 토해 버렸다.

② 동사

基(もと)づく

의거하다, 근거하다

- 宮殿(きゅうでん)が昔(むかし)の資料(しりょう)に**基(もと)づいて**再建(さいけん)された。
  궁전이 옛날 자료를 근거로 재건되었다.

求(もと)める

구하다, 요구하다, 구입하다

- 人手不足(ひとでぶそく)でアルバイトを**求(もと)める**のも楽(らく)じゃない。
  일손 부족으로 아르바이트를 구하는 것도 쉽지 않다.
- 新聞記者(しんぶんきしゃ)は、首相(しゅしょう)に会見(かいけん)を**求(もと)めた**。신문기자는 수상에게 회견을 요청했
- キムチなら当店(とうてん)でお**求(もと)め**ください。김치라면 우리 가게에서 구입해 주세

物語(ものがた)る

이야기하다, 가리키다, 설명하다

- このタイヤの跡(あと)は、車(くるま)がスピードを出(だ)していたことを**物語(ものがた)って**いる。
  이 타이어 자국은 자동차가 스피드를 냈었던 것을 증명하고 있다.

揉(も)む

비비다, 주무르다

- 夜(よる)、仕事(しごと)から帰(かえ)ってきた父(ちち)の肩(かた)を**揉(も)む**のが私(わたし)の日課(にっか)だった。
  늦은 밤, 일하고 돌아오신 아버지의 어깨를 주무르는 것이 나의 일과였

揉(も)める

옥신각신하다, 조바심이 나다

- 意見(いけん)の相違(そうい)で会議(かいぎ)が相当(そうとう)**もめた**。
  의견의 차이로 회의가 어지간히 옥신각신했다.

燃(も)やす

태우다, 고조시키다

- 東京都(とうきょうと)では生(なま)ごみは焼却所(しょうきゃくじょ)で**燃(も)やし**ます。
  동경에서는 음식물 쓰레기는 소각장에서 태웁니다.
- 今度(こんど)こそ司法試験(しほうしけん)に合格(ごうかく)するぞと意欲(いよく)を**燃(も)やして**いる。
  이번이야말로 사법시험에 합격할 거라고 의욕을 불태우고 있다.

催す(もよおす) 개최하다, 자아내다	• 婦人会(ふじんかい)が計画(けいかく)して、バザーを**催**(もよお)した。 부인회가 계획하고 바자회를 열었다.
漏らす(もらす) 새게 하다, 누설하다, 싸다, 빠뜨리다	• あまりにもおどろいて、ズボンにおしっこを**漏ら**(も)した。 너무나 놀래서 바지에 오줌을 쌌다. • 友達(ともだち)に秘密(ひみつ)を**漏ら**(も)してしまった。 친구에게 비밀을 누설해 버렸다.
盛り上がる(もりあがる) 부풀어 오르다, 높아지다	• 人気歌手(にんきかしゅ)の登場(とうじょう)で、公演会場(こうえんかいじょう)は一気(いっき)に**盛り上が**(もりあ)った。 인기가수의 등장으로 공연장은 단숨에 달아올랐다.
盛る(もる) 쌓아 올리다, 담아서 채우다	• 皿(さら)にくだものをいっぱい**盛**(も)って、お客(きゃく)さんに出(だ)した。 접시에 과일을 가득 담아 손님에게 내왔다.
漏る(もる) 새다	• 建物(たてもの)が古(ふる)くなって、最近(さいきん)では雨(あめ)が降(ふ)ると水(みず)が**漏る**(も)。 건물이 오래되어 최근에는 비가 오면 물이 샌다.
漏れる(もれる) 새다	• ほんのちょっとしたことで情報(じょうほう)が**漏れ**(も)てしまった。 아주 사소한 것에서 정보가 새버렸다.

訳(やく)す・訳(やく)する 번역하다	• 日本語(にほんご)を韓国語(かんこくご)に**訳(やく)する**仕事(しごと)がしたい。 일본어를 한국어로 번역하는 일을 하고 싶다.
役立(やくだ)つ 유용하다, 도움이 되다	• 手話(しゅわ)を勉強(べんきょう)していてとても**役立(やくだ)**った。 수화를 공부하고 있어서 아주 도움이 되었다.
養(やしな)う 양육하다, 부양하다, 배양하다	• 一家(いっか)の主(あるじ)には、妻子(さいし)を**養(やしな)う**義務(ぎむ)がある。 한 집안의 가장에게는 처자를 부양할 의무가 있다. • 海外(かいがい)ボランティアに行(い)く準備(じゅんび)として、毎日運動(まいにちうんどう)をして体力(たいりょく)を**養(やしな)**っている。 해외 봉사활동에 갈 준비로서 매일 운동을 하고 체력을 단련하고 있다.
休(やす)める 쉬게 하다, 편안하게 하다	• 少(すこ)し休憩(きゅうけい)して頭(あたま)を**休(やす)め**よう。 조금 쉬면서 머리를 식히자.
安(やす)らぐ 편안해지다	• どんなに疲(つか)れていても、家(いえ)に帰(かえ)って子供達(こどもたち)の顔(かお)を見(み)ると**安(やす)らぎ**ます。 아무리 피곤해도 집에 돌아가 아이들 얼굴을 보면 편안해집니다.
やっつける 단숨에 해치다, 혼내주다	• いじめっ子(こ)を皆(みんな)が協力(きょうりょく)して**やっつけ**た。 남을 괴롭히는 아이를 힘을 합해 혼내 주었다.

破く(やぶく)

찢다

- 力任せに開けようとして、紙を**破い**てしまった。
  힘만으로 열려고 했더니 종이가 찢어져 버렸다.

♠ **力任(ちからまか)せ** ①전력을 다함. 힘껏 함 ②힘을 믿고 마구 함

破る(やぶる)

찢다, (기록을) 깨다, 갱신하다

- 彼の前でラブレターを**破っ**てしまった。
  그 앞에서 러브레터를 찢어 버렸다.
- １０年ぶりに世界記録を**破っ**て優勝した。
  10년 만에 세계기록을 깨고 우승했다.

破れる(やぶれる)·敗れる(やぶれる)

찢어지다, 패하다

- 服を引っ張ったら**破れ**てしまった。
  옷을 잡아 당겼더니 찢어져 버렸다.
- 同じ相手に三度も**敗れ**て、面目が立たない。
  같은 상대에게 세 번이나 져서 면목이 서지 않는다.

病む(やむ)

앓다, 병들다

- 妻は１０年以上**病ん**でいる。(자동사)
  아내는 10년 이상 앓고 있다.
- 自分の将来を気に**病ん**で、自殺した。
  자신의 장래를 비관하고 자살했다.

辞める(やめる)

그만두다, 사임하다

- 上司との関係がうまく行かず、会社を**辞め**た。
  상사의 관계가 좋지 않아 회사를 그만 두었다.

やり通す(やりとおす)

끝까지 하다

- 任せられた仕事は、最後まで**やり通す**べきだ。
  맡은 일은 끝까지 해야 한다.

遣(や)り遂(と)げる

끝까지 해내다, 완수하다

- 約束(やくそく)の時間(じかん)までになんとかやり遂(と)げた。
  약속시간까지 간신히 끝냈다.

和(やわ)らぐ

누그러지다

- 時間(じかん)とともに痛(いた)みが和(やわ)らいだ。
  시간이 지날수록 아픔이 누그러졌다.

和(やわ)らげる

누그러뜨리다, 완화하다

- 冗談(じょうだん)を言(い)って、雰囲気(ふんいき)を和(やわ)らげることに成功(せいこう)した。
  농담으로 분위기를 누그러뜨리는데 성공했다.

有(ゆう)する

가지다, 지니다

- 彼(かれ)は市内(しない)に1万坪(まんつぼ)の土地(とち)を有(ゆう)する富豪(ふごう)だ。
  그는 시내에 1만평의 토지를 가진 부호이다.

歪(ゆが)む

비뚤어지다, 일그러지다

- 振動(しんどう)で壁(かべ)にかけてあった絵(え)が歪(ゆが)んだ。
  진동으로 벽에 걸려 있었던 그림이 비뚤어졌다.
- 家庭(かてい)で十分(じゅうぶん)に愛(あい)されていない子供(こども)は、性格(せいかく)が歪(ゆが)みやすい。
  가정에서 충분히 사랑받지 못한 아이는 성격이 비뚤어지기 쉽다.

揺(ゆ)さぶる

흔들다, 동요시키다

- 甘(あま)い誘惑(ゆうわく)の言葉(ことば)に心(こころ)が揺(ゆ)さぶられた。
  달콤한 유혹의 말에 마음이 동요 되었다.

濯(ゆす)ぐ
헹구다, 양치질하다

- 神社(じんじゃ)の入(い)り口(ぐち)には口(くち)を**ゆすぐ**場所(ばしょ)がある。
  신사의 입구에는 입을 헹구는 장소가 있다.

譲(ゆず)る
양보하다, 팔다, 내주다

- すみませんが席(せき)を**譲(ゆず)**ってください。
  미안하지만 자리를 양보해 주세요.
- 友達(ともだち)が使(つか)っていたCDプレイヤーを安(やす)く**譲(ゆず)**ってもらった。
  친구가 사용했던 CD플레이어를 싸게 샀다.

茹(ゆ)でる
데치다, 삶다

- なすを**ゆで**て、醤油(しょうゆ)をかけて食(た)べるとおいしい。
  가지를 삶아 간장을 뿌려 먹으면 맛있다.
- 昔(むかし)は旅行(りょこう)に行(い)くときは、必(かなら)ず**ゆで**た卵(たまご)を持(も)っていったものだ。
  옛날에는 여행을 갈 때 꼭 삶은 달걀을 가지고 갔었다.

指差(ゆびさ)す
가리키다

- 先生(せんせい)は黒板(こくばん)の字(じ)を**指(ゆび)さし**て、読(よ)んでみなさいと言(い)った。
  선생님은 칠판 글씨를 가리키고 읽어 보라고 하셨다.

揺(ゆ)らぐ
흔들리다, 불안정해지다

- 村上春樹(むらかみはるき)に対(たい)する評価(ひょうか)が**揺(ゆ)らい**でいる。
  무라카미 하루키에 대한 평가가 흔들리고 있다.

許(ゆる)す
허락하다, 허용하다

- ビザなしで入国(にゅうこく)出(で)きるように法務省(ほうむしょう)が**許(ゆる)**した。
  비자 없이 입국할 수 있도록 법무성이 허용했다.
- 時間(じかん)の**許(ゆる)す**限(かぎ)り説明(せつめい)を加(くわ)えます。
  시간이 허락하는 한 설명을 더하겠습니다.

ゆる
緩む

느슨해지다, 누그러지다

きのう　さむ　きょう　すこ
- 昨日までの寒さが今日は少し**ゆるん**だ。

  어제까지의 추위가 오늘은 조금 풀렸다.

ゆる
緩める

속도 등을 늦추다, 완화하다

いぬ　くる　くびわ　すこ　ゆる
- 犬が苦しそうだったので首輪を少し**緩め**てやった。

  개가 괴로워하는 것 같아서 목줄을 조금 느슨하게 해 주었다.

よ
酔う

술에 취하다, 멀미하다, 도취하다

せんぱい　つ　あ　の　よ
- 先輩に付き合って飲んだら、ひどく**酔っ**てしまった。

  선배를 따라 같이 술을 마셨는데 심하게 취해 버렸다.

ともだち　うみづ　い　の　よ
- 友達と海釣りに行ったが、ボートに乗って**酔っ**てしまった。

  친구와 바다낚시에 갔는데 보트를 타다 멀미가 났다.

よう
要する

필요하다, 요하다

とうきょう　なごや　しんかんせん　じかん　ぷんよう
- 東京から名古屋まで新幹線で2時間１０分**要し**た。

  도쿄에서 나고야까지 신칸선으로 2시간 10분 소요됐다.

うんてんちゅう　でんわ　ちゅうい　よう
- 運転中の電話は注意を**要する**。

  운전 중에 전화는 주의를 요한다.

よ
避ける

비키다, 면하다, 막다

と　よ
- 飛んできたボールをうまく**避け**られなくて、あたってしまった。

  날아오는 공을 잘 피하지 못해서 맞고 말았다.

よこぎ
横切る

가로지르다, 횡단하다

ともだち　うんどうじょう　よこぎ　い
- 友達は運動場を**横切っ**て行ってしまった。

  친구는 운동장을 가로질러 가버렸다.

遣(よこ)す

이쪽으로 보내다, 건네다

- 新婚旅行(しんこんりょこう)で行(い)ったハワイから手紙(てがみ)を**よこした**。
  신혼여행으로 갔던 하와이에서 편지를 보냈다.

汚(よご)す

더럽히다

- 子供(こども)が遊(あそ)んで服(ふく)を**汚(よご)す**のは当(あ)たり前(まえ)だろう。
  아이가 놀다가 옷을 더럽히는 것은 당연한 거지.
- ソースをこぼして、テーブルを**汚(よご)し**てしまった。
  소스를 쏟아서 테이블을 더럽히고 말았다.

止(よ)す

그만두다, 중지하다

- いい加減(かげん)にいたずらは**よし**なさい。
  어지간히 장난은 그만두세요.

寄(よ)せる

밀려오다, 접근하다, 다가오다

- 放送局(ほうそうきょく)にお便(たよ)りをお**寄(よ)せ**ください。
  방송국에 편지를 보내 주세요.
- 波(なみ)が**寄(よ)せ**てはまた引(ひ)き返(かえ)すという運動(うんどう)を繰(く)り返(かえ)している。
  파도가 밀려들어 왔다가 밀려 나가는 운동을 반복하고 있다.

装(よそお)う

장식하다, 체하다, 준비하다

- 平静(へいせい)を**装(よそお)っ**ていたが、実(じつ)はすごく動揺(どうよう)していた。
  평온을 가장하고 있지만 사실은 굉장히 동요하고 있다.

呼(よ)び掛(か)ける

말을 걸다, 호소하다

- 大(おお)きな声(こえ)で**呼(よ)び掛(か)け**たが、彼女(かのじょ)は知(し)らないふりをしている。
  큰소리로 말을 걸었지만 그녀는 모른 체하고 있다.
- きれいな政治(せいじ)を**呼(よ)び掛(か)け**たが、実行(じっこう)されなかった。
  깨끗한 정치를 호소했지만 실행되지 않았다.

呼(よ)び出(だ)す
불러내다, 꾀어내다

- 状況(じょうきょう)がよく分(わ)からないので、責任者(せきにんしゃ)を電話(でんわ)で**呼(よ)び出(だ)し**た
  상황을 잘 몰랐기 때문에 책임자를 전화로 불러냈다.

呼(よ)び止(と)める
불러 세우다

- 先生(せんせい)が髪(かみ)が長(なが)い学生(がくせい)を**呼(よ)び止(と)め**て、注意(ちゅうい)した。
  선생님이 머리가 긴 학생을 불러 세우고 주의를 주었다.

読(よ)み上(あ)げる
소리 내어 읽다, 낭독하다

- 試験(しけん)の成績(せいせき)の悪(わる)い順(じゅん)から名前(なまえ)を**読(よ)み上(あ)げ**た。
  시험성적이 나쁜 순서대로 이름을 불렀다.

蘇(よみがえ)る
잊혔던 것이 다시 살아나다

- プールに入(はい)ろうとしたとき、昔海(むかしうみ)でおぼれそうになった嫌(いや)な記憶(きおく)が**蘇(よみがえ)**った。
  풀장에 들어가려고 했을 때 오래 전 바다에 빠질 뻔 했던 끔찍한 기억이 되살아났다.

♠ **おぼれる** 빠지다 ①물에 빠지다. 익사하다 ②탐닉하다. 열중하다

寄(よ)り掛(か)かる
기대다, 의지하다

- 壁(かべ)に**よりかかっ**て、いやいや説明(せつめい)を聞(き)いている。
  벽에 기대고 마지못해 설명을 듣고 있다.

喜(よろこ)ぶ
기뻐하다, 즐거워하다

- 長年(ながねん)待(ま)ちわびていた子供(こども)の誕生(たんじょう)を**喜(よろこ)ん**だ。
  오랫동안 기다렸던 아이의 생일을 기뻐했다.

♠ **待(ま)ちわびる** 애타게 기다리다

弱(よわ)まる 약해지다	• 大陸(たいりく)に接近(せっきん)するとともに、台風(たいふう)の勢力(せいりょく)が**弱(よわ)まった**。 대륙에 접근과 함께 태풍의 세력은 약해졌다.
弱(よわ)める 약하게 하다	• 肉(にく)がこげてしまうので、ガスの火(ひ)を**弱(よわ)めた**。 고기가 타버려서 가스 불을 약하게 했다.
弱(よわ)る 약해지다, 난처해지다	• 一度病気(いちどびょうき)をしたので、体力(たいりょく)が**弱(よわ)った**。 한번 병에 걸렸기 때문에 체력이 약해졌다.
略(りゃく)す 약하다, 줄이다	• 敬称(けいしょう)は**略(りゃく)さ**せていただきます。 경칭은 생략하겠습니다.
論(ろん)じる·論(ろん)ずる 논하다	• 何事(なにごと)でも**論(ろん)じる**のはやさしいが、実行(じっこう)することは難(むずか)しい。 모든 것이 말하는 것은 쉽지만 실행하는 것은 어렵다.
沸(わ)かす 끓이다, 데우다	• 今(いま)お湯(ゆ)を**沸(わ)か**していますから、ちょっと待(ま)ってください。 지금 물을 끓이고 있으니까 조금만 기다리세요.

分かれる(わ) 갈리다, 나누이다, 분리되다, 구별되다	• インターネットでの実名制(じつめいせい)については意見(いけん)が**分(わ)かれた**。 인터넷상의 실명제에 대해서는 의견이 갈렸다.
沸く(わ) (물이) 끓다, 들끓다, 열광하다	• お湯(ゆ)が**沸(わ)い**たら連絡(れんらく)しますから、お風呂(ふろ)の準備(じゅんび)をして待(ま)っていてください。 물이 끓으면 말할 테니까 목욕 준비를 하고 기다리고 있어요.
湧く(わ) 솟다, 땀 · 눈물이 나다	• 家(いえ)の近(ちか)くで温泉(おんせん)が**湧(わ)い**てびっくりした。 집 근처에 온천이 솟아서 깜짝 놀랐다.
分ける(わ) 나누다, 가르다	• 燃(も)えるごみと生(なま)ごみとは、**分(わ)け**て出(だ)さなくてはいけない。 타는 쓰레기와 음식물 쓰레기는 분리해서 버려야한다. • 父(ちち)が亡(な)くなったあと、兄弟(きょうだい)で遺産(いさん)を**分(わ)け**た。 아버지가 돌아가신 후 형제가 유산을 나누었다.
患う(わずら) 앓다, 병이 나다	• 父(ちち)は長(なが)い間(あいだ)糖尿(とうにょう)を**患(わずら)**っている。 아버지는 긴 세월 동안 당뇨를 앓고 있다.
詫びる(わ) 사과하다, 사죄하다	• ご迷惑(めいわく)をお掛(か)けしたことをお**詫(わ)び**します。 폐를 끼친 점 사과 드립니다.

割(わ)り込(こ)む

새치기 하다. 끼어들다. 말참견하다

- 後(あと)から来(き)て、並(なら)んでいる列(れつ)に**割(わ)り込(こ)ん**だ。
  나중에 와서 나란히 서 있는 줄에 끼어들었다.

割(わ)る

쪼개다, 깨다, 분배하다

- 木(き)を二(ふた)つに**割(わ)っ**て、薪(たきぎ)にした。
  나무를 두 개로 쪼개어 땔감을 만들었다.
- 皿洗(さらあら)いをして、3枚(まい)も皿(さら)を**割(わ)っ**てしまった。
  설거지를 하고 세 장이나 접시를 깨버렸다.

割(わ)れる

깨지다, 부서지다

- 家(いえ)に帰(かえ)ってみたら窓(まど)ガラスが**割(わ)れ**ていた。
  집에 돌아와 보니 창유리가 깨져 있었다.

하루 10분
일본어능력시험

N1
N2

NEW 일본어 단어장

Part 3

い형용사 い形容詞

いけいようし

사물의 성질이나 상태를 나타내는 말입니다.
한자의 훈독과 의미에 주의하면서 학습해주세요.
혹시 い형용사가 히라가나로 출제됐을 경우도
그 의미가 바로 떠오를 수 있도록
단어 자체를 확실하게 익히시길 바랍니다.

Part 3 い형용사 い形容詞

青白い(あおじろい) 푸르스름하다, 창백하다	• 妹(いもうと)は体調(たいちょう)でも悪(わる)いのか、青白(あおじろ)い顔(かお)をしている。 여동생은 몸이라도 좋지 않은지 창백한 얼굴을 하고 있다.
あくどい 악랄하다, 야하다, 칙칙하다	• あくどいやり方(かた)でお金(かね)を儲(もう)けた者(もの)は人(ひと)の恨(うら)みをかいやすい。 악랄한 방법으로 돈을 번 사람은 다른 사람의 원한을 사기 쉽다.
浅い(あさい) 얕다	• 子供(こども)は水嵩(みずかさ)の浅(あさ)いところで泳(およ)いでください。 어린이는 수심이 낮은 곳에서 수영해 주세요. ♠ **水嵩(みずかさ)** (하천 등의) 수량
浅ましい(あさましい) 한심스럽다, 비참하다, 치사스럽다	• お金(かね)のことで言(い)い争(あらそ)うなんてあさましいと思(おも)わない。 돈 문제로 언쟁을 하다니 한심하단 생각 안 드니?
厚かましい(あつかましい) 뻔뻔스럽다	• お金(かね)を貸(か)してくれなんて、まったく厚(あつ)かましい奴(やつ)だ。 돈을 빌려달라고 하다니 정말 뻔뻔한 놈이다.

呆気(あっけ)ない
싱겁다, 어이없다, 허망하다

- 世界的(せかいてき)なビックイベントなのに、あまりにも**あっけなく**終(お)わってしまった感(かん)じがする。
세계적인 빅 이벤트인데 너무 싱겁게 끝나 버린 것 같다.

危(あや)うい
위험하다

- 今(いま)のまま放(ほう)っておくと命(いのち)が**危(あや)うい**。
지금 이대로 방치하면 생명이 위험하다.

怪(あや)しい
수상하다

- ビルの陰(かげ)に**怪(あや)しい**人(ひと)が立(た)っているので注意(ちゅうい)してください。
건물 뒤에 수상한 사람이 서 있으니까 조심하세요.

荒々(あらあら)しい
(말, 행동 등이) 거칠다, 난폭하다=荒(あら)っぽい

- 船乗(ふなの)りの兄(あに)は今日(きょう)も**荒々(あらあら)しい**海(うみ)へ出(で)かけていった。
배를 타는 형은 오늘도 거친 바다를 향해 떠났다.

荒(あら)い
난폭하다, 사납다

- 今度(こんど)こそ絶対(ぜったい)に勝(か)つぞ、と選手(せんしゅ)たちは鼻息(はないき)が**荒(あ)らい**。
이번이야말로 절대로 이길 거라고 선수들은 기세가 당당하다.

♠ **鼻息(はないき)が荒(あら)い** 콧김이 세다. 기세가 세다

粗(あら)い
조잡하다, 성기다

- きめの**粗(あら)い**肌(はだ)の人(ひと)は一般的(いっぱんてき)に化粧(けしょう)ののりが悪(わる)い。
피부 결이 나쁜 사람은 일반적으로 화장이 잘 안 먹는다.

♠ **きめ** (물건 표면의) 결. (사람의) 살결. 또는 그 감촉
♠ **化粧(けしょう)ののりが悪(わる)い** 화장이 잘 안 먹다
♠ **化粧(けしょう)ののりがいい** 화장이 잘 먹다

荒(あら)っぽい 거칠다, 난폭하다, 세련되지 않다	• 言葉遣(ことばづか)いは**荒(あら)っぽい**ですが、心(こころ)やさしい人(ひと)です。 말투가 거칠지만 마음 착한 사람입니다.
ありがたい 감사하다, 고맙다	• そうして頂(いただ)ければ**ありがたい**です。 그렇게 해주시면 감사하겠습니다.
慌(あわ)ただしい 분주하다, 바쁘고 어수선하다	• 結婚(けっこん)を来月(らいげつ)に控(ひか)えて、**あわただしく**過(す)ごしています。 결혼을 다음 달에 눈앞에 두고 분주하게 지내고 있습니다. ♠ **控(ひか)える** (시간, 공간적으로) 바로 가까이에 있다
息苦(いきぐる)しい 숨 막히다, 답답하다	• 通勤電車(つうきんでんしゃ)はいつも満員(まんいん)で**息苦(いきぐる)しい**。 통근 전차는 항상 만원으로 숨이 막힌다.
いけない (성질, 품질, 상태 등이) 나쁘다, ~해서는 안 된다	• 下痢(げり)をしているんだけど、どうもきのう食(た)べたカキが**いけな**かったみたいです。 설사를 하고 있는데 아무래도 어제 먹었던 굴이 나빴던 것 같습니다. • どんなことがあってもあきらめては**いけない**。 어떤 일이 있어도 포기해서는 안 된다.
潔(いさぎよ)い 미련 없이 깨끗하다, 떳떳하다	• 社長(しゃちょう)は業績不振(ぎょうせきふしん)の責任(せきにん)を取(と)って**潔(いさぎよ)く**辞職(じしょく)した。 사장은 업적부진의 책임을 지고 깨끗이 사직했다. ♠ **業績不振(ぎょうせきふしん)** 업적부진

勇(いさ)ましい 용감하다, 늠름하다	• 強敵(きょうてき)に勇(いさ)ましく立(た)ち向(む)かう姿(すがた)に感動(かんどう)した。 강적에게 용감하게 정면으로 맞선 모습에 감동했다. ♠ **立(た)ち向(む)かう** 정면으로 맞서다. 대항하다
痛(いた)ましい 가엽다, 딱하다, 측은하다, 참혹하다	• 地震(じしん)で傷付(きずつ)いた痛(いた)ましい子供達(こどもたち)の姿(すがた)に心(こころ)が痛(いた)んだ。 지진으로 상처받은 가여운 아이들의 모습에 마음이 아팠다.
著(いちじる)しい 현저하다, 두드러지다	• ここ数年(すうねん)、IT技術(ぎじゅつ)は著(いちじる)しい発展(はってん)をとげた。 요 몇 년간 IT기술은 두드러진 발전을 이뤘다.
愛(いと)しい 귀엽다, 사랑스럽다=いとおしい·かわいらしい	• 田舎(いなか)に残(のこ)した愛(いと)しい子供(こども)のために一生懸命(いっしょうけんめい)働(はたら)いている。 시골에 남겨둔 사랑스러운 아이를 위해서 열심히 일하고 있다.
卑(いや)しい 탐욕스럽다, 천하다, 초라하다	• お金(かね)に卑(いや)しいやつは人(ひと)に好(す)かれない。 돈에 탐욕스러운 놈은 사람에게 호감을 살 수 없다.
嫌(いや)らしい 추잡하다, 지저분하다	• 地下鉄(ちかてつ)の中(なか)で嫌(いや)らしい行為(こうい)をする者(もの)がいる。 지하철 안에서 추잡한 행위를 하는 사람이 있다.

うしろめたい 떳떳치 못하다, 뒤가 켕기다	• 学歴(がくれき)を偽(いつわ)って入社(にゅうしゃ)したものの、いつも**うしろめたい**思(おも)いをしています。 학력을 속이고 입사는 했지만, 항상 떳떳하지 못합니다. ♠ **偽(いつわ)る** 거짓말하다. 속이다
薄暗(うすぐら)い 조금 어둡다, 어둑어둑하다	• **薄暗(うすぐら)い**部屋(へや)で仕事(しごと)をするのは健康(けんこう)に良(よ)くない。 어둑어둑한 방에서 일하는 것은 건강에 좋지 않다.
疑(うたが)わしい 의심스럽다, 수상하다	• その実力(じつりょく)で通訳(つうやく)ができるかどうか**疑(うたが)わしい**。 그 실력으로 통역을 할 수 있을지 어떨지 의심스럽다.
うっとうしい 날씨가 음울하다	• 6月(がつ)は雨(あめ)が多(おお)くて一年(いちねん)で一番(いちばん)**うっとうしい**季節(きせつ)です。 6월은 비가 많아서 1년 중에서 가장 음울한 계절입니다.
うまい 맛있다	• 何(なん)と言(い)っても取(と)り立(た)ての魚(さかな)は**うまい**。 뭐니 뭐니 해도 막 잡은 물고기는 맛있다.
羨(うらや)ましい 부럽다	• 宝(たから)くじに当(あ)たるなんて、本当(ほんとう)に**うらやましい**。 복권에 당첨 되다니 정말로 부럽다. ♠ **宝(たから)くじに当(あ)たる** 복권에 당첨되다

うるさい

시끄럽다, 번거롭다, 잔소리가 많다

- 外(そと)が**うるさく**て眠(ねむ)れない。
  밖이 시끄러워서 잘 수가 없다.
- こう見(み)えても味(あじ)にはちょっと**うるさい**んですよ。
  이래봬도 입맛이 조금 까다롭다고요.

偉(えら)い

훌륭하다

- 皆(みんな)に認(みと)められるような**偉(えら)い**人(ひと)になりたい。
  모두에게 인정받을 수 있는 훌륭한 사람이 되고 싶다.

幼(おさな)い

어리다, 미숙하다

- **幼(おさな)い**子供(こども)に無理(むり)に仕事(しごと)をさせるのは犯罪(はんざい)だ。
  어린 아이에게 무리하게 일을 시키는 것은 범죄다.

惜(お)しい

아깝다

- 実力(じつりょく)があるのに、途中(とちゅう)でやめてしまうなんて本当(ほんとう)に**惜(お)しい**。
  실력이 있는데 도중에 그만 두다니 정말 아깝다.

恐(おそ)ろしい

무섭다

- 夏(なつ)になると**恐(おそ)ろしい**映画(えいが)が増(ふ)える。
  여름이 되면 무서운 영화가 늘어난다.

おとなしい

얌전하다, 고분고분하다

- 社長(しゃちょう)の機嫌(きげん)が悪(わる)いときは**おとなしく**しているのが賢明(けんめい)だ。
  사장님의 기분이 나쁠 때는 고분고분하게 하고 있는 것이 현명하다.

おびただしい

(수량이) 아주 많다

- 夏休(なつやす)みには**おびただしい**数(かず)の人(ひと)が海外旅行(かいがいりょこう)をする。
  여름방학에는 아주 많은 수의 사람이 해외여행을 한다.

思(おも)いがけない

생각지도 않다, 뜻밖이다

- 犬(いぬ)の糞(ふん)を踏(ふ)み付(つ)けるという**思(おも)いがけない**災難(さいなん)にあった。
  개똥을 밟는 뜻밖의 불운을 겪었다.

♠ **踏(ふ)み付(つ)ける** ①밟아 누르다 ②무시하다. 깔보다

重苦(おもくる)しい

답답하다

- **重苦(おもくる)しい**雰囲気(ふんいき)の中(なか)で会議(かいぎ)が続(つづ)けられた。
  답답한 분위기 속에서 회의가 계속 되었다.

重(おも)たい

무겁다, 개운치 않다

- 高校時代(こうこうじだい)は、毎日(まいにち)**重(おも)たい**カバンを下(さ)げて学校(がっこう)に通(かよ)った。
  고교시절에는 매일 무거운 가방을 들고 학교에 다녔다.

思(おも)わしい

바람직하다, 마땅하다

- 病状(びょうじょう)が**思(おも)わしく**なくて、心配(しんぱい)です。
  병세가 좋지 않아서 걱정이다.

♠ **病状(びょうじょう)が思(おも)わしくない** 병세가 좋지 않다

輝(かがや)かしい

빛나다, 훌륭하다

- 彼(かれ)はプロ野球(やきゅう)で**輝(かがや)かしい**実績(じっせき)を残(のこ)した。
  그는 프로야구에서 빛나는 실적을 남겼다.

かしこ **賢い** 현명하다, 약삭빠르다	けんこう かしこ こども そだ • 健康で**賢い**子供に育ってほしい。 건강하고 현명한 아이로 자라기를 바란다.
かたくる **堅苦しい** (말, 분위기, 기분 등이) 딱딱하다, 형식적이다	ふたり かたくる はなし • 二人っきりでいるときは、なるべく**堅苦しい**話はやめましょう。 둘만 있을 때는 되도록 딱딱한 이야기는 그만둡시다.
かゆ **痒い** 가렵다	ひはん いた • いくら批判されても痛くも**かゆく**もない。 아무리 비판을 받아도 아무렇지도 않다. かゆ て とど ひと • **痒い**ところによく手が届く人。 세심하게 배려하는 사람. ♠ **痒(かゆ)いところに手(て)が届(とど)く** (가려운 곳을 긁어 주듯이) 세심하게 배려하다
よわ **か弱い** (어린이, 여성이) 가냘프다, 연약하다	ちからしごと よわ じょせい • 力仕事を**か弱い**女性にさせてはいけない。 힘쓰는 일을 가냘픈 여성에게 시켜서는 안 된다.
から **辛い** 맵다, 가혹하다, 박하다	かんこくりょうり から • 韓国料理は**辛い**けど、やっぱりおいしい。 한국요리는 맵지만 역시 맛있다. えいが たい ひょうろんか ひょうか から • 映画D-Warに対する評論家の評価は辛い。 영화 D-War에 대한 평론가의 평가는 가혹하다.
かわいらしい 귀엽다, 사랑스럽다	こ • あら、**かわいらしい**お子さんですね。 어머나, 귀여운 아이네요.

ぎこちない

어색하다, 부자연스럽다

- プロのモデルなのにどことなく歩(ある)き方(かた)が**ぎこちない**。
  프로 모델인데도 어딘지 모르게 걸음걸이가 어색하다.

きつい

꼭 끼다, (정도가)심하다

- このスカート、私(わたし)にはちょっと**きつい**です。
  이 스커트, 나에게는 조금 끼이는데요.
- 上司(じょうし)は私(わたし)にいつも**きつい**ことを言(い)うので、傷付(きずつ)きます
  상사는 나에게 언제나 심한 말을 하니까 상처를 받습니다.

きまり悪(わる)い

멋쩍다, 쑥스럽다, 창피하다

- 見合(みあ)いの場(ば)でしゃっくりが止(とま)らなくなり**きまり悪(わる)**かった。
  맞선 장소에서 딸꾹질이 멈추지 않아 멋쩍었다.

気難(きむずか)しい

성미가 까다롭다, 신경질적이다

- **気難(きむずか)しい**人(ひと)と一緒(いっしょ)にいると、気(き)を使(つか)ってしまう。
  까다로운 사람과 함께 있으면 신경쓰인다.

清(きよ)い

깨끗하다, 맑다, 순수하다

- 国民(こくみん)は皆(みな)、**清(きよ)い**政治(せいじ)を期待(きたい)しています。
  국민은 모두 깨끗한 정치를 기대하고 있습니다.
- 心(こころ)の**清(きよ)い**女性(じょせい)が好(す)きです。
  마음이 순수한 여성을 좋아합니다.

臭(くさ)い

구리다, 역한 냄새가 나다

- どこからか**臭(くさ)い**においがしてくる。
  어디선가 구린 냄새가 난다.

くすぐったい 간지럽다, 쑥스럽다	• 首元(くびもと)を触(さわ)られるとくすぐったいからやめて。 목을 만지면 간지러우니까 하지 마. • そんなに誉(ほ)められるとなんだかちょっとくすぐったい気(き)がする。그렇게 칭찬을 받으면 왠지 좀 쑥스러운 기분이 든다.
くだらない 시시하다, 변변치 않다	• くだらない本(ほん)ばかり見(み)ていないで、早(はや)く勉強(べんきょう)しなさい。 시시한 책만 보지 말고 빨리 공부하세요.
くどい 지겹도록 되풀이하다, 지겹도록 장황하다	• お酒(さけ)を飲(の)むと彼(かれ)は話(はなし)がくどくなる。 술을 마시면 그는 말을 지겹도록 되풀이한다.
悔(くや)しい 분하다	• 逆転負(ぎゃくてんま)けして悔(くや)しい思(おも)いをした。 역전패를 해서 분한 경험을 했다.
苦(くる)しい 답답하다, 고통스럽다	• 夫(おっと)の収入(しゅうにゅう)が少(すく)なくて生活(せいかつ)が苦(くる)しい。 남편의 수입이 적어서 생활이 어렵다.
詳(くわ)しい 상세하다, 자세하다	• よく分(わ)からないので、もう一度(いちど)詳(くわ)しく説明(せつめい)してください。 잘 모르겠으므로, 다시 한 번 자세히 설명해 주세요.

3 い형용사

煙(けむ)い 맵고 쓰라리다 ≒煙(けむ)たい	• 事務室(じむしつ)は煙草(たばこ)の煙(けむり)で**煙(けむ)**かった。 사무실은 담배 연기로 매웠다.
煙(けむ)たい 맵고 쓰라리다. 거북하다, 어렵다	• 部長(ぶちょう)は皆(みんな)に**煙(けむ)た**がられていることにまだ気(き)が付(つ)いていない。 부장님은 모두가 (자기를) 어려워하는 것을 아직 눈치 채지 못한다.
険(けわ)しい 험하다, 험난하다	• 会社再建(かいしゃさいけん)のための**険(けわ)しい**道程(みちのり)が今後(こんご)も続(つづ)きそうだ。 회사 재건을 위한 험난한 길이 이후에도 계속될 것이다.
濃(こ)い 짙다, (색깔, 맛, 냄새 등이) 진하다	• 大阪(おおさか)に比(くら)べて東京(とうきょう)の料理(りょうり)は味(あじ)は**濃(こ)い**。 오사카에 비해 동경의 요리는 맛이 진하다.
恋(こい)しい 그립다	• 外国生活(がいこくせいかつ)をしていると田舎(いなか)の家族(かぞく)が**恋(こい)しく**なる。 외국생활을 하고 있으면 시골의 가족이 그리워진다.
香(こう)ばしい 향기롭다, 고소하다	• 料理(りょうり)に胡麻油(ごまあぶら)を使(つか)うと、**香(こう)ばしい**味(あじ)がしておいしい。 요리에 참기름을 사용하면 고소한 맛이 나서 맛있다.

こころづよ
心強い

마음이 든든하다,
믿음직스럽다

いっしょ ほんとう こころづよ
- あなたが一緒にいてくれて本当に心気いわ。
  네가 함께 있어주어서 정말 마음이 든든해.

こころぼそ
心細い

불안하다,
마음이 안 놓이다

ひとり い こころぼそ いっしょ い
- 一人で行くのは心細いので一緒に行ってください。
  혼자서 가는 것은 불안하니까 같이 가 주세요.

3 い형용사

こころよ
快い

기분이 좋다, 상쾌하다

たの なん こころよ ひ う わたし
- 頼まれれば何でも快く引き受けるのが私のモットーです。
  부탁을 받으면 무엇이든지 기분 좋게 받아들이는 것이 나의 모토입니다.

♠ **モットー** 모토, 좌우명

この
好ましい

(성질, 태도 등이) 마음에 들다,
바람직하다

ぶんかこうりゅう さか この けいこう
- 文化交流が盛んなのは好ましい傾向だ。
  문화교류가 활발한 것은 바람직한 현상이다.

いえ かえ この
- 家に帰ったらまずうがいするのが好ましい。
  집에 돌아가면 곧바로 양치하는 것이 바람직하다.

さわ
騒がしい

시끄럽다, 소란하다

いえ なか さわ なに
- 家の中が騒がしいが、何かあったのだろうか。
  집안이 시끄러운데 무슨 일이 있었던 걸까?

しおから
塩辛い

짜다

さむ ち ほう しょくじ しおから けいこう
- 寒い地方の食事は塩辛い傾向にある。
  추운 지방의 음식은 짠 경향이 있다.

四角い（しかく） 네모지다, 딱딱하다	• 四角い顔をした人は一般的に頑固な人が多い。 네모난 얼굴을 하고 있는 사람은 일반적으로 완고한 사람이 많다.
親しい（した） 친하다, 사이가 좋다	• 親しい友達と食事をするのが私の唯一の楽しみだ。 친한 친구와 밥을 먹는 것이 나의 유일한 즐거움이다.
しつこい 끈덕지다, 집요하다, 맛이 개운하지 않다	• 新聞記者にしつこく質問されてうんざりした。 신문기자에게 끈덕지게 질문을 받아서 진절머리가 났다. • 中華料理は味がしつこい。 중국음식은 느끼하다.
渋い（しぶ） 떫다, 차분하다, 구성지다	• 最近は、ダイエットにいいと渋いお茶が流行っている。 최근에는 다이어트에 좋다고 (맛이) 떫은 차가 유행하고 있다. • あの俳優は渋い演技をすることで有名だ。 저 배우는 차분한 연기를 하는 것으로 유명하다.
しぶとい 끈질기다, 고집 세다	• 投手の投げるボールにしぶとく喰らい付いていった。 투수가 던진 볼을 끈질기게 물고 늘어졌다. • 契約が取れるまで、しぶとくねばるつもりだ。 계약이 성사될 때까지 끈질기게 버틸 생각이다.
ずうずうしい 뻔뻔스럽다	• 新米のくせに、ずうずうしい態度をとるな。 신입 주제에 뻔뻔하게 굴지 마.

清々しい(すがすが)

상쾌하다, 시원하다

- 朝早く起きて運動すると清々しい気分になる。(あさはや お うんどう すがすが きぶん)
  아침 일찍 일어나서 운동하면 상쾌한 기분이 든다.

凄まじい(すさ)

굉장하다, 엄청나다, 무시무시하다, 비참하다

- 自動車が凄まじいスピードで通りすぎて行った。(じどうしゃ すさ とお い)
  자동차가 굉장한 스피드로 지나갔다.

すっぱい

시큼하다, 시다

- 私はレモンのすっぱい味が好きだ。(わたし あじ す)
  나는 레몬의 시큼한 맛을 좋아한다.

すばしこい

잽싸다, 민첩하다

- ネズミはすばしこくてなかなか捕まらない。(つか)
  쥐는 잽싸서 좀처럼 잡히지 않는다.

素早い(すばや)

민첩하다, 재빠르다

- 素早い応急手当のおかげでなんとか一命をとりとめた。(すばや おうきゅうてあて いちめい)
  민첩한 응급 처치 덕에 어떻게든 목숨을 건졌다.

♠ **一命(いちめい)を取(と)り留(と)める** 목숨을 건지다

図太い(ずぶと)

뻔뻔스럽다, 유들유들하다

- 新人の歌手にしては神経が図太い。(しんじん かしゅ しんけい ずぶと)
  신인가수치고는 침착하다.

♠ **~にしては** ~치고는

♠ **神経(しんけい)が図太(ずぶと)い** 침착, 냉정하다

3 い형용사

青い(ずる)

교활하다, 꾀를 부리다

- 皆並(みんなな)んで待(ま)っているのに、横入(よこはい)りする**ずるい**やつがいる。
  모두 줄서서 기다리고 있는데 새치기하는 교활한 놈이 있다.

♠ **横入(よこはい)りする＝割(わ)り込(こ)む** 새치기하다

鋭い(するど)

감각, 판단력이 뛰어나다, 예리하다

- 女性(じょせい)は感(かん)が**鋭(するど)い**というけど本当(ほんとう)だね。
  여성은 감이 예리하다고 하더니 정말이네.

切ない(せつ)

안타깝다, 애달프다, 못 견디다

- 彼女(かのじょ)と別(わか)れなければならないと思(おも)うと**切(せつ)ない**気持(きも)ちになる
  그녀와 이별하지 않으면 안 된다고 생각하면 애달픈 마음이 든다.

騒々しい(そうぞう)

시끄럽다, 떠들썩하다

- 今日(きょう)はいつになく教室(きょうしつ)の中(なか)が**騒々(そうぞう)しい**。
  오늘은 예전과 달리 교실 안이 시끄럽다.

そそっかしい

경솔하다, 덜렁거리다

- 弟(おとうと)は**そそっかしく**て、答(こた)えを知(し)っていながら書(か)き間違(まちが)えることがよくある。
  동생은 덜렁거려서 답을 알면서도 틀리게 쓰는 일이 자주 있다.
- 彼女(かのじょ)は見(み)かけによらず**そそっかしい**。
  그녀는 보기와는 달리 덜렁거린다.

そっけない

무뚝뚝하다, 쌀쌀맞다

- 店員(てんいん)の**そっけない**態度(たいど)で気分(きぶん)を害(がい)された。
  점원의 무뚝뚝한 태도에 기분이 상했다.

♠ **気分(きぶん)を害(がい)する** 기분이 상하다

逞しい (たくま)

늠름하다, 건장하다

- 彼女の好みのタイプは逞しくて男らしい人です。
  그녀가 좋아하는 타입은 늠름하고 남자다운 사람입니다.

頼もしい (たの)

믿음직하다, 장래성이 있다

- 私の理想のタイプは男らしくて頼もしい人です。
  나의 이상형은 남자답고 믿음직한 사람입니다.

堪らない (たま)

참을 수 없다,
견딜 수 없다

- 今日は朝から暑くて堪らない。
  오늘은 아침부터 더워서 참을 수 없다.
- 物価がこんなに高くては、庶民は堪らないよ。
  물가가 이렇게 비싸면 서민은 견딜 수 없다고요.

容易い (たやす)

쉽다, 간단하다, 용이하다

- １０キロ減量するのはけっして容易いことではない。
  10kg 감량하는 것은 결코 쉬운 일이 아니다.

頼りない (たよ)

의지할 데가 없다,
미덥지 못하다

- 彼はいざというときに頼りなくて、私を失望させた。
  그는 여차할 때 미덥지 못해서 나를 실망시켰다.

♠ **いざというとき** 만일의 경우, 여차할 때

だらしない

칠칠치 못하다,
아무지지 못하다

- そんなだらしない服装をしていると彼女できないぞ。
  그런 칠칠치 못한 복장을 하고 있으면 여자가 생기지 않는다고.
- これくらいのトレーニングでへたばるなんてだらしないぞ。
  이 정도의 트레이닝으로 지쳐버리다니 한심하구나.

だるい 나른하다	かぜ　きのう　あたま　おも　からだ ● 風邪のせいか、昨日から頭が重くて体も**だるい**。 감기 탓인지 어제부터 머리가 무겁고 몸도 나른하다.
ちからづよ 力強い 힘차다	せんしゅ　だいひょう　ちからづよ　あいさつ ● 選手の代表が**力強く**挨拶をした。 선수대표가 힘차게 인사했다.
ちゅう い ぶか 注意深い 주의 깊다	あいて　はなし　ちゅういぶか　き　はんろん ● 相手の話を**注意深く**聞いてから反論しなければならない。 상대방의 이야기를 주의 깊게 듣고서 반론해야 한다.
つら 辛い 괴롭다, 고통스럽다	かぞく　わか　せいかつ　つら　ゆめ　じつげん ● 家族と別れて生活するのは**辛い**が、夢の実現のためにはしかたがない。 가족과 헤어져 생활하는 것은 괴롭지만 꿈을 실현하기 위해서는 어쩔 수 없다.
でかい・ でっかい 크다	おとうと あたま　ふつう　ぼうし ● 弟は頭が**でかく**て、普通の帽子はかぶれない。 남동생은 머리가 커서 보통 모자는 쓸 수 없다.
とうと　とうと 尊い・貴い 품위, 신분이 높다, 존귀하다, 소중하다	せいめい　とうと　こどもたち　おし ● 生命ほど**尊い**ものはないということを、まず子供達に教えなければいけない。 생명만큼 소중한 것은 없다는 점을 먼저 어린이들에게 가르쳐줘야 한다.

とぼ 乏しい 모자라다, 부족하다	あんぜん たい いしき とぼ い え • 安全に対する意識が**乏しい**と言わざるを得ない。 안전에 대한 의식이 부족하다고 말하지 않을 수 없다. ♠ **言(い)わざるを得(え)ない** 말하지 않을 수 없다 ♠ **동사의 ない형+ざるを得(え)ない** ~하지 않을 수 없다. ~해야만 한다
とんでもない 뜻밖이다, 당치도 않다	ちゅうがくせい す • 中学生がタバコを吸うなんて**とんでもない**。 중학생이 담배를 피우다니 당치도 않다.
なごりお 名残惜しい (헤어지기) 아쉽다, 섭섭하다	な した くに あと ほんとう なごりお • 慣れ親しんだ国を後にするのは本当に**名残惜しい**。 정든 나라를 뒤로 하는 것은 정말 아쉽다. ♠ **慣(な)れ親(した)しむ** 정들다
なさ 情けない 한심하다, 비참하다	ただ けいご つか なさ • 正しい敬語も使えないなんて**情けない**。 바른 경어도 사용하지 못하다니 정말 한심하다.
なさ ぶか 情け深い 인정이 많다, 정이 깊다	なさ ぶか ちょうしょ たんしょ • **情け深い**のは長所であるとともにまた短所でもある。 정이 많은 것은 장점이기도 하고 또 단점이기도 하다.
なだか 名高い 유명하다, 이름 있다	ほっかいどう けがに なだか • 北海道は毛蟹がおいしいことで**名高い**。 홋카이도는 털게가 맛있는 것으로 유명하다.

懐(なつ)かしい

그립다, 정겹다

- 久(ひさ)しぶりに同窓会(どうそうかい)に参加(さんか)して、懐(なつ)かしい友達(ともだち)に会(あ)えた。
  오랜만에 동창회에 참석해서 정겨운 친구들을 만날 수 있었다.

生臭(なまぐさ)い

(생선이나 고기 따위의) 비린내 나다

- 魚屋(さかなや)でアルバイトをしたら、服(ふく)にまで生臭(なまぐさ)い臭(にお)いが染(し)み付(つ)いてしまった。
  생선가게에서 아르바이트를 했더니, 옷까지 비린내가 배어버렸다.

♠ **染(し)み付(つ)く** 얼룩지다. 찌들다. (냄새가) 배다

生(なま)ぬるい

미지근하다, 미적지근하다

- 処分(しょぶん)が生(なま)ぬるいと、また同様(どうよう)な過(あやま)ちを犯(おか)しやすい。
  처분이 미적지근하면, 또 같은 실수를 저지르기 쉽다.

悩(なや)ましい

괴롭다, (관능에 자극되어) 마음이 흐트러지다

- 最近(さいきん)は焦(あせ)りと苛立(いらだ)ちの悩(なや)ましい日々(ひび)を送(おく)っている。
  요즘 조바심과 초초함의 괴로운 나날을 보내고 있다.
- 悩(なや)ましい姿(すがた)で私(わたし)を誘惑(ゆうわく)してきた。
  관능적인 모습으로 나를 유혹해왔다.

馴(な)れ馴(な)れしい

아주 친숙하다

- 後輩(こうはい)が馴(な)れ馴(な)れしい態度(たいど)を取(と)るのは許(ゆる)せない。
  후배가 너무 친하게 구는 것은 용서할 수 없다.

憎(にく)い

밉다

- 僕(ぼく)を病院(びょういん)に置(お)き去(ざ)りにした母(はは)が憎(にく)い。
  나를 병원에 내버려두고 가버린 엄마가 밉다.
- 坊主憎(ぼうずにく)けりゃ袈裟(けさ)まで憎(にく)い。 중이 미우면 승복까지 밉다. (그 사람이 미우면 그 사람과 관계있는 모든 것이 밉다.)

♠ **置(お)き去(ざ)り** 내버려두고 가버림

憎(にく)らしい

얄밉다

- 私(わたし)を捨(す)てた彼(かれ)が**憎(にく)らしい**。
  나를 버린 그가 밉다.
- 小学生(しょうがくせい)なのに、**憎(にく)らしい**ほどピアノが上手(じょうず)だ。
  초등학생이면서 얄미울 정도로 피아노를 잘 친다.

鈍(にぶ)い

무디다, 둔하다

- 物(もの)わかりが**鈍(にぶ)く**ていらいらする。
  둔해서 잘 못 알아들어 짜증이 난다.
- 太(ふと)ってしまって動作(どうさ)が**鈍(にぶ)く**なった。
  살이 쪄서 동작이 둔해졌다.

根強(ねづよ)い

뿌리 깊다, 끈질기다, 탄탄하다

- 演歌(えんか)は**根強(ねづよ)い**人気(にんき)を持(も)っている。
  엔카는 오래도록 인기를 얻고 있다.

粘(ねば)り強(づよ)い

쫀득쫀득하다, 끈질기다, 끈덕지다

- **粘(ねば)り強(づよ)い**努力(どりょく)で、ついに新技術(しんぎじゅつ)の開発(かいはつ)に成功(せいこう)した。
  끈질긴 노력으로 드디어 신기술 개발에 성공했다.

眠(ねむ)たい

졸리다

- 昨日(きのう)徹夜(てつや)したので、今日(きょう)は朝(あさ)から**眠(ねむ)たく**てしかたがない。
  어제 철야를 해서, 오늘은 아침부터 졸려서 미치겠다.

望(のぞ)ましい

바람직하다

- 飛行機(ひこうき)に乗(の)るときは2時間前(じかんまえ)には空港(くうこう)に到着(とうちゃく)するのが**望(のぞ)ましい**。
  비행기에 탈 때는 2시간 전에는 공항에 도착하는 것이 바람직하다.

はかな
儚い

허무하다, 덧없다

こども ころ ゆめ はかな くず
- 子供の頃からの夢が儚くも崩れさった。
  어렸을 때부터의 꿈이 허무하게 완전히 무너졌다.

♠ **崩(くず)れさる** 완전히 무너지다
♠ **동사의 ます형+去(さ)る** ~하여 버리다. 완전히 ~하다

ばかばかしい

매우 어리석다

かね つか
- お金があるのに使わないなんてばかばかしい。
  돈이 있으면서 쓰지 않다니 바보 같다.

は がゆ
歯痒い

속이 타고 답답하다

なや ともだち なに は
- 悩んでいる友達に何もしてあげられなくて歯がゆいばかりだ。
  고민하고 있는 친구에게 아무것도 해줄 수 없는 것이 답답할 뿐이다.

ばからしい

시시하다, 바보스럽다

どりょく みと
- いくら努力しても認められなければばからしい。
  아무리 노력해도 인정받지 못하면 아무 소용없다.

おれ うわき しん
- 俺が浮気しているなんていうばからしいうわさは信じるな
  내가 바람을 피우고 있다고 하는 바보 같은 소문은 믿지 마.

はげ
激しい

심하다

いちい め ざ はげ きょうそう つづ
- 一位を目指して激しい競争が続いている。
  1위를 목표로 심한 경쟁이 계속되고 있다.

はしたない

상스럽다, 꼴불견이다

ささい い あらそ
- そんな些細なことで言い争うなんてはしたないぞ。
  그런 사소한 것으로 다투다니 꼴불견이다.

♠ **真似(まね)** ①흉내. 모방 ②동작. 행동. 몸짓

は
果てしない

끝이 없다

にんげん は かのうせい ひ
• 人間は果てしない可能性を秘めている。
인간은 끝없는 가능성을 간직하고 있다.

はなは
甚だしい

심하다

かのじょ じぶん おも かんちが はなは
• 彼女は自分をきれいだと思っているらしいが、勘違いも甚だしい。
그녀는 자신을 예쁘다고 생각하는 것 같지만 착각도 대단하다.

はな ばな
華々しい

화려하다, 눈부시다

かれ はなばな かつやく
• 彼はデビューするやいなや、華々しい活躍をした。
그는 데뷔하자마자, 눈부신 활약을 했다.

♠ **～やいなや** ～하자 마자

はばひろ
幅広い

폭넓다, 광범위하다

たつじん はばひろ ちしき ひつよう
• クイズの達人になるためには幅広い知識が必要です。
퀴즈 달인이 되기 위해서는 폭넓은 지식이 필요합니다.

ひさ
久しい

오래다, 오래되다

いなか ともだち ひさ あ
• 田舎の友達に久しく会っていない。
시골 친구를 오랜 시간 동안 만나지 않았다.

ひと
等しい

같다, 동일하다

かれ たの きょうはく ひと
• 彼の頼みは脅迫に等しかった。
그의 부탁은 협박에 가까웠다.

ひら
平たい

평평하다, 평탄하다

おも　ただ　はか　はか　ひら　お
- 重さを正しく計るには、計りを**平たい**ところに置かなければならない。
  무게를 정확하게 재기 위해서는 저울을 평평한 곳에 놓아야 한다.

ふさわしい

어울리다, 걸맞다

かれ　せいとかいちょう　じんぶつ
- 彼が生徒会長として**ふさわしい**人物だ。
  그가 학생회장으로 걸맞는 인물이다.

ほそ　なが
細長い

가늘고 길다

めん　くら　めん　ほそなが
- そう麺は、うどんに比べて麺が**細長い**。
  소면은 우동에 비해 면이 가늘고 길다.

まぎ
紛らわしい

헷갈리기 쉽다

かんこくご　まぎ　ことば　こま
- 韓国語には**紛らわしい**言葉がたくさんあって困る。
  한국어에는 헷갈리는 단어가 많이 있어 곤란하다.

まず
貧しい

가난하다

まず　いえ　う　は
- **貧しい**家に生まれたことはけっして恥ずかしいことではない。
  가난한 집에서 태어난 것은 결코 부끄러운 일이 아니다.

ま　どお
待ち遠しい

몹시 기다려지다

なつやす　く　ま　どお　たま
- 夏休みが来るのが**待ち遠しく**て堪らない。
  여름방학이 오는 것이 몹시 기다려진다.

まぶしい

눈부시다,
눈이 부시도록 아름답다

- 日差(ひざ)しが強(つよ)いので、サングラスなしにはまぶしくて運転(うんてん)できない。
  햇볕이 강하기 때문에 선글라스 없이는 눈이 부셔서 운전을 못한다.

見苦(みぐる)しい

보기 흉하다, 볼꼴사납다

- 社会人(しゃかいじん)にもなってまだ親(おや)にお金(かね)をせびるような見苦(みぐる)しいまねはよしなさい。
  사회인이 돼서도 아직 부모님에게 돈을 달래는 그런 보기 흉한 짓은 그만 둬.

♠ **せびる** 조르다, 강요하다

見窄(みすぼ)らしい

초라하다, 볼품없다

- 見窄(みすぼ)らしい家(いえ)なので恥(は)ずかしくて人(ひと)も呼(よ)べない。
  초라한 집이기 때문에 부끄러워서 사람도 부를 수 없다.

水臭(みずくさ)い

(친한 사이인데도)
서먹서먹하다

- 他人行儀(たにんぎょうぎ)な態度(たいど)をとるなんて水臭(みずくさ)いぞ。
  남남같은 태도를 취하다니 서먹서먹하다.

♠ **他人行儀(たにんぎょうぎ)** (친한 사이인데도) 남남처럼 서먹서먹하게 대함

瑞々(みずみず)しい

윤기가 있고 싱싱하다

- 彼女(かのじょ)は瑞々(みずみず)しいお肌(はだ)が魅力的(みりょくてき)です。
  그녀는 윤기 있는 피부가 매력적이다.

みっともない

꼴불견이다

- 子供(こども)の前(まえ)でみっともない姿(すがた)は見(み)せられない。
  아이 앞에서 꼴불견인 모습은 보여주기 싫다.

みにく **醜い** 추하다, 추악하다	いさんそうぞくきょうだい みにく あらそ • 遺産相続で兄弟が**醜い**争いをしている。 유산상속으로 형제가 추한 싸움을 하고 있다.
む あつ **蒸し暑い** 무덥다	にほん なつ ほんとう む あつ • 日本の夏は本当に**蒸し暑い**。 일본의 여름은 정말로 무덥다.
むなしい 허무하다, 덧없다	いっこう じたい よ じかん す • 一向に事態は良くならず**むなしく**時間だけが過ぎていった 조금도 사태는 좋아지지 않고 덧없이 시간만 지나고 있었다.
め ざ **目覚ましい** 눈부시다, 놀랍다	きんねん さんぎょう はってん め ざ • 近年、IT産業の発展が**目覚ましい**。 요즘 IT산업의 발전이 눈부시다.
めっそう **滅相もない** 당치도 않다, 얼토당토않다	しゃちょう めっそう • 社長にたてつくなんて**滅相もない**。 사장한테 대들다니 당치도 않다. ♠ **たてつく** (윗사람이나 권력자 등에게) 대들다. 반항하다. 말대꾸하다
めでたい 경사스럽다, 축하할 만하다	にほん ひ せきはん た しゅうかん • 日本では**めでたい**日には赤飯を食べる習慣がある。 일본에서는 경사스러운 날에는 팥찰밥을 만들어 먹는 습관이 있다.

面倒(めんどう)くさい

매우 귀찮다,
매우 성가시다

- 質問(しつもん)にいちいち答(こた)えるのは**面倒(めんどう)くさい**。
  질문에 일일이 대답하는 것은 귀찮다.

申(もう)し訳(わけ)ない

면목 없다, 미안하다

- 連絡(れんらく)が遅(おく)れてしまい本当(ほんとう)に**申(もう)し訳(わけ)ない**ことをした。
  연락이 늦어서 정말로 미안하게 됐다.

もったいない

(함부로 써서) 아깝다,
황송하다

- 待(ま)っている時間(じかん)が**もったいない**。
  기다리는 시간이 아깝다.
- 私(わたし)には**もったいない**お言葉(ことば)です。
  저에게는 황송한 말씀입니다.

尤(もっと)もらしい

그럴 듯하다, 그럴싸하다

- いくら**尤(もっと)もらしい**話(はなし)をしても、私(わたし)は決(けっ)して騙(だま)されません。
  아무리 그럴 듯한 이야기를 해도 나는 결코 넘어가지 않습니다.

ものすごい

굉장하다, 대단하다

- 韓国(かんこく)のドラマは**ものすごく**人気(にんき)がある。
  한국 드라마는 굉장히 인기가 있다.

物足(ものた)りない

어딘가 부족하다

- 映画(えいが)を見(み)るだけのデートでは**物足(ものた)りない**感(かん)じがする。
  영화를 보는 것만의 데이트로는 뭔가 부족한 느낌이 든다.

もろい 약하다, 무르다	• 煉瓦(れんが)の建物(たてもの)は地震(じしん)に**もろい**。 벽돌 건물은 지진에 약하다. • 年(とし)を取(と)ると涙(なみだ)**もろく**なる。 나이를 먹으면 눈물이 많아지게 된다. ♠ **涙(なみだ)もろい** 눈물이 많다. 정에 여리다
やかましい 시끄럽다, 까다롭다	• テレビの音(おと)が**やかましくて**、勉強(べんきょう)できない。 텔레비전 소리가 시끄러워 공부할 수 없다. • うちの両親(りょうしん)はしつけに**やかましい**。 우리 부모님은 예의범절에 까다롭다.
安(やす)っぽい 싸구려 같다, 싸구려로 보이다	• この時計(とけい)はいかにも**安(やす)っぽく**見(み)える。 이 시계는 아무리 봐도 싸구려 같다. ♠ **いかにも** ①자못. 정말로. 매우 ②아무리 봐도. 어떻게 생각해도
ややこしい 복잡하다, 까다롭다	• **ややこしい**計算(けいさん)は苦手(にがて)だ。 복잡한 계산은 질색이다.
やり切(き)れない 끝까지 해낼 수 없다, 참을 수 없다	• こんな少(すく)ない給料(きゅうりょう)じゃ、**やり切(き)れません**。 이런 적은 월급으로는 견딜 수 없습니다.
柔(やわ)らかい 유연하다, 부드럽다, 융통성 있다	• 赤(あか)ちゃんのような**柔(やわ)らかい**肌(はだ)が自慢(じまん)です。 애기처럼 부드러운 피부가 자랑입니다.

ゆる **緩い** 느슨하다, 헐렁하다, 완만하다	• ダイエットでズボンが**緩く**(ゆる)なって穿(は)けなくなった。 다이어트로 바지가 헐렁해져서 입을 수 없게 됐다. • 飛行機(ひこうき)が**緩い**(ゆる)カーブを描(えが)いて飛(と)んでいった。 비행기가 완만한 커브를 그리고 날아갔다.
ようじんぶか **用心深い** 신중하다, 조심성이 많다	• 何(なん)でも**用心深く**(ようじんぶか)するのが賢明(けんめい)だと思(おも)います。 뭐든 신중하게 하는 것이 현명하다고 생각합니다.
わか わか **若々しい** 젊디젊다, 아주 젊어 보이다	• いつまでも**若々しく**(わかわか)いたいものだ。 언제까지나 젊게 있고 싶은 법이다.
わす **忘れっぽい** 잘 잊어버린다	• 年(とし)をとって、最近(さいきん)ほんとうに**忘れっぽく**(わす)なった。 나이를 먹어 요즘 정말 잘 잊어버린다.
わずら **煩わしい** 귀찮다, 성가시다, 번거롭다 ＝面倒(めんどう)くさい	• **煩わしい**(わずら)手続(てつづ)きにうんざりする。 번거로운 절차에 진절머리가 난다. ♠ **うんざりする** 지긋지긋하다. 질리다. 진절머리가 나다
わるがしこ **悪賢い** 교활하다, 간사하다	• **悪賢い**(わるがしこ)やつは、どこの社会(しゃかい)にもいるものだ。 교활한 사람은 어느 회사나 있는 법이다.

3 い형용사

하루 10분
일본어능력시험

N1
N2

NEW 일본어 단어장

Part 4

な형용사 な形容詞

なけいようし

사물의 성질이나 상태를 나타내는 말입니다.
한자의 훈독과 의미에 주의하면서 학습해주세요.
혹시 な형용사가 히라가나로 출제됐을 경우도
그 의미가 바로 떠오를 수 있도록
단어 자체를 확실하게 익히시길 바랍니다.

Part 4 な형용사 な形容詞

あいにく 공교롭게도, 마침	• あいにく父(ちち)は今外出(いまがいしゅつ)しております。 공교롭게도 아버님은 지금 외출중이십니다.
曖昧(あいまい) 애매, 모호, 분명하지 않음	• 質問(しつもん)に対(たい)する答(こた)えが曖昧(あいまい)ではっきりしません。 질문에 대한 답이 애매하고 확실하지 않습니다.
明(あき)**らか** 분명함, 뚜렷함	• このままだと物価(ぶっか)が上(あ)がるのは火(ひ)を見(み)るよりも明(あき)らかだ。 이대로라면 물가가 오르는 것은 불 보듯이 분명하다.
悪質(あくしつ) 품질이 나쁨	• 最近(さいきん)、悪質(あくしつ)な犯罪(はんざい)が増(ふ)えている。 최근 악질적인 범죄가 늘어나고 있다.
浅(あさ)**はか** 생각이 얕음, 어리석음, 천박함	• 浅(あさ)はかにも詐欺師(さぎし)の口車(くちぐるま)に乗(の)ってしまった。 어리석게도 사기꾼의 말에 넘어가고 말았다. ♠口車(くちぐるま)に乗(の)る 감언이설에 속다

あざ
鮮やか
아름답고 선명함, 뚜렷함

かれ え あざ いろづか とくちょう
• 彼の絵は**鮮やか**な色使いが特徴です。
그의 그림은 선명한 색의 쓰임이 특징입니다.

あじ
味
멋있음, 근사함, 재치 있음

たんじょうび はなたば おく あじ
• 誕生日に花束を贈るとはなかなか**味**なことをするね。
생일에 꽃다발을 보내다니, 꽤 재치 있는 행동을 하는 걸.

かれ た もの あじ
• 彼は食べ物の**味**にうるさい。(명사-입맛)
그는 입맛이 까다롭다.

あ まえ
当たり前
당연함, 마땅함

せいかつ ふと あ まえ
• そんな生活をしていたら太るのは**当たり前**でしょ。
그런 생활을 하고 있으면 뚱뚱해지는 게 당연하죠.

4 な형용사

あとまわ
後回し
뒷전, 뒤로 미룸

けっこん あとまわ しごと う こ
• 結婚を**後回し**にして、仕事に打ち込んでいる。
결혼을 뒤로 미룬 채로 일에 전념하고 있다.

♠**打(う)ち込(こ)む** 열중하다. 전념하다

あべこべ
반대로 임, 거꾸로 임, 뒤바뀜

じゅう いち かぞ
• 十から一まで**あべこべ**に数える。
열에서 일까지 거꾸로 세다.

ふうふ やくわり かてい ふ
• 夫婦の役割が**あべこべ**な家庭が増えている。
부부의 역할이 뒤바뀐 가정이 증가하고 있다.

あほ·あほう
阿呆
바보

かぶ ぜんざいさん こ あ ほう
• 株に全財産をつぎ込むなんて**阿呆**なことだ。
주식에 전 재산을 털어 넣다니, 바보 같은 짓이다.

♠**つぎ込(こ)む** (어떤 일을 위해 많은 비용이나 사람을) 투입하다. 들이다

余(あま)り (정도가) 도가 지나침, 너무함	• **あまり**におかしくて、皆(みんな)お腹(なか)を抱(かか)えて大笑(おおわら)いした。 너무 웃겨서 모두 배를 잡고 폭소를 터트렸다. ♠ **お腹(なか)を抱(かか)える** 배꼽이 빠지게 웃다. 포복절도하다
あやふや 애매함, 모호함, 불확실한 모양	• 困(こま)ったときは、いつも**あやふや**な態度(たいど)をとる。 곤란할 때는 항상 모호한 태도를 취한다.
粗削(あらけず)り 거침, 다듬어지지 않음	• 彼(かれ)はまだ文章(ぶんしょう)が**粗削(あらけず)り**だが、将来有望(しょうらいゆうぼう)だ。 그는 아직 문장이 다듬어 지지 않았지만 장래유망하다.
新(あら)た 새로움	• やっと問題(もんだい)が解決(かいけつ)したと思(おも)ったら、また**新(あら)た**な問題(もんだい)が発生(はっせい)した。 겨우 문제를 해결했다고 생각했는데 또 새로운 문제가 발생했다.
ありのまま 있는 그대로, 사실 그대로	• **ありのまま**の姿(すがた)を見(み)せるのがドキュメンタリーのよさです。 있는 그대로의 모습을 보여 주는 것이 다큐멘터리의 좋은 점입니다.
哀(あわ)れ 불쌍함, 가련함, 슬픔, 서글픔	• 秋(あき)の夕暮(ゆうぐ)れは、なんとなく**哀(あわ)れ**な感(かん)じがする。 가을 황혼은 왠지 서글픈 느낌이 든다. ♠ **夕暮(ゆうぐ)れ** 해질녘, 황혼

安易(あんい) 안이함	• そんな安易(あんい)な考(かんが)えでは、後(あと)で痛(いた)い目(め)にあうぞ。 그런 안이한 생각으로는 나중에 따끔한 맛을 보게 돼. ♠ 痛(いた)い目(め)に合(あ)う 따끔한 맛을 보다
案外(あんがい) 뜻밖, 예상외, 의외	• 今回(こんかい)は案外(あんがい)な結果(けっか)に終(お)わりました。 이번에는 예상 밖의 결과로 끝났습니다. • 今度(こんど)の試験(しけん)は案外(あんがい)簡単(かんたん)でした。(부사-뜻밖에, 의외로) 이번 시험은 의외로 간단했습니다.
安静(あんせい) 안정	• 手術(しゅじゅつ)は成功(せいこう)したが、一週間(いっしゅうかん)は安静(あんせい)にしていなければならない。 수술은 성공했지만, 1주일간은 안정하지 않으면 안 된다.
あんまり 너무, 지나치게 あまり에서 변한말	• 休(やす)みが一日(いちにち)だけなんてあんまりだ。 휴가가 하루라니 너무하다. • ご飯(はん)があんまりおいしいので3杯(ばい)もお代(か)わりした。 밥이 너무 맛있어서 세 공기나 먹었다. (부사-너무, 지나치게)
いい加減(かげん) 그 정도에서, 어지간한 선에서 「~に」「~ところで」의 꼴로 씀	• もういい加減(かげん)にあきらめたらどうだい。 이제 그 정도에서 포기하는 것이 어때?
粋(いき) 때 벗음, 세련됨, 멋있음	• 今日(きょう)はいつになく粋(いき)な服装(ふくそう)をしていますね。 오늘은 평소와 달리 세련된 복장을 하고 있네요. • 裁判官(さいばんかん)の粋(いき)な計(はか)らいで無罪(むざい)になった。 재판관의 멋진 판단으로 무죄가 되었다.

遺憾(いかん) 유감	• 実験(じっけん)が失敗(しっぱい)に終(お)わったことは全(まった)く**遺憾(いかん)**にたえない。 시험이 실패로 끝난 것은 정말 유감이다. ♠ **~にたえない** 참을 수 없을 정도로 ~하다 **감사, 유감, 슬픔, 동정 등의 감정을 나타내는 명사에 붙어 ~한 감정을 강조하는 표현**
意地悪(いじわる) 심술궂음, 짓궂은 사람	• 友達(ともだち)がいないのは、あなたの**意地悪(いじわる)**な性格(せいかく)のせいです 친구가 없는 것은 당신의 심술궂은 성격 탓입니다.
異常(いじょう) 이상, 정상이 아님	• 今年(ことし)の夏(なつ)は**異常(いじょう)**な暑(あつ)さです。 올 여름은 이상적인 더위입니다.
偉大(いだい) 위대, 뛰어나게 훌륭함	• これは大統領(だいとうりょう)の**偉大(いだい)**な功績(こうせき)を称(たた)える石碑(せきひ)です。 이것은 대통령의 위대한 공적을 기리는 비석입니다. ♠ **称(たた)える** 기리다. 칭송하다
一様(いちよう) 한결같음, 그냥 보통임	• アメリカ人(じん)は**一様(いちよう)**に背(せ)が高(たか)い。 미국인은 한결같이 키가 크다.
違法(いほう) 위법	• コンピュータで映画(えいが)をダウンロードするのは**違法(いほう)**な行為(こうい)だ。 컴퓨터로 영화를 다운로드 받는 것은 위법 행위이다.

異様(いよう) 색다른 모양, 이상한 모양	• **異様**(いよう)な雰囲気(ふんいき)の中(なか)、会議(かいぎ)が続(つづ)けられた。 이상한 분위기 속에서 회의가 계속 되었다.
陰気(いんき) 음기(음침함 기운)	• 朝(あさ)から雨(あめ)が降(ふ)って**陰気**(いんき)な天気(てんき)だ。 아침부터 비가 와서 음침한 날씨다.
いんちき 협잡, 속임	• **いんちき**な真似(まね)をするな。 속이는 짓을 하지 마라.
内気(うちき) 내성적	• そんな**内気**(うちき)な性格(せいかく)では、友達(ともだち)も作(つく)れないぞ。 그런 내성적인 성격으로는 친구도 만들 수 없어.
有頂天(うちょうてん) 기뻐 어찌할 바를 모름	• デートの約束(やくそく)が取(と)れて、**有頂天**(うちょうてん)になっている。 데이트 약속을 받아서 기뻐서 어쩔 줄을 모르고 있다. ♠ **有頂天(うちょうてん)になる** 기뻐서 어찌할 줄 모르다
うやむや 흐지부지	• 投資(とうし)の計画(けいかく)が、いつのまにか**うやむや**になってしまいました。 투자계획이 어느 샌가 흐지부지되어 버렸습니다. ♠ **いつの間(ま)にか** 어느 샌가. 어느덧

4 な형용사

うわき
浮気

변덕이 심함, 바람기

じだい うわき おとこ きら
• いつの時代も浮気な男は嫌われる。
어느 시대건 바람기 있는 남자는 미움을 받는다.

うんざり

몹시 싫증남, 지긋지긋함

まいにちおな
• 毎日同じおかずで、もううんざりだ。
매일 같은 반찬이라 이제 지겹다.

えんかつ
円滑

원활함

ぎょうじ えんかつ すす
• 行事が円滑に進んでいます。
행사가 원활하게 진행되고 있습니다.

えんきょく
婉曲

원곡,
(말이나 행동을) 빙 돌려서 함

ほしょうにん ともだち たの えんきょく
ことわ
• 保証人になってほしいという友達の頼みを婉曲に断った。
보증인이 되어 달라고 하는 친구의 부탁을 빙 돌려 거절했다.

えんまん
円満

원만함

けっこん えんまん かてい きず
• 結婚したら、ぜひ円満な家庭を築きたい。
결혼하면 원만한 가정을 꾸리고 싶다.

♠ **家庭(かてい)を築(きず)く** 가정을 이루다
♠ **築(きず)く** 쌓다. 쌓아올리다. 구축하다

おお
大がかり

대규모임, 대대적임

かいさい ひか おお こうじ おこな
• オリンピックの開催を控え、大がかりな工事が行われている。
올림픽의 개최를 앞에 두고 대규모 공사가 행해지고 있다.

♠ **控(ひか)える** 바로 가까이에 있다
♠ **行(おこな)う** (행위를) 하다. 거행하다

大(おお)げさ 과장됨, 허풍을 떪	• ちょっとした捻挫(ねんざ)なのに、そんなギブスをするなんて大(おお)げさですよ。 조금 발을 삐끗했는데 그런 깁스까지 하다니 과장이 심하시네요. ♠ **ちょっとした** 대수롭지 않은. 약간의 ♠ **捻挫(ねんざ)** 염좌. 관절을 삠
大(おお)ざっぱ 조잡함, 대충	• お金(かね)の管理(かんり)が大(おお)ざっぱなので、いつも収入(しゅうにゅう)と支出(ししゅつ)が合(あ)わない。 돈 관리를 대충하기 때문에 언제나 수입과 지출이 맞지 않다.
大幅(おおはば) 변동 폭이 큼, 대폭	• 景気(けいき)がいいので、給料(きゅうりょう)の大幅(おおはば)な値上(ねあ)げが期待(きたい)できる。 경기가 좋아서 급료의 대폭적 인상이 기대된다. ♠ **値上(ねあ)げ** 가격 인상. 값을 올림
おおっぴら 터놓고 공공연히 하는 모양	• 芸能人(げいのうじん)には珍(めずら)しく、いつもおおっぴらにデートを重(かさ)ねています。 연예인으로는 드물게 언제나 터놓고 데이트를 거듭하고 있습니다. ♠ **重(かさ)ねる** 되풀이하다. 반복하다. 거듭하다
大(おお)まか 대략적임, 대충	• その映画(えいが)の大(おお)まかなストーリーは知(し)っています。 그 영화의 스토리는 대충 알고 있습니다.
臆病(おくびょう) 겁이 많음	• 男(おとこ)が臆病(おくびょう)だと、女(おんな)の子(こ)にもてないわよ。 남자가 겁이 많으면 여자한테 인기 없어요. ♠ **もてる** (속어) 인기가 있다

4 な형용사

おごそ **厳か** 엄숙함	けっこんしき おごそ ふんいき おこな • 結婚式は**厳か**な雰囲気のなかで行われた。 결혼식은 엄숙한 분위기 속에서 거행되었다.
おだ **穏やか** 온화함, 차분함	こども おだ はな き • 子供たちに**穏やか**に話して聞かせた。 아이들에게 차분히 이야기를 들려주었다. いえで おだ • 家出とは**穏やか**ではないですね。 가출이라니 말도 안 돼요. ♠ **穏(おだ)やかでない의 꼴로, 받아들이기 힘든 모양을 나타냄**
おっくう **億劫** 마음에 내키지 않고 귀찮음	やす で おっくう いえ • せっかくの休みなのに、出かけるのが**億劫**だと家でゴロゴロしている。 모처럼의 휴식인데 외출하는 것이 귀찮다고 집에서 뒹굴뒹굴하고 있다. ♠ **ゴロゴロする** 빈둥빈둥하다 **하는 일 없이 시간을 보내는 모양**
おや ふ こう **親不孝** 불효	おや さき し いちばん おやふこう • 親より先に死ぬのが一番の**親不孝**だ。 부모보다 먼저 죽는 것이 가장 큰 불효다.
おろ **愚か** 어리석음	いま おろ こうかい • 今では**愚か**なことをしたと後悔している。 지금은 어리석은 짓을 했다고 후회하고 있다.
おろそか 소홀히 함, 등한시함	ちい こと ひと おお しごと • 小さな事を**おろそか**にする人には、大きな仕事をまかせられない。 작은 일에 소홀히 하는 사람에게는 큰일을 맡길 수 없다.

稳健 (おんけん)
온건함

- 社長(しゃちょう)はどちらかというと**稳健**(おんけん)なタイプです。
  사장은 어느 쪽이냐 하면 온건한 타입입니다.

恩知らず (おんしらず)
배은망덕함

- 恩師(おんし)の信頼(しんらい)を裏切(うらぎ)るなんて**恩知らず**(おんしらず)な奴(やつ)だ。
  은사님의 신뢰를 배반하다니 배은망덕한 놈이다.

♠ **裏切(うらぎ)る** 배신하다, 배반하다

稳和 (おんわ)
온화

- 療養地(りょうようち)の条件(じょうけん)としては、まず**稳和**(おんわ)な気候(きこう)があげら れる。
  요양지의 조건으로서는 먼저 온화한 기후를 들 수 있다.

怪奇 (かいき)
괴기

- 彼女(かのじょ)が来(き)てからというもの、**怪奇**(かいき)な現象(げんしょう)が続(つづ)いている。
  그녀가 온 후로부터 괴기한 현상이 이어지고 있다.

かすか
희미함, 어렴풋함

- **かすか**な音(おと)も聞(き)き逃(のが)さないように、集中(しゅうちゅう)して聞(き)きなさい。
  작은 소리도 놓치지 않도록 집중하고 들으세요.

♠ **聞(き)き逃(のが)す** 빠뜨리고 못 듣다

過剰 (かじょう)
과잉

- 彼(かれ)は少(すこ)し自意識(じいしき)が**過剰**(かじょう)なところがある。
  그는 조금 자의식이 지나친 경향이 있다.

4 な형용사

단어	예문
かくべつ **格別** 각별	• お風呂(ふろ)あがりに飲(の)むビールの味(あじ)は**格別**(かくべつ)だ。 막 목욕하고 나와서 마시는 맥주 맛은 각별하다.
かっきてき **画期的** 획기적	• 20世紀(せいき)の**画期的**(かっきてき)な発明(はつめい)と言(い)えば、何(なん)と言(い)ってもコンピューターだろう。 20세기의 획기적 발명이라고 한다면 누가 뭐라고 해도 컴퓨터지. ♠ **何(なん)と言(い)っても** 누가 뭐라 해도, 뭐니 뭐니 해도
かっこう **格好** 적당함, 알맞음	• 子供(こども)たちの遊(あそ)び場(ば)としては**格好**(かっこう)の場所(ばしょ)です。 아이들이 노는 곳으로는 적당한 장소입니다.
かって **勝手** 제멋대로 굶, 허락을 받지 않음	• 人(ひと)のものを**勝手**(かって)に使(つか)うのは失礼(しつれい)だよ。 다른 사람의 물건을 제멋대로 쓰는 것은 실례야. • 何(なに)をしようと私(わたし)の**勝手**(かって)でしょ。 무엇을 할까는 내 맘 대로지.
かっぱつ **活発** 활발	• 幼(おさな)い頃(ころ)は**活発**(かっぱつ)な女(おんな)の子(こ)だったが、今(いま)はおとなしくなった。 어릴 적에는 활발한 여자애였지만 지금은 얌전해졌다.
かとう **下等** 하등, 품질이 떨어짐, 등급이 아래임	• **下等**(かとう)な動物(どうぶつ)ほど生命力(せいめいりょく)は強(つよ)い。 하등한 동물일수록 생명력이 강하다.

軽(かる)はずみ

경망함, 경솔함

- 軽(かる)はずみな行動(こうどう)をして、先生(せんせい)にこっぴどくしかられた。
  경솔한 행동을 해서 상사에게 심하게 야단맞았다.

♠ **こっぴどい** 호되다. 따끔하다
♠ **叱(しか)る** 꾸짖다. 나무라다

華麗(かれい)

화려

- 有名(ゆうめい)なファッションショーなので、華麗(かれい)に着飾(きかざ)った女性(じょせい)が多(おお)いですね。
  유명한 패션쇼라서 화려하게 차려입은 여성이 많군요.

簡易(かんい)

간이

- インターネット・バンキングを使(つか)えば簡易(かんい)にお金(かね)を送金(そうきん)できる。
  인터넷 뱅킹을 사용하면 간단하게 돈을 송금할 수 있다.

頑固(がんこ)

완고

- うちの父(ちち)は本当(ほんとう)に頑固(がんこ)で困(こま)ります。
  우리 아버지는 정말로 완고하시기 때문에 곤란합니다.
- 当店(とうてん)では、昔(むかし)からの味(あじ)を頑固(がんこ)に守(まも)り続(つづ)けてきました。
  본점에서는 옛날의 맛을 완고히 지켜오고 있습니다.

頑丈(がんじょう)

튼튼함, 단단함

- 昔(むかし)の家具(かぐ)は頑丈(がんじょう)にできていたが、最近(さいきん)のはすぐに壊(こわ)れてしまう。
  옛날 가구는 튼튼하게 만들어져 있지만 최근의 것은 금방 고장나버린다.

感心(かんしん)

감탄, 기특함, 신통함

- お前(まえ)は幼(おさな)いのに感心(かんしん)な子(こ)だ、とよく誉(ほ)められた。
  너는 어린데도 기특한 아이다' 라고 자주 칭찬 받았다.

かんじん
肝心

요긴함, 가장 중요함

- 肝心(かんじん)なことは、最後(さいご)まであきらめないことだ。
  가장 중요한 것은 끝까지 포기하지 않는 것이다.

かんだい
寛大

관대

- 本来(ほんらい)なら退学(たいがく)のところを、学校側(がっこうがわ)が寛大(かんだい)に処置(しょち)してくれた。
  본래는 퇴학인 것을 학교 측이 관대하게 조치해 주었다.

♠ **処置(しょち)** 처치. 조치. 조처

かんぺき
完璧

완벽

- 完璧(かんぺき)な人間(にんげん)なんてこの世(よ)にはいない。
  완벽한 인간이란 이 세상에는 없다.

かんれい
寒冷

한랭

- 寒冷(かんれい)な地方(ちほう)で育(そだ)った人(ひと)は我慢強(がまんづよ)いと言(い)われている。
  한랭한 지방에서 자란 사람은 인내심이 강하다고 알려져 있다.

♠ **我慢強(がまんづよ)い** 참을성이 많다. 인내심이 많다

き が
気掛かり

근심, 마음에 걸림

- 家(いえ)に残(のこ)した子供(こども)のことが気掛(きが)かりで、すぐに家(いえ)に帰(かえ)った。
  집에 남겨 둔 아이가 마음에 걸려 곧장 집으로 돌아갔다.

き がる
気軽

가벼움,
깊이 생각하지 않음

- 最近(さいきん)は気軽(きがる)に立(た)ち寄(よ)れるようなお店(みせ)が人気(にんき)です。
  요즘은 가볍게 들릴 수 있는 가게가 인기입니다.

♠ **立(た)ち寄(よ)る** 다가서다. 들르다

貴重 (きちょう) 귀중	• 一ヶ月間のホームステイは、私にとって**貴重**な経験となった。 한 달간의 홈스테이는 나에게는 귀중한 경험이 되었다.
几帳面 (きちょうめん) 꼼꼼함, 성격이 규칙적이고 꼼꼼함	• 彼は**几帳面**な性格なので、任された仕事はきちんとこなしてくれる。 그는 꼼꼼한 성격이라서 맡겨진 일은 정확히 처리해준다. ♠ **こなす** (일 등을 계획대로) 처리하다. 해치우다
気の毒 (きのどく) 가엾음, 불쌍함, 딱함	• 外国人の労働者は、**気の毒**なほど給料が安い。 외국인 노동자는 딱할 정도로 급료가 싸다.
機敏 (きびん) 기민	• 患者が無事だったのは看護婦が**機敏**な処置をしたおかげだ。 환자가 무사할 수 있었던 것은 간호사가 민첩하게 처치한 덕이다.
気まぐれ (き) 변덕스러움, 변덕쟁이	• **気まぐれ**な性格なので、いつもはらはらさせられる。 변덕스러운 성격이라 언제나 조마조마하게 만든다. ♠ **はらはらさせられる** 조마조마하게 만든다 「**はらはらさせる** 조마조마하게 하다」의 수동
奇妙 (きみょう) 기묘함	• 今日は大切なパーティーなのに、なんとも**奇妙**な格好をして来た。 오늘은 중요한 파티인데 참으로 기묘한 모습을 하고 왔다.

4 な형용사

きゅうげき **急激** 급격	● 経済(けいざい)が**急激(きゅうげき)**に悪(わる)くなった。 경제가 급격하게 나빠졌다.
きゅうしき **旧式** 구식, 여태껏	● いまだに**旧式(きゅうしき)**のコンピューターを使(つか)って仕事(しごと)をしている。 여태껏 구식 컴퓨터를 사용해서 일하고 있다. ♠ **未(いま)だに** 아직껏, 여직까지도
きゅうそく **急速** 급속	● 事件(じけん)のあと、二人(ふたり)の関係(かんけい)は**急速(きゅうそく)**に近付(ちかづ)いた。 사건 뒤에 두 사람의 관계는 급속하게 가까워졌다.
きよう **器用** 손재주가 있음, 요령이 좋음, 능숙함	● 手先(てさき)が**器用(きよう)**なだけでは、ピアニストにはなれない。 손재주만으로는 피아니스트가 될 수 없다.
きょうしゅく **恐縮** 황송함, 죄송스러움	● わざわざ迎(むか)えに来(き)ていただいて、**恐縮(きょうしゅく)**です。 일부러 와 주셔서 감사합니다.
きょうつう **共通** 공통	● 公害(こうがい)は人類(じんるい)の**共通(きょうつう)**の問題(もんだい)です。 공해는 인류 공통의 문제입니다.

極端 극단	• この辺りは田舎なので、9時を過ぎると人通りが極端に少なくなります。이 주변은 시골이기 때문에 9시가 지나면 사람의 왕래가 극단적으로 적어집니다. • 彼は極端な性格で、付き合いにくい。 그는 극단적인 성격이라서 사귀기가 어렵다.
巨視的 거시적	• これからは巨視的な考え方ができる人が必要です。 이제부터는 거시적인 사고방식을 갖고 있는 사람이 필요합니다.
清らか 깨끗함, 맑고 청아함	• 鮎は清らかな川にしか住まないことで有名です。 은어는 깨끗한 강에서만 사는 것으로 유명합니다.
気楽 편안하고 홀가분한 모습	• 寮生活に比べ、独り暮らしはやっぱり気楽です。 기숙사 생활에 비해 혼자 사는 것은 역시 편안합니다.
きらびやか 화려함, 눈부시게 아름다움	• 京都の祇園祭りは、きらびやかな山車がたくさん出る。 교토의 기온마츠리는 화려한 수레가 많이 나온다. ♠ **山車(だし)=だんじり** 축제 때 끌고 다니는 장식을 한 수레
均一 균일	• ここにある商品は全て100円均一です。 여기에 있는 상품은 모두 100엔으로 균일합니다.

4 な형용사

きんきゅう
緊急

긴급

- きんきゅう ようけんいがい でんわ と つ
  緊急な用件以外は、電話を取り次がないでください。
  긴급한 용건 이외는 전화를 바꿔 주지 마세요.

♠ **取(と)り次(つ)ぐ** 중간에서 한쪽의 용건 등을 다른 쪽으로 전하다

きんとう
均等

균등

- しごと かね よにん きんとう わ
  仕事でもうけたお金は四人で**均等**に分けあった。
  일해서 번 돈은 4사람이서 균등하게 나누었다.

♠ **分(わ)け合(あ)う** 서로 나누다

きんよくてき
禁欲的

금욕적

- いま てら はい きんよくてき せいかつ
  今はお寺に入って**禁欲的**な生活をしている。
  지금은 절에 들어와 금욕적인 생활을 하고 있다.

くうきょ
空虚

공허

- れんしゅう かんきゃく くうきょ
  いくら練習しても観客がいなければ、**空虚**なだけだ。
  아무리 연습해도 관객이 없으면 공허할 뿐이다.

ぐうぜん
偶然

우연, 뜻밖의 일

- かいがいりょこう い ぐうぜんみ
  海外旅行に行って、**偶然**見つけた。
  해외여행에 가서 우연히 찾았다.

くうはく
空白

공백

- げんこうようし くうはく いけん か
  原稿用紙の**空白**のところにあなたの意見を書いてください。
  원고용지의 공백부분에 당신의 의견을 적어 주세요.

단어	예문
軽快(けいかい) 경쾌함	• チアガールが軽快(けいかい)なリズムに乗(の)って踊(おど)っている。 치어걸이 경쾌한 리듬을 타며 춤추고 있다.
軽率(けいそつ) 경솔	• 軽率(けいそつ)な言動(げんどう)が問題(もんだい)で、番組(ばんぐみ)を下(お)ろされた。 경솔한 언행이 문제가 되어 프로에서 물러나게 됐다. ♠ **下(お)ろす** (지위, 직책, 역할에서) 물러나게 하다. 해고하다
軽薄(けいはく) 경박함	• 軽薄(けいはく)な発言(はつげん)によって、誤解(ごかい)が生(しょう)じた。 경박한 발언으로 오해가 생겼다.
劇的(げきてき) 극적	• さよならホームランにより、劇的(げきてき)な幕切(まくぎ)れとなった。 끝내기홈런으로 극적으로 막을 내렸습니다. ♠ **幕切(まくぎ)れ** ①(연극에서) 한 막이 끝남 ②일이 끝남
けち 인색함, 구두쇠, 비열함	• 料金(りょうきん)をごまかしてもうけようというのは、けちな考(かんが)えだ。 요금을 속이고 돈을 벌려는 것은 비열한 생각이다. ♠ **ごまかす** 속이다 ♠ **もうける** 벌다. 이익을 보다
傑作(けっさく) 걸작	• 源氏物語(げんじものがたり)は日本文学(にほんぶんがく)の傑作(けっさく)の一(ひと)つだ。 겐지모노가타리는 일본문학의 걸작 중 하나이다. ♠ **源氏物語(げんじものがたり)** 헤이안 시대 중기에 紫式部(むらさきしきぶ)가 쓴 장편소설로 당시 궁중생활을 중심으로 한 주인공 光源氏(ひかるげんじ)의 사랑 편력과 영화(榮華)와 고뇌를 그린 작품

4 な형용사

けっぱく
潔白

결백

- けいさつ しゅっとう み けっぱく しょうめい
警察に出頭して身の**潔白**を証明するべきだ。
경찰에 출두해서 자신의 결백을 증명해야 한다.

♠ **身(み)** ①몸. 신체 ②자기. 자신

けんあく
険悪

험악

- じけん いらい こくさいじょうせい けんあく
9.11テロ事件以来、国際情勢が**険悪**になってきた。
911테러사건 이후 국제정세가 험악하게 되었다.

げんかく
厳格

엄격

- こんかい げんかく しょるいしんさ つうか にん さんか
今回は、**厳格**な書類審査を通過した12人が参加しています。
이번에는 엄격한 서류심사를 통과한 열 두 사람이 참가하고 있습니다.

けんきょ
謙虚

겸허

- けんきょ しせい しごと のぞ
謙虚な姿勢で、仕事に臨んでください。
겸허한 자세로 일에 임해주세요.

けんじつ
堅実

견실, 건실

- ものごと けんじつ すす ひと しんらい
物事を**堅実**に進める人が信頼される。
일을 건실하게 진행하는 사람이 신뢰가 간다.

げんじゅう
厳重

엄중, 엄격하고 정중함

- げんじゅう けいび かか かいが ぬす
厳重な警備にも関わらず、絵画が盗まれた。
엄격한 경비에도 불구하고 그림을 도둑맞았다.

けんぜん
健全
건전

- 健康(けんこう)な体(からだ)に健全(けんぜん)な精神(せいしん)が宿(やど)る。
  건강한 몸에 건전한 정신이 깃든다.

♠ **宿(やど)る** ①거주하다 ②깃들다

げんみつ
厳密
엄밀

- 厳密(げんみつ)に計画(けいかく)を立(た)てて、プロジェクトを進(すす)める。
  엄밀히 계획을 세워 프로젝트를 진행한다.

けんめい
賢明
현명

- もっとも賢明(けんめい)な解決策(かいけつさく)は素直(すなお)に謝(あやま)ることです。
  더 현명한 해결책은 솔직하게 사과하는 것입니다.

ごういん
強引
막무가내로, 억지로

- 子供(こども)のおもちゃを強引(ごういん)に奪(うば)い取(と)った。
  어린이의 장난감을 억지로 빼앗았다.

こううん
幸運
행운

- 宝(たから)くじに当(あ)たるという幸運(こううん)に恵(めぐ)まれた。
  복권에 당첨되는 행운이 주어졌다.

♠ **恵(めぐ)まれる** (운수 좋게 좋은 환경, 기회, 재능 등이) 주어지다

こうか
高価
고가, 값이 비쌈

- 大金(たいきん)をつぎ込(こ)んで、高価(こうか)な書物(しょもつ)を購入(こうにゅう)した。
  큰돈을 써서 비싼 책을 구입했다.

♠ **つぎ込(こ)む** (어떤 일을 위하여 많은 돈이나 비용을) 투입하다. 들이다

ごうか
豪華
호화

- あんな豪華な客船に乗って世界一週してみたい。（ごうか／きゃくせん／の／せかいいっしゅう）
  저런 호화스런 여객선에 타고 세계일주하고 싶다.

こうこう
孝行
효도

- 親が元気なうちに孝行しなさい、とよく言われた。（おや／げんき／こうこう／い）
  부모님께서 건강하실 동안에 효도하라고 자주 들었다.

♠ **~うちに** ~하는 동안 현재와 반대의 상태가 되기 전에 어떤 동작을 해야 함

♠ **~ないうちに** ~하기 전에

ごうじょう
強情
고집이 셈

- いつまでも強情を張っていないで、親の言うことを聞きなさい。（ごうじょう／は／おや／い／き）
  언제까지나 고집 부리지 말고 부모의 말을 들으세요.

こうせい
公正
공정

- 今回の選挙はだれの目にも公正を欠いていた。（こんかい／せんきょ／め／こうせい／か）
  이번 선거는 누가 봐도 공정이 결여되어 있다.

♠ **欠(か)く** 필요한 것이 갖추어져 있지 않다. 빠지다. 결여하다

こうだい
広大
광대

- 叔父は広大な敷地を持っている。（おじ／こうだい／しきち／も）
  백부는 광대한 대지를 가지고 있다.

こうちょう
好調
호조, 형편이나 경기가 좋음

- 我がチームはずっと好調な状態を維持している。（わ／こうちょう／じょうたい／いじ）
  우리 팀은 계속 호조한 상태를 유지하고 있다.

こうつごう
好都合

형편이나 사정이 좋음, 안성맞춤＝もってこい

- そうしていただければ私(わたし)も**好都合(こうつごう)**です。
  그렇게 해 준다면 나도 좋습니다.

こうてんてき
後天的

후천적

- **後天的(こうてんてき)**にうまれた疾病(しっぺい)です。
  후천적으로 생긴 질병입니다.

♠ **生(う)まれる** ①태어나다. 출생하다 ②생기다. 발생하다

こうふく
幸福

행복＝幸(しあわ)せ

- 二人(ふたり)はいつまでも**幸福(こうふく)**に暮(く)らしました。
  두 사람은 언제까지나 행복하게 살았습니다.

こうへい
公平

공평

- 教師(きょうし)は生徒(せいと)に対(たい)して、いつも**公平(こうへい)**でなければならない。
  교사는 학생에 대해 언제나 공평해야 한다.

こうみょう
巧妙

교묘

- **巧妙(こうみょう)**な方法(ほうほう)で人(ひと)をだます。
  교묘한 방법으로 사람을 속이다.

こうめい
公明

공정

- **公明(こうめい)**な方法(ほうほう)で業者(ぎょうしゃ)を選(えら)びました。
  공정한 방법으로 업자를 선택했습니다.

こぎれい

깔끔함, 조촐함

かれ　ひと　ぐ
- 彼は独り暮らしをしていますが、いつも**こぎれい**にしています。

  그는 혼자 살고 있지만 언제나 깔끔하게 하고 있습니다.

こくめい
克明

극명, 정확, 세밀함

だいとうりょう ひとことひとこと こくめい　き ろく
- 大統領の一言一言を**克明**に記録していた。

  대통령의 한 마디 한 마디를 정확하게 기록하고 있다.

こっけい
滑稽

익살맞음, 해학

い しゃ　か ぜ　こっけい　はなし
- 医者が風邪をひくなんて**滑稽**な話だ。

  의사가 감기에 걸리다니 웃기는 이야기다.

こ どく
孤独

고독, 외로움

だいとかい　なか　だれ ひとりし　あ　おも
- 大都会の中で、誰一人知り合いがいないと思うと

ほんとう　こ どく　かん

  本当に**孤独**に感じる。

  대도시 속에서 누구 한 사람 아는 이가 없다고 생각하면 정말로 고독하다.

こま
細やか

자세함, 자상함

かのじょ　こま　こころづか　かんどう　けっこん
- 彼女の**細やか**な心遣いに感動して結婚した。

  그녀의 자상한 마음씀씀이에 감동해서 결혼했다.

こんなん
困難

곤란스러움

こんなん　しょうち　はじ　く
- **困難**を承知で始めたことだから、そんなに苦にならない。

  곤란함을 알고 시작한 것이기 때문에 그다지 고생스럽지 않다.

さいあく **最悪** 최악	• 最悪(さいあく)な時期(じき)は過(す)ぎたから、あとは這上(はいあ)がるのみだ。 최악의 시기는 지났기 때문에 앞으로는 오르는 것뿐이다. ♠ **這上(はいあ)がる** ①기어오르다 ②고난을 극복하고 어느 지위에 오르다 ♠ **~のみ** ~뿐, ~만
さいてき **最適** 최적	• 当社(とうしゃ)では、最適(さいてき)な環境(かんきょう)と自由(じゆう)な雰囲気(ふんいき)のなかで仕事(しごと)ができます。 본사에서는 최적의 환경과 자유로운 분위기 속에서 일 할 수 있습니다.
さいわ **幸い** 다행, 행복	• そうしていただければ幸(さいわ)いです。 그렇게 해주시면 다행입니다.
さか **逆さま** 거꾸로 됨	• アラブ語(ご)を全(まった)く知(し)らないので、本(ほん)を逆(さか)さまに見(み)ていても気(き)にならない。 아랍어를 전혀 모르기 때문에 책을 거꾸로 보고 있어도 알지 못한다.
さか **盛ん** 기세가 강한 모양, 번창하는 모양	• 日本(にほん)では、やはり野球(やきゅう)が一番(いちばん)盛(さか)んです。 일본에서는 역시 야구가 제일 성행합니다.
ささ **細やか** 아담함, 사소함	• 友達(ともだち)の誕生日(たんじょうび)にささやかなパーティーを開(ひら)いた。 친구 생일에 조촐한 파티를 열었다.

雑(ざつ)

막됨, 조잡함, 엉성함

- 彼(かれ)は仕事(しごと)が**雑**(ざつ)で、間違(まちが)いが多々(たた)ある。
  그는 일이 엉성해서 실수가 많다.

♠ **多々(たた)** 다다, 많이

様々(さまざま)

갖가지

- パーティー開場(かいじょう)には、世界各国(せかいかっこく)の**様々**(さまざま)な料理(りょうり)が並(なら)んでいます。
  파티 장에서는 세계 각 국의 갖가지 요리가 진열되어 있습니다.

爽やか(さわやか)

시원함, 상쾌함

- 朝早(あさはや)く起(お)きて散歩(さんぽ)すれば、**さわやか**な気分(きぶん)になれま
  아침 일찍 일어나 산책하면 상쾌한 기분이 됩니다.

残酷(ざんこく)

잔인함

- 戦場(せんじょう)にあって、人(ひと)は**残酷**(ざんこく)になる。
  전장에서 사람은 잔인하게 된다.

♠ **~にあって=~では** ~에 있어서는

散々(さんざん)

몹시 심한 모양, 호된 모양

- 若(わか)いころ、親(おや)に**散々**(さんざん)心配(しんぱい)をかけました。
  젊었을 때는 부모님께 몹시 걱정을 끼쳤습니다.

自然(しぜん)

자연스러움, 꾸밈이 없음, 저절로 그렇게 됨

- 子供(こども)が産(う)まれたうれしさに、**自然**(しぜん)に笑(わら)いが込(こ)み上(あ)げてくる。
  아이가 태어난 기쁨에 저절로 웃음이 터져 나온다.
- **自然**(しぜん)の成(な)り行(ゆ)きにまかせるのがいいでしょう。
  자연의 흐름에 맡기는 것이 좋겠지요.

失敬(しっけい) 버릇없음, 무례함, 자리에서 먼저 일어남	• ちょっと失敬(しっけい)して、足(あし)を伸(の)ばさせて頂(いただ)きます。 죄송하지만 발을 좀 뻗겠습니다. • 悪(わる)いけど、今日(きょう)は先(さき)に失敬(しっけい)するよ。 미안하지만 오늘은 먼저 갈게요.
質素(しっそ) 검소함, 검약하는 일	• お金持(かねもち)ほど質素(しっそ)な生活(せいかつ)をしているものです。 부자일수록 검소한 생활을 하는 법입니다.
淑(しと)やか 정숙함, 단아함	• 昔(むかし)も今(いま)も変(か)わらず、淑(しと)やかな女性(じょせい)が一番人気(いちばんにんき)があります。 예나 지금이나 변하지 않고 정숙한 여성이 제일 인기가 있습니다.
しなやか 유연함, 나긋나긋함	• ヨガをしていたおかげで、40になってもまだ、しなやかな体(からだ)を維持(いじ)しています。 요가를 하고 있는 덕분에 마흔이 되어도 아직 유연한 몸을 유지하고 있습니다.
社交的(しゃこうてき) 사교적	• 外交官(がいこうかん)にはやはり社交的(しゃこうてき)な人(ひと)が向(む)いています。 외교관에게는 역시 사교적인 사람이 적합합니다.
自発的(じはつてき) 자발적	• 会社(かいしゃ)の経営(けいえい)がおもわしくないのを知(し)って、社員(しゃいん)が自発的(じはつてき)に会社(かいしゃ)をやめた。회사 경영이 좋지 않다는 것을 알고 사원이 자발적으로 회사를 그만뒀다. ♠ 「思(おも)わしい 좋은 상태다」 현대에 와서 부정적인 표현을 동반하여 「思(おも)わしくない 좋은 상태가 아니다」로 사용

4 な형용사

じ み **地味** 수수함	かれ むかし じ み せいかく • 彼は昔から**地味**な性格です。 그는 옛날부터 수수한 성격입니다.
じ めい **自明** 자명, 명백함	じょうたい かいしゃ とうさん じ めい • このままの状態なら会社が倒産するのは**自明**だ。 현재의 상태로라면 회사가 도산하는 것은 명백하다.
じゅうだい **重大** 중대	はつばい まえ しょうひん じゅうだい けってん わ • 発売を前にして、商品に**重大**な欠点があるのが分かった。 발매를 앞에 두고 상품에 중요한 결점이 있는 것을 알았다.
じゅうなん **柔軟** 유연, 부드러움	じ だい じゅうなん しこう ひつよう • 時代をリードするためには、**柔軟**な思考が必要です。 시대를 앞서가기 위해서는 유연한 사고가 필요합니다.
じゅうぶん **十分** 충분함, 부족함이 없음	じ ぶん あやま じゅうぶん りかい • 自分の過ちは**十分**に理解しています。 자신의 결점은 충분히 이해하고 있습니다.
じゅうよう **重要** 중요	じゅうよう しょるい • うっかりして**重要**な書類をなくしてしまった。 깜빡하다 중요한 서류를 잃어 버렸다.

しゅじゅ
種々

갖가지, 여러 가지

ひとじち　かいほう　　　しゅじゅ　ほうほう　せっとく　つと
- 人質の解放のため、**種々**の方法で説得に努めた。
  인질의 해방을 위해 갖가지 방법으로 설득에 힘썼다.

とうてん　　しゅじゅ　しょうひん　と　そろ
- 当店では**種々**な商品を取り揃えております。
  본점에는 갖가지 다양한 상품을 모두 갖추고 있습니다.

♠ **努(つと)める** 노력하다. 힘쓰다

じゅんじょう
純情

순정, 순진함

じゅんじょう おとめ　　　　　　　さいてい
- **純情**な乙女をだますなんて最低だ。
  순진한 소녀의 마음을 속이다니 저질이다.

♠ **最低(さいてい)** 성질, 품질, 언동 등이 더없이 나쁨

じゅんすい
純粋

순수함

　　　ほ　　　　　したごころ　　　じゅんすい
- あなたを誉めたのは、下心じゃなく、**純粋**な
  きもち
  気持です。
  당신을 칭찬한 것은 저의가 있는 것이 아니라 순수한 마음입니다.

じゅんちょう
順調

순조로움

　しんぱい　　　　　　　　　かいしゃ じゅんちょう はってん
- ご心配をおかけしましたが、会社は**順調**に発展し
  ています。
  걱정을 끼쳐 드렸습니다만 회사는 순조롭게 발전하고 있습니다.

しょうきょくてき
消極的

소극적

かれ　しごと　　ちが　　　れんあい　　　　しょうきょくてき
- 彼は仕事とは違って、恋愛にいたっては**消極的**
  ほう
  な方です。
  그는 일과 다르게 연애에 있어서 소극적인 편입니다.

しょうさい
詳細

상세, 자세함

　　　　　じけん しょうさい ほうどう
- テレビで事件の**詳細**を報道した。
  텔레비전에서 사건의 상세한 보도를 했다.

しょうしん 小心 상세, 자세함	• 小心(しょうしん)な男(おとこ)は女性(じょせい)に決(けっ)して持(も)てない。 소심한 남자는 여성에게 절대 인기가 없다. ♠ 決(けっ)して 결코, 절대로 ♠ 持(も)てる 인기가 있다
じょうとう 上等 훌륭함, 괜찮음	• こんな上等(じょうとう)なウイスキーをいただいて、本当(ほんとう)にどうもすみません。 이런 훌륭한 위스키를 주셔서 정말로 감사드립니다.
じょうひん 上品 품위 있음, 우아함, 고상함	• こんな上品(じょうひん)な猫(ねこ)、初(はじ)めて見(み)ました。 이런 고상한 고양이는 처음 보았습니다.
しんあい 親愛 친애	• 親愛(しんあい)なる友(とも)よ、いつまで変(か)わらず今(いま)のままでいよう。 친애하는 벗이여, 언제까지고 변하지 말고 지금 이대로 있자.
しんき 新規 신규	• 新規(しんき)に加入(かにゅう)した店(みせ)だけでも100はあるはずだ。 신규로 가입한 가게만도 100점은 될 터이다.
しんけん 真剣 진실한 모습, 전력을 다함, 진지함	• いつも冗談(じょうだん)ばかり言(い)っていますが、仕事(しごと)にはいつも真剣(しんけん)です。 항상 농담만 하고 있지만 일에는 언제나 전력을 다합니다.

しんこく
深刻

심각

- いま しんこく しょくりょうぶそく なや
アフリカは今も**深刻**な食糧不足に悩まされています。
아프리카는 지금도 심각한 식량 부족에 고민하고 있습니다.

しんじつ
真実

진실

- えんげき しんじつ かんじょう ひょうげん
演劇では**真実**な感情を表現すべきです。
연극에서는 진실한 감정을 표현해야합니다.

しんせい
神聖

신성

- けっこんしき しんせい ばしょ おこな ふつう
結婚式は**神聖**な場所で行われるのが普通だ。
결혼식은 신성한 장소에서 행하는 것이 보통이다.

しんせつ
親切

친절함

- かいがいりょこう ほんとう しんせつ ひと であ
海外旅行をしたとき、本当に**親切**な人に出会えました。
해외여행을 했을 때 정말로 친절한 사람을 만났습니다.

しんせん
新鮮

신선

- さしみ しんせん さかな か
刺身には**新鮮**な魚が欠かせません。
생선회에는 신선한 생선이 빠질 수 없습니다.

しんちょう
慎重

신중

- いちど しんちょう かんが
もう一度**慎重**に考えてみてはどうだろうか。
다시 한 번 신중하게 생각해 보는 것이 어떨까.

じんどうてき
人道的

인도적

- UNには**人道的**(じんどうてき)な政策(せいさく)が求(もと)められる。
  UN에서는 인도적인 정책이 요구됩니다.

しんぴ
神秘

신비

- 深海(しんかい)は我々(われわれ)の知(し)らない**神秘**(しんぴ)な世界(せかい)がひろがっている。
  심해에는 우리들이 모르는 신비한 세계가 펼쳐져있다.

しんみつ
親密

친밀

- 高校時代(こうこうじだい)の友達(ともだち)とは、いまも**親密**(しんみつ)な関係(かんけい)が続(つづ)いている
  고등학교 친구와는 지금도 친밀한 관계가 계속되고 있다.

ずいぶん
随分

너무 심함, 너무함

- 彼(かれ)に**随分**(ずいぶん)ひどいことを言(い)われて傷付(きずつ)いた。
  그에게 너무 심한 말을 들어서 상처받았다.

すこ
健やか

튼튼함, 건강함

- 日本(にほん)では子供(こども)が産(う)まれたら、**健やか**(すこやか)に育(そだ)つことを願(ねが)って神社(じんじゃ)にお参(まい)りに行(い)くのが習(なら)わしです。
  일본에서는 아이가 태어나면 건강하게 자라기를 빌어 신사에 가서 기도하는 것이 관례입니다.

♠ **習(なら)わし** 풍습. 관례. 습관

ずさん

날림, 엉성함

- **ずさん**な会計(かいけい)が原因(げんいん)で、会社(かいしゃ)の経営(けいえい)が危(あや)うくなった。
  엉성한 회계가 원인으로 회사의 경영이 위태롭게 되었다.

すてき
素敵

아주 멋짐

すてき　ひと　であ　いの
- 素敵な人に出会えますようにとお祈りしました。
  멋진 사람을 만날 수 있도록 기도했습니다.

す なお
素直

순진함, 순수함,
고분고분함

わか　かれし　けっこん　すなお　よろこ
- 別れた彼氏の結婚を素直に喜べない。
  헤어진 남자친구의 결혼을 순수하게 달가워 할 수 없다.

ずぼら

야무지지 못함,
칠칠치 못함, 게으름

せいかく　こころ あたた　ひと
- 性格はずぼらですが、心の暖かい人です。
  성격은 칠칠치 못하지만 마음이 따뜻한 사람입니다.

4
な형용사

すみ
速やか

재빠름, 신속함

すみ　たいしゅつ　くだ
- 速やかに退出して下さい。
  신속히 물러나십시오.

すれすれ

아슬아슬함, 닿을락말락함

がいやしゅ　じめん
- 外野手が地面すれすれでボールをつかんだ。
  외야수는 지면에 닿을락말락하게 공을 잡았다.

せいきゅう
性急

성급함

せいきゅう　はこ　きけん
- 性急にことを運ぶのは危険です。
  성급하게 일을 진행하는 것은 위험합니다.

せいじつ **誠実** 성실	• 彼(かれ)はその**誠実**(せいじつ)な人柄(ひとがら)で皆(みんな)に好(す)かれている。 그는 그 성실한 인품으로 모두에게 사랑을 받고 있다.
せいじゃく **静寂** 정적, 고요함	• **静寂**(せいじゃく)に包(つつ)まれた森(もり)のなかで、一人暮(ひとりぐら)すのもおつなものだ。 정적에 둘러싸인 숲 속에서 혼자 살아가는 것도 멋진 일이다. ♠ 乙(おつ) 멋짐. 독특함. 재치가 있음
せいじゅく **成熟** 성숙	• ちょっと見(み)ない間(あいだ)に、一人前(いちにんまえ)の女性(じょせい)として**成熟**(せいじゅく)した。 잠깐 안 본 사이 한 사람의 여성으로 성숙했다.
せいだい **盛大** 성대	• 結婚式(けっこんしき)が**盛大**(せいだい)に行(おこな)われた。 결혼식이 성대하게 행해졌다.
せいみつ **精密** 정밀	• 病気(びょうき)の原因(げんいん)がはっきりしないので、**精密**(せいみつ)な検査(けんさ)が必要(ひつよう)です。 병의 원인이 확실하지 않아서 정밀한 검사가 필요합니다.
せっかち 성급함, 안달함	• **せっかち**な性格(せいかく)なので、いつもしくじってばかりいます。 성급한 성격이라서 언제나 실수투성이입니다. ♠ しくじる 실수하다. 그르치다. 실패하다

せつじつ
切実
절실

はや こくせき え せつじつ ねが
- 早く国籍を得ることが**切実**な願いです。
  빨리 국적을 얻는 것이 절실한 소원입니다.

せんさい
繊細
섬세, 예민함

きょうと りょうり せんさい あじ じまん
- 京都の料理は**繊細**な味が自慢です。
  교토요리는 섬세한 맛이 자랑입니다.

せんてんてき
先天的
선천적＝生(う)まれつき

せかいてき おんがくか せんてんてき さいのう ひつよう
- 世界的な音楽家になるには**先天的**な才能が必要だ。
  세계적인 음악가가 되기 위해서는 선천적인 재능이 필요하다.

4 な형용사

そうおう
相応
상응, 걸맞음

ていど とし と としそうおう ふ ま
- ある程度年を取ったら、年**相応**の振る舞いをすべきだ。
  어느 정도 나이를 먹으면 나이에 맞는 행동을 해야 한다.

♠ **振(ふ)る舞(ま)い** 행동, 거동

そうじゅく
早熟
조숙

さいきん こども いっぱんてき そうじゅく
- 最近の子供は一般的に**早熟**だ。
  요즘 아이들은 일반적으로 조숙하다.

そうたいてき
相対的
상대적

さいきん こども むかし くら そうたいてき せ たか
- 最近の子供は昔に比べて**相対的**に背が高くなった。
  요즘 아이들은 옛날에 비하면 상대적으로 키가 커졌다.

相当(そうとう) 상당히, 꽤	• 吉田(よしだ)さんは見(み)た目(め)とは違(ちが)って、相当(そうとう)な資産家(しさんか)らしい。 요시다 씨는 보기와 달리 상당한 자산가인 것 같다.
疎遠(そえん) 소원(멀어짐)	• 学校(がっこう)を卒業(そつぎょう)してから学友(がくゆう)とも疎遠(そえん)になった。 학교를 졸업하고 학우와도 소원해졌다.
そっくり 꼭 닮은 모양	• 二人(ふたり)ともそっくりだと思(おも)ったら案(あん)の定(じょう)双子(ふたご)だった。 두 사람이 닮았다 했더니 생각했던 대로 쌍둥이였다. ♠ 案(あん)の定(じょう) 아니나 다를까. 과연. 생각한 대로. 짐작했던 대로
率直(そっちょく) 솔직	• 率直(そっちょく)に言(い)って山田(やまだ)さんは服(ふく)のセンスが悪(わる)い。 솔직히 말해 야마다 씨는 옷 입는 센스가 없다.
素朴(そぼく) 소박함	• この写真(しゃしん)の良(い)い点(てん)は、田舎(いなか)の素朴(そぼく)な雰囲気(ふんいき)が良(よ)く表(あらわ)れているところだ。 이 사진의 좋은 점은 시골의 소박한 분위기가 잘 나타나 있다는 점이다.
粗末(そまつ) 변변하지 못함, 허름함	• ものを粗末(そまつ)に扱(あつか)ってはばちが当(あ)たりますよ。 물건을 막 다루면 천벌 받는다. ♠ 罰(ばち)が当(あ)たる 천벌 받다

ぞんざい

말이나 행동 등이 난폭하고 무례함

• ぞんざいな行動(こうどう)が問題(もんだい)になって会社(かいしゃ)を首(くび)になった。
난폭한 행동이 문제가 되어 회사에서 잘렸다.

存分(ぞんぶん)

마음껏, 실컷

• 自分(じぶん)の才能(さいのう)を存分(ぞんぶん)に発揮(はっき)できる仕事(しごと)につきたい。
자기의 재능을 마음껏 발휘할 수 있는 일을 하고 싶다.

♠ 仕事(しごと)に就(つ)く 취업하다

退屈(たいくつ)

따분함, 지루함

• 時間(じかん)が余(あま)って退屈(たいくつ)なときはいつもゲームをしている。
시간이 남아 지루할 때는 언제나 게임을 하고 있다.

4 な형용사

怠惰(たいだ)

태만, 게으름

• 大学(だいがく)に入(はい)って独(ひと)り暮(ぐ)らしを始(はじ)めてから生活(せいかつ)が怠惰(たいだ)になった。
대학에 들어가 독립생활을 시작하고 나서 생활이 나태해졌다.

大胆(だいたん)

대담

• 若者(わかもの)ならどんな困難(こんなん)があっても大胆(だいたん)に立(た)ち向(む)かえ。
젊은이라면 어떤 곤란이 있어도 대담하게 정면으로 맞서라.

台無(だいな)し

못쓰게 됨

• せっかくの手作(てづく)りケーキを落(お)として台無(だいな)しにしてしまった。
모처럼 만든 케이크를 떨어뜨려 못쓰게 되어 버렸다.

たいはいてき
退廃的
퇴폐적

- さいきん たいはいてき しょうせつ よ う
  最近は**退廃的**な小説が良く売れている。
  최근 퇴폐적인 소설이 잘 팔리고 있다.

たい
平ら
평평함, 평탄함

- たいじゅう はか たい
  体重を計るときは**平ら**なところでしなければならない。
  체중을 잴 때는 평평한 곳에서 재야한다.

たく
巧み
능숙함, 정교함

- からつ とうじき たく いろづ とくちょう
  唐津の陶磁器は**巧み**な色付けが特徴だ。
  카라츠의 도자기는 정교한 채색이 특징이다.

ださんてき
打算的
타산적

- ひと つ あ とき ださんてき かんが ほう
  人と付き合う時は**打算的**な考えをしない方がいい。
  사람과 사귈 때는 타산적인 생각을 하지 않는 것이 좋다.

ただい
多大
다대, 매우 큼

- こんかい かいしゃ ただい りえき え
  今回のプロジェクトで会社は**多大**な利益を得た。
  이번 프로젝트로 회사는 막대한 이익을 얻었다.

たしつ
多湿
다습

- にほん なつ きおん たか たしつ す
  日本の夏は気温が高く、しかも**多湿**なので過ごしにくい。
  일본 여름은 습도가 높고 게다가 다습해서 지내기 힘들다.

達筆 (たっぴつ)

달필, 능필

- 彼女は**達筆**で、皆に代筆を頼まれる。
  그녀는 달필이라 모두에게 대필을 부탁받는다.

妥当 (だとう)

타당

- 今より１０パーセント引いた値段が**妥当**なところと言えるだろう。
  지금보다 10퍼센트 내린 가격이 타당하다고 할 수 있지.

楽しみ (たのしみ)

낙, 즐거움

- 今度の夏休みにヨーロッパ旅行をするのを**楽しみ**にしています。
  이번 여름방학에 유럽여행 가는 것을 낙으로 삼고 있습니다.

多忙 (たぼう)

다망, 매우 바쁨

- 会社に就職して**多忙**な毎日を送っています。
  회사에 취직해서 바쁜 나날을 보내고 있습니다.

端的 (たんてき)

단적

- この本は**端的**な表現でわかりやすく書かれている。
  이 책은 단적인 표현으로 알기 쉽게 쓰여 있다.

致命的 (ちめいてき)

치명적

- 宇宙船に**致命的**な欠陥があることがわかった。
  우주선에 치명적인 결함이 발견되었다.

ちゅうじつ 忠実 충실	いぬ か ぬし ちゅうじつ す ひと おお • 犬は飼い主に忠実なので好きだ、という人が多い。 개는 기르는 주인에게 충실하여 좋다고 하는 사람이 많다.
ちゅうと はん ぱ 中途半端 호지부지함, 엉거주춤함	ぶちょう ちゅうとはんぱ きら せいかく • 部長は中途半端なことが嫌いな性格だ。 부장은 호지부지한 것을 싫어하는 성격이다.
ちょうほう 重宝 쓸모가 있어 편리함, 소중히 여김, 유용함	いま はは きもの ちょうほう つか • 今でも母からもらった着物を重宝に使っています。 지금도 엄마에게 받은 기모노를 소중하게 사용하고 있습니다.
ちょめい 著名 저명함	ほん しゅっぱんきねん かくかい ちょめい ひとびと あつ • 本の出版記念に各界の著名な人々が集まった。 책의 출판기념회에 각계의 저명한 사람들이 모였다.
ちんぷんかんぷん 횡설수설	かれ い • 彼の言うことはちんぷんかんぷんでちっともわからない。 그가 말하는 것은 횡설수설로 전혀 알 수 없다.
つうぞくてき 通俗的 통속적	つうぞくてき しょうせつ よ • 通俗的な小説はあまり読みません。 통속적인 소설은 그다지 읽지 않습니다.

痛烈 (つうれつ)

통렬, 몹시 날카롭게 매서움

- 上司(じょうし)に**痛烈(つうれつ)**な皮肉(ひにく)を言(い)われて落(お)ち込(こ)んだ。
  상사에게 매섭게 야유를 받아 침울해졌다.

♠ **皮肉(ひにく)** ①빈정거림. 비꼼. 야유 ②얄궂음. 짓궂음
♠ **落(お)ち込(こ)む** 침울해지다

月並み (つきなみ)

평범함, 진부함

- **月並(つきな)み**な挨拶(あいさつ)ですが、みなさんお変(かわ)りありませんか。
  평범한 인사지만 여러분 안녕하십니까?

円ら (つぶら)

동그람, 동그랗고 귀여움

- 彼女(かのじょ)は**円(つぶ)ら**な瞳(ひとみ)が魅力的(みりょくてき)です。
  그녀는 동그란 눈동자가 매력적입니다.

手軽 (てがる)

간단함, 간편함

- 今回(こんかい)のパーティーには**手軽(てがる)**な服装(ふくそう)で参加(さんか)してください。
  이번 파티에는 간단한 복장으로 참가해 주세요.

手頃 (てごろ)

알맞음, 적당함

- 漬物(つけもの)をするのに**手頃(てごろ)**の石(いし)を選(えら)んだ。
  절임 음식을 하기위해 적당한 돌을 골랐다.
- お歳暮(せいぼ)としては**手頃(てごろ)**な値段(ねだん)だ。
  연말에 보내는 선물로 적당한 가격이다.

でたらめ

엉터리, 되는대로 함

- **でたらめ**な調査結果(ちょうさけっか)をもとに報告書(ほうこくしょ)を作(つく)った。
  엉터리 조사결과를 기초로 보고서를 작성했다.

特異(とくい) 특이	• これは**特異**(とくい)な例(れい)だと言(い)える。 이것은 특이한 예라고 말할 수 있다.
得意(とくい) 가장자신 있음	• 料理(りょうり)なら何(なん)でもできますが、特(とく)にミートスパゲティーが**得意**(とくい)です。 요리라면 뭐든지 할 수 있지만 특별히 미트 스파게티가 자신 있습니다.
とっぴ 엉뚱함, 별남	• **とっぴ**な発想(はっそう)が新製品(しんせいひん)の開発(かいはつ)に役立(やくだ)つ。 엉뚱한 발상이 신제품 개발에 도움이 된다.
とんとん拍子(びょうし) 순조롭게 나아감, 척척 진행됨	• 会社(かいしゃ)に入社(にゅうしゃ)するや否(いな)や、**とんとん拍子**(びょうし)で出世(しゅっせ)した。 회사에 입사하자마자 순조롭게 출세했다. ♠ **～や否(いな)や** ～하자마자
貪欲(どんよく) 탐욕	• どんなことにも**貪欲**(どんよく)に取(と)り組(く)むことが重要(じゅうよう)だ。 어떤 일에도 탐욕에 맞서는 것이 중요하다. ♠ **取(と)り組(く)む** 맞붙다
内向的(ないこうてき) 내향적	• **内向的**(ないこうてき)な性格(せいかく)の人(ひと)は何(なに)かと損(そん)をする。 내향적인 성격의 사람은 여러모로 손해를 본다.

なおざり 소홀함, 등한히 함	• 学生時代(がくせいじだい)、勉強(べんきょう)を**なおざり**にしていたことを、今後悔(いまこうかい)している。 학창시절 공부를 소홀히 한 것을 지금 후회하고 있다.
斜め(なな) 경사짐, 비스듬함	• 急(いそ)いで行(い)くために、芝生(しばふ)の広場(ひろば)を**斜め**(なな)に横切(よこぎ)った。 급하게 가려고 잔디밭을 가로질러 갔다. ♠ **横切(よこぎ)る** 가로지르다. 횡단하다
生意気(なまいき) 건방짐	• 子供(こども)のくせに**生意気**(なまいき)だぞ。 애인 주제에 건방지구나.
生半可(なまはんか) 충분치 않음, 어중간함	• 奉仕活動(ほうしかつどう)は**生半可**(なまはんか)な決意(けつい)ではとうてい続(つづ)かない。 봉사활동은 웬만한 결의로는 도저히 계속할 수 없다.
滑らか(なめ) 거침없음, 순조로움	• 大統領(だいとうりょう)は**滑らか**(なめ)な口調(くちょう)で演説(えんぜつ)を続(つづ)けた。 대통령은 거침없는 어조로 연설을 계속했다.
苦手(にがて) 서투름, 잘 하지 못함	• 小(ちい)さい頃(ころ)は数学(すうがく)が好(す)きでしたが、今(いま)は**苦手**(にがて)です。 어렸을 때는 수학을 좋아했지만 지금은 잘 하지 못합니다. • 辛(から)いのは**苦手**(にがて)です。 매운 것은 질색입니다.

4 な형용사

にこやか

싱글벙글함, 상냥함

- 彼(かれ)のいつも**にこやか**でやさしいところが好(す)きです。
  그의 항상 상냥하고 친절한 점이 좋습니다.

入念(にゅうねん)

공을 들임, 꼼꼼히 함

- 明日(あした)の試合(しあい)のために、**入念(にゅうねん)**な準備(じゅんび)をしています。
  내일의 시합을 위해 꼼꼼히 준비하고 있습니다.

俄(にわ)か

돌연, 갑작스러움

- 今(いま)まではパッとしませんでしたが、**俄(にわ)か**に人気(にんき)が出(で)てきました。
  지금까지 드러나지 않았습니다만 갑자기 인기가 생겼습니다.

♠ **パッとしない** 존재가 드러나지 않다. 존재가 희미하다

熱心(ねっしん)

열심

- 一番前(いちばんまえ)の席(せき)に座(すわ)って、**熱心(ねっしん)**に先生(せんせい)の話(はなし)を聞(き)いている。
  제일 앞자리에 앉아 열심히 선생님의 말씀을 듣고 있다.

念入(ねんい)り

매우 조심함, 정성들임, 공들임

- ロケットの打(う)ち上(あ)げを前(まえ)にして、**念入(ねんい)り**に機械(きかい)の整備(せいび)をしています。
  로켓발사를 앞두고 정성들여 기계정비를 하고 있습니다.

のどか

마음이 느긋하고 한가로운 모양

- 定年退職(ていねんたいしょく)したら、どこか田舎(いなか)で**のどか**な生活(せいかつ)がしたい
  정년퇴직하면 어딘가 시골에서 한가로운 생활을 하고 싶다.

乗り気(のき) 마음이 내킴, 내키는 마음	• 今度(こんど)の計画(けいかく)にはどうも**乗り気**(のき)じゃない。 이번 계획에는 도대체 내키지 않아.
のろま 아둔함, 멍청함	• 今年(ことし)の新入部員(しんにゅうぶいん)は**のろま**で役(やく)に立(た)たない。 올해 신입사원은 아둔해서 도움이 안 된다.
のんき 편안함, 마음 편함	• **のんき**なことを言(い)っていると、ライバルに先(さき)を越(こ)されてしまうぞ。 무사태평하게 있으면 라이벌에게 선두를 빼앗겨 버려. ♠ **先(さき)を越(こ)される** 앞지르기를 당하다
薄弱(はくじゃく) 박약함	• この論文(ろんぶん)は論拠(ろんきょ)が**薄弱**(はくじゃく)で説得力(せっとくりょく)に欠(か)ける。 이 논문은 논거가 박약하고 설득력이 모자란다.
莫大(ばくだい) 막대	• 遷都(せんと)には**莫大**(ばくだい)な予算(よさん)がかかるだろう。 천도에는 막대한 예산이 들것이다.
恥曝し(はじさら) 수치, 창피	• 学歴(がくれき)を偽(いつわ)るなんて、**恥曝し**(はじさら)な人(ひと)だ。 학력을 속이다니 수치스런 사람이다.

はじ し
恥知らず

철면피

ひと　とうさく　はじし
- 人のものを盗作するなんて、**恥知らず**にもほどがあ

다른 사람의 것을 표절하다니 해도 해도 너무 한다.

♠ **盗作(とうさく)する** 도작하다. 표절하다

♠ **ほどがある** 정도가 있다. 해도 너무 한다

は で
派手

화려함, 야단스러움

め はな だ　はで　ふく　にあ
- 目鼻立ちがくっきりしているので、**派手**な服が似合

이목구비가 뚜렷해서 화려한 옷이 어울린다.

♠ **くっきり(と)する** (모양이나 형태가) 뚜렷하다. 선명하다

ば ちが
場違い

그 자리에 어울리지 않음

せいふ　ひはん　まった　ばちが
- ここで政府を批判するなんて、全くの**場違い**だ。

여기서 정부를 비판하다니 전혀 장소에 어울리지 않는다.

ばつぐん
抜群

발군, 뛰어남

いちおう　ばつぐん
- モデルは一応に**抜群**なプロポーションをしている。

모델은 대개 뛰어난 프로포션을 하고 있다.

♠ **プロポーション** (proportion) 조화. 균형

はな
華やか

화려함

わたし　はな　ばしょ　にあ
- 私には**華やか**な場所は似合いません。

나에게는 화려한 장소는 어울리지 않습니다

はる
遥か

아득함
(거리. 시간이 멀리 떨어져 있음)

けっこん　はる　さき　はなし
- 結婚は**遥か**先の話です。

결혼은 아득히 먼 이야기입니다.

はんぱ **半端** 불완전함, 어중간함	• アルバイトだからといって**半端**(はんぱ)な気持(きもち)で仕事(しごと)をしてもらっては困(こま)ります。 아르바이트라고 해서 어정쩡한 마음으로 일을 하면 곤란합니다.
ひかんてき **悲観的** 비관적	• 会議(かいぎ)の見通(みとお)しははなはだ**悲観的**(ひかんてき)です。 회의의 전망은 매우 비관적입니다. ♠ **甚(はなは)だ** 매우. 심히. 대단히
ひきょう **卑怯** 비겁	• いくら相手(あいて)が悪(わる)いからといって、そんな**卑怯**(ひきょう)なまねはよせよ。 아무리 상대가 나쁘다고 해도 그런 비겁한 짓은 그만둬요. ♠ **~からといって** ~(이)라고 해서 ♠ **よす** 그만두다. 중지하다
ひさん **悲惨** 비참	• **悲惨**(ひさん)な事故現場(じこげんば)を目撃(もくげき)して、ショックを受(う)けた。 비참한 사고 현장을 목격하고 충격을 받았다.
ひじょう **非常** 대단함, 심상치 않음	• 会社経営(かいしゃけいえい)が、今(いま)**非常**(ひじょう)に難(むずか)しい状態(じょうたい)にあります。 회사경영이 지금 대단히 어려운 상태에 있습니다.
ひそ **密か** 남모르게 하는 모양, 몰래 하는 모양	• 隣(とな)りのクラスの男(おとこ)の子(こ)を**密**(ひそ)**か**に恋(こい)していました。 옆 반의 남자아이를 남몰래 좋아하고 있었습니다.

4 な형용사

ひっし **必死** 필연, 반드시 그렇게 됨	• なかいたひっしがまん お腹の痛みを**必死**に我慢していた。 복통을 필사적으로 참았다.
ひつぜん **必然** 필연	• じゅんび しけん お ろくに準備もせずに試験に落ちたのなら、 ひつぜん けっか い それは**必然**の結果だと言えます。 제대로 준비도 하지 않고 시험에 떨어졌으면 그것은 필연적 결과라고 봅니
びんぼう **貧乏** 가난함	• びんぼう せいかつ だっしゅつ ひっし はたら **貧乏**な生活から脱出するため必死に働いた。 가난한 생활에서 탈출하기 위해 필사적으로 일했다.
ひとな **人並み** 보통 상태	• せいかつ い ぜいたくな生活とまでは言わないまでも、せめて ひとな せいかつ **人並み**な生活はしたいものだ。 사치스런 생활까지는 아니어도, 적어도 보통생활은 하고 싶다.
ひと **独りぼっち** 외톨이	• ほうかご す おお 放課後は**ひとりぼっち**で過ごすことが多い。 방과 후에는 외톨이로 보내는 경우가 많다.
ひにく **皮肉** 빈정거림, 비꼼, 얄궂음, 짓궂음	• わか かのじょ みあ ばしょ であ ひにく 別れた彼女とお見合いの場所で出会うなんて、**皮肉** うんめい な運命だ。 헤어졌던 그녀와 맞선 장소에서 만나다니 얄궂은 운명이다.

微妙(びみょう) 미묘함	• 二人(ふたり)の話(はなし)には、**微妙**(びみょう)な食(く)い違(ちが)いが感(かん)じられる。 두 사람의 이야기에는 미묘한 엇갈림이 느껴진다. ♠ **食(く)い違(ちが)い** 어긋남. 엇갈림. 들어맞지 않음
冷(ひ)ややか 차가움, 쌀쌀함	• 私(わたし)に対(たい)する態度(たいど)が、なぜか**冷(ひ)ややか**だった。 나를 대하는 태도가 왠지 쌀쌀맞았다.
病弱(びょうじゃく) 병약	• 彼女(かのじょ)は**病弱**(びょうじゃく)な母親(ははおや)と二人(ふたり)で暮(くら)しているそうだ。 그녀는 병약한 어머니와 둘이서 살고 있다고 한다.
平等(びょうどう) 평등	• 人(ひと)は誰(だれ)に対(たい)しても**平等**(びょうどう)でなければならない。 사람은 누구를 대해도 평등해야 한다.
卑劣(ひれつ) 비열	• **卑劣**(ひれつ)なやり方(かた)で勝(か)っても意味(いみ)がない。 비열한 방법으로 이겨도 의미가 없다.
敏感(びんかん) 민감	• 犬(いぬ)は臭(にお)いに**敏感**(びんかん)だと言(い)われている。 개는 냄새에 민감하다고 한다.

貧困（ひんこん）

빈곤

- マザーテレサは貧困(ひんこん)な生活(せいかつ)をしている人達(ひとたち)のために生涯(しょうがい)を捧(ささ)げた。
  테레사 수녀님은 빈곤한 생활을 하고 있는 사람들을 위해 생애를 바쳤다.

♠ **マザーテレサ**(Mother Teresa) 마더 테레사. 테레사 수녀
♠ **捧(ささ)げる** 어떤 대상에 정성, 애정, 신념을 바치다

貧弱（ひんじゃく）

빈약

- 論述(ろんじゅつ)では、内容(ないよう)がよくても、表現力(ひょうげんりょく)が貧弱(ひんじゃく)だと高(たか)い評価(ひょうか)が得(え)られない。
  논술에서는 내용이 좋아도 표현력이 빈약하다면 높은 평가를 얻을 수 없다.

頻繁（ひんぱん）

빈번함

- この道(みち)は視界(しかい)が悪(わる)くて、事故(じこ)が頻繁(ひんぱん)に起(お)きている。
  이 길은 시야가 나빠서 사고가 빈번하게 일어나고 있다.

不安（ふあん）

불안

- 中国市場(ちゅうごくしじょう)は、不安(ふあん)な材料(ざいりょう)が多(おお)くてこの先心配(さきしんぱい)だ。
  중국시장은 불안한 요인이 많아서 앞으로가 걱정이다.

♠ **材料(ざいりょう)** ①재료 ②시세를 등락시키는 요인
♠ **この先(さき)** 장차. 앞으로

不快（ふかい）

불쾌

- 差別待遇(さべつたいぐう)を受(う)ければ、誰(だれ)でも不快(ふかい)に感(かん)じるだろう。
  차별대우를 받으면 누구라도 불쾌하게 느낄 것이다.

無愛想（ぶあいそう）

무뚝뚝함, 상냥하지 못함

- 受(う)け付(つ)けの対応(たいおう)が非常(ひじょう)に無愛想(ぶあいそう)で不愉快(ふゆかい)だ。
  접수의 대응이 매우 무뚝뚝해서 불쾌하다.

不可欠(ふかけつ) 불가결	• 海外旅行(かいがいりょこう)をするのにパスポートは**不可欠**(ふかけつ)です。 해외여행을 하는데 여권은 불가결합니다.
ふかふか 푹신푹신, 말랑말랑	• **ふかふか**の毛布(もうふ)じゃないとぐっすり寝(ね)られない。 푹신푹신한 담요가 아니면 푹 잘 수 없다.
ぶかぶか 헐렁헐렁	• ダイエットをしたので去年(きょねん)買ったズボンが**ぶかぶか**になった。 다이어트를 해서 작년에 산 바지가 헐렁헐렁해졌다.
不気味(ぶきみ) 어쩐지 불안함, 어쩐지 무서움, 으스스함	• 町(まち)は**不気味**(ぶきみ)に静(しず)まりかえっている。 거리는 으스스하리만큼 조용해졌다. • 町(まち)は**不気味**(ぶきみ)な静(しず)けさを呈(てい)している。 거리는 으스스한 정적을 나타내고 있다. ♠ **静(しず)まり返(かえ)る** 아주 조용해지다 ♠ **呈(てい)する** 나타나다, 드러내다
不器用(ぶきよう) 서투름, 손재주가 없음	• 何(なに)をやらせても**不器用**(ぶきよう)で役(やく)に立(た)たない。 무엇을 시켜도 서툴러서 도움이 안 된다.
不幸せ(ふしあわ) 불행함	• 離婚(りこん)をした後(あと)、**不幸せ**(ふしあわ)な一生(いっしょう)を送(おく)った。 이혼을 한 후 불행한 일생을 보냈다.

4 な형용사

ふしぎ
不思議

이상함

かのじょ かお み ふしぎ ちから わ
- 彼女の顔を見ると、**不思議**に力が湧いてくる。
  그녀의 얼굴을 보면 이상하게 힘이 솟아난다.

ふしまつ
不始末

부주의, 뒤처리를 잘 못함

ひ ふしまつ じゅうぶんちゅうい
- 火の**不始末**には十分注意しましょう。
  허술한 불 단속은 충분히 주의합시다.

ぶじ
無事

무사

なにごと ぶじ たいかい お
- 何事もなく**無事**に大会を終えることができました。
  아무 일 없이 무사히 대회를 끝낼 수 있었습니다.

ふじゆう
不自由

부자유(자유롭지 못함), 마음대로 안 됨

からだ ふじゆう ひと しせつ ふそく
- 体の**不自由**な人のための施設がまだ不足している。
  몸이 불편한 사람을 위한 시설이 아직 부족하다.

ふじゅん
不純

불순

かれ ふじゅん どうき かのじょ せっきん
- 彼は**不純**な動機で彼女に接近した。
  그는 불순한 동기로 그녀에게 접근했다.

ふつごう
不都合

사정이 좋지 않음, 곤란함

なに ふつごう なん
- 何か**不都合**なことがございましたら、何なりとおっしゃってください。
  무슨 곤란한 일이 있으시면 무엇이든지 말씀하세요.

♠ **何(なん)なりと** 무엇이든지

ぶっきらぼう 통명스러움	• こちらがいくらやさしく話(はな)しかけても、いつも**ぶっきらぼう**な返事(へんじ)しかしない。 이쪽에서 아무리 상냥하게 말을 걸어도 언제나 통명스러운 대답뿐이다.
物騒(ぶっそう) 위험한 상태	• 都会(とかい)での独(ひと)り暮(ぐ)らしはやはり**物騒(ぶっそう)**だ。 도회에서의 독신생활은 역시 안전하지 않다.
不透明(ふとうめい) 불투명	• 会社(かいしゃ)の経営(けいえい)が**不透明(ふとうめい)**で、投資(とうし)をするには信頼性(しんらいせい)に欠(か)ける。 회사의 경영이 불투명해서 투자하기에는 신뢰성이 결여된다.
不慣(ふな)れ 익숙하지 않음	• 子供(こども)の扱(あつか)いには**不慣(ふな)れ**なので、困(こま)ってしまった。 아이를 대하는 것이 익숙하지 않아서 곤란했다.
無難(ぶなん) 무난	• 練習不足(れんしゅうぶそく)で心配(しんぱい)していたが、難(むずか)しい演技(えんぎ)も**無難(ぶなん)**にこなした。 연습이 부족해서 걱정하고 있었지만 어려운 연기도 무난히 해냈다. ♠ **こなす** (일 등을) 계획대로 해치우다. 처리하다
不能(ふのう) 불능, 불가능	• どんなに再起(さいき)が**不能(ふのう)**と言(い)われても、絶対(ぜったい)にあきらめない。 아무리 재기 불능이라고 하여도 절대 포기하지 않겠다.

不平(ふへい) 불평	• 若(わか)いのだから、**不平**(ふへい)を言(い)わないで、一生懸命(いっしょうけんめい)やりなさい。 젊으니까 불평불만 하지 말고 열심히 하세요.
不変(ふへん) 불변	• **不変**(ふへん)の真理(しんり)を追究(ついきゅう)するのが科学(かがく)の目的(もくてき)です。 불변의 진리를 추구하는 것이 과학의 목적입니다.
不満(ふまん) 불만	• **不満**(ふまん)は誰(だれ)にでもあるが、それをいかに消化(しょうか)するかが成功(せいこう)の鍵(かぎ)だ。 불만은 누구에게도 있지만 그것을 얼마나 소화하는가가 성공의 열쇠다.
不要(ふよう) 불필요	• **不要**(ふよう)なお金(かね)は持(も)っていかない方(ほう)がいい。 불필요한 돈은 가지고 가지 않는 것이 좋다.
不利(ふり) 불리	• **不利**(ふり)な条件(じょうけん)でしたが、それを克服(こくふく)して採用(さいよう)されました。 불리한 조건이었지만 그것을 극복하고 채용되었습니다.
不良(ふりょう) 불량, 상태나 질이 좋지 않음	• **不良**(ふりょう)な債権(さいけん)は早(はや)く処分(しょぶん)したほうが利口(りこう)だ。 불량한 채권은 빨리 처분하는 것이 현명하다.

無礼(ぶれい) 무례	• **無礼**(ぶれい)な振(ふ)る舞(ま)いをお許(ゆる)しください。 무례한 행동을 용서해 주세요.
文化的(ぶんかてき) 문화적	• 田舎(いなか)から都会(とかい)に出(で)てきて、**文化的**(ぶんかてき)な生活(せいかつ)を楽(たの)しんでいます。 시골에서 도시로 나와 문화적인 생활을 즐기고 있습니다.
平気(へいき) 태연함, 개의치 않음	• どんな辛(つら)いことがあっても、いつも**平気**(へいき)な顔(かお)をしている。 어떤 괴로운 일이 있어도 항상 태연한 얼굴을 하고 있다.
平凡(へいぼん) 평범함	• 結婚(けっこん)してからは、家事(かじ)をしながら**平凡**(へいぼん)な生活(せいかつ)を送(おく)っています。 결혼하고서는 가사를 돌보며 평범한 생활을 보내고 있습니다.
ぺしゃんこ・ぺちゃんこ 눌려서 납작해진 모양	• 上(うえ)から荷物(にもつ)をのせたら、箱(はこ)が**ぺちゃんこ**になってしまった。 위부터 짐을 쌓아서 상자가 납작해졌다.
へとへと 몹시 지쳐 있는 모양, 기진맥진한 모양	• 朝(あさ)から晩(ばん)まで働(はたら)いて**へとへと**になって家(いえ)に帰(かえ)った。 아침부터 밤까지 일하고 녹초가 되어 집에 돌아왔다. ♠ **へとへとになる** 녹초가 되다

ぼうだい
膨大
팽대, 방대

やす ちゅう ぼうだい しりょう せいり
- 休み中に**膨大**な資料を整理しなければならない。
  쉬는 동안에 방대한 자료를 정리해야한다.

ほうふ
豊富
풍부

ほうふ けいけん ほんとう
- **豊富**な経験をもとにアドバイスしてくれるので本当にためになる。
  풍부한 경험을 바탕으로 어드바이스를 해 주니까 정말로 유익하다.

♠ **ためになる** 유익하다. 득이 되다

ほが
朗らか
쾌활한 모양, 명랑

きょうしつ ほが うたごえ ひび わた
- 教室には**朗らか**な歌声が響き渡る。
  교실에는 명랑한 노래 소리가 울려 퍼진다.

ほの
仄か
아련함, 은은함

しんしつ かお ただよ
- 寝室には、**ほのか**なバラの香りが漂っている。
  침실에는 은은한 장미향이 감돌고 있다.

♠ **漂(ただよ)う** ①떠돌다. 떠다니다 ②감돌다

ほんき
本気
본심, 진지한 마음

さいしょ あそ ま ほんき あい
- 最初は遊びのつもりが、いつの間にか**本気**で愛するようになった。
  처음에는 놀아나볼까 하는 생각이었는데 어느새 진지하게 사랑하게 되었

まえむ
前向き
적극적, 전향적임

せんぽう ていじ とうしゃ まえむ かんが
- 先方からの提示を当社としても**前向き**に考えています
  거래처에서의 제시를 우리 회사에서도 적극적으로 생각하고 있습니다.

間抜け(まぬけ)

얼간이 짓, 멍청이

- そんなことも知(し)らないなんて本当(ほんとう)に**間抜(まぬ)け**な人(ひと)ですね。
  그런 것도 모르다니 정말 멍청한 사람이군요.

疎ら(まばら)

드문드문함

- この辺(あた)りはオフィス街(がい)なので、週末(しゅうまつ)には道行(みちゆ)く人(ひと)も**疎(まば)ら**です。
  이 주변은 사무실가라서 주말에는 행인도 드뭅니다.

稀(まれ)

드묾, 희소함

- 富士山(ふじさん)から見(み)る日(ひ)の出(で)はきれいですが、霧(きり)がかかることが多くて**稀(まれ)**にしか見(み)られない。
  후지산에서 보는 일출은 아름답지만, 안개가 끼는 일이 많아서 자주 볼 수 없다.

身軽(みがる)

경쾌함, 간단함

- 山登(やまのぼ)りに行(い)くときは、**身軽(みがる)**な服装(ふくそう)のほうがいい。
  등산 할 때는 간단한 복장이 좋다.

見事(みごと)

멋짐, 뛰어남

- 街頭芸人(がいとうげいにん)が**見事(みごと)**な手品(てじな)を披露(ひろう)して拍手喝采(はくしゅかっさい)を受(う)けた。
  거리의 예술가가 멋진 마술을 펼치고 박수갈채를 받았다.

惨め(みじめ)

비참함, 참담함

- 簡単(かんたん)な質問(しつもん)にも答(こた)えられなくて、**惨(みじ)め**な思(おも)いをした。
  간단한 질문에도 대답을 못해서 참담한 생각이 들었다.

みじゅく **未熟** 미숙함	ぎじゅつ みじゅく どりょく ひつよう • 技術が**未熟**なので、もっと努力が必要です。 기술이 미숙하기 때문에 더욱 노력이 필요합니다.
みぢか **身近** 신변, 자기와 관계가 깊음	にほんご べんきょう にほん みぢか かん • 日本語を勉強することで、日本が**身近**に感じられるようになった。 일본어 공부를 해서 일본이 가깝게 느껴지게 되었다.
みみざわ **耳障り** 귀에 거슬림	こうじ そうおん みみざわ しゅうちゅう • 工事の騒音が**耳障り**で、なかなか集中できない。 공사의 소음이 귀에 거슬려서 좀처럼 집중 할 수 없다.
みみよ **耳寄り** 솔깃함	どうそうかい い かぶとうし みみよ はなし き • 同窓会に行って、株投資の**耳寄り**な話を聞いた。 동창회에 가서 주식투자의 솔깃한 이야기를 들었다.
むえき **無益** 무익	かいしゃ けっきょくむえき お • いくつかの会社にあたってみたが、結局**無益**に終わった。 몇 군데 회사를 알아보았지만 허사로 끝났다. ♠ **当(あ)たる** 맞다. 부딪치다 알아보다. 찾아보다
むくち **無口** 말수가 적음	くちかず おお ひと むくち ひと なかみ • 口数が多い人より、**無口**な人のほうが中身がある。 말 수가 많은 사람보다 말 수가 적은 사람이 알맹이가 있다. ♠ **中身(なかみ)** 속에 든 것. 알맹이. 내용물

無惨(むざん)
무참, 끔찍함, 잔혹

- 不慮(ふりょ)の事故(じこ)によって**無惨(むざん)**な死(し)を遂(と)げた。
  불의의 사고로 무참하게 죽음을 마쳤다.

♠ **不慮(ふりょ)** 불의. 뜻밖
♠ **遂(と)げる** ①이루다. 달성하다 ②마치다

無邪気(むじゃき)
천진난만함, 순진함

- 子供(こども)は**無邪気(むじゃき)**なところがいい。
  아이의 천진난만한 점이 좋다.

無情(むじょう)
무정

- 上司(じょうし)の**無情(むじょう)**な言葉(ことば)にやる気(き)を失(うしな)った。
  상사의 무정한 말에 할 마음을 잃어버렸다.

♠ **やる気(き)** 할 마음. 하고 싶은 마음

無造作(むぞうさ)
대수롭지 않음

- 銀行(ぎんこう)でおろしたお金(かね)を**無造作(むぞうさ)**にカバンに突(つ)っ込(こ)んだ。
  은행에서 찾은 돈을 대수롭지 않게 가방에 쑤셔 넣었다.

♠ **お金(かね)を下(お)ろす** 돈을 찾다
♠ **突(つ)っ込(こ)む** (아무렇게나) 쑤셔 넣다. 처 넣다

無心(むしん)
무심, 아무 생각 없음

- 学校(がっこう)を卒業(そつぎょう)してただただ**無心(むしん)**で働(はたら)いた。
  학교를 졸업하고 그저 아무 생각 없이 일했다.

♠ ***ただただ*** 그저 ただ를 강조한 말

無神経(むしんけい)
무신경

- 政治家(せいじか)の**無神経(むしんけい)**な発言(はつげん)が外交問題(がいこうもんだい)にまで発展(はってん)した。
  정치가의 무신경한 발언이 외교문제로까지 발전했다.

むだ
無駄

쓸데없음

せっとく　むだ
• いくら説得しても**無駄**だ。
아무리 설득해도 헛수고다.

むちゃ
無茶

사리에 맞지 않음,
터무니없음

いっしゅうかんかんせい　むちゃ　はな
• 一週間で完成させろだなんて**無茶**な話しです。
하루 만에 완성하라니, 말도 안 되는 이야기 입니다.

むちゅう
夢中

열중함, 몰두함

むすめ いま　おんがく　むちゅう
• 娘は今、音楽に**夢中**です。
딸은 지금 음악에 열중입니다.

むぼう
無謀

무모함

むぼう　こうげき　じぐん　かいめつじょうたい
• **無謀**な攻撃によって自軍も壊滅状態になった。
무모한 공격으로 자군도 괴멸상태가 되었다.

めいさい
明細

자세함

わ　すこ　めいさい　はな
• 分かりやすく、もう少し**明細**に話してください。
알기 쉽게 다시 조금 자세하게 이야기 해 주세요.

かけいぼ　ししゅつ めいさい　きにゅう
• 家計簿に支出が**明細**に記入されている。
가계부에 지출이 자세하게 기록되어 있다.

めちゃめちゃ

뒤죽박죽

こんかい　たいふう　いえ　こわ
• 今回の台風で家が**めちゃめちゃ**に壊れてしまった。
이번 태풍으로 집이 뒤죽박죽 망가져 버렸다.

めんどう **面倒** 귀찮음, 성가심	• めんどう じたい **面倒**な事態になりました。 성가신 사태로 되었습니다.
めんみつ **綿密** 면밀	• けいかく めんみつ けんとう けってい 計画を**綿密**に検討したうえで、決定することにします。 계획을 면밀히 검토한 뒤에 결정하기로 하겠습니다. ♠ **~(た)上(うえ)で** ~한 후에
もっとも 사리에 맞음, 지당함	• おこ ご あなたがお怒りになるのも、しごく御**もっとも**でございます。 당신이 화가 나는 것도 지극히 당연합니다. ♠ **至極(しごく)** 지극히, 더없이
もの ず **物好き** 호기심, 유별난 것을 좋아함	• ところ ものず ひと こんな所にじっとしている**物好き**な人がいるわけがないでしょう。 이런 곳에 꼼짝 않고 있는 유별난 사람이 있을 리가 없지요. ♠ **~わけがない** ~일 리가 없다
やっかい **厄介** 귀찮음	• じじつ よ し やっかい この事実が世に知れたら、**厄介**なことになります。 이 사실이 세상에 알려지면 귀찮게 됩니다.
やぼ **野暮** 촌스럽고 멋이 없음	• うた やぼ い うるさいから歌をやめろなんて、そんな**野暮**なことを言わないでください。 시끄러우니까 노래를 그만하라니 그런 멋없는 말을 하지 마세요.

4 な형용사

ゆういぎ
有意義

값어치가 있음, 의미 있음

ほうしかつどう　ゆういぎ　なつやす　す
- 奉仕活動で**有意義**な夏休みを過ごすことができました
  봉사활동으로 의미 있는 여름휴가를 보낼 수 있었습니다.

ゆううつ
憂鬱

우울

だいがく　そつぎょう　しゅうしょく　ゆううつ　ひび　おく
- 大学を卒業しても就職ができず、**憂鬱**な日々を送っている。
  대학을 졸업해도 취직을 못하고 우울한 나날을 보내고 있다.

ゆうしゅう
優秀

우수

だいがく　ゆうしゅう　がくせい　にゅうがく　とうぜん
- 大学としては**優秀**な学生を入学させようとするのは当然だ。
  대학으로서는 우수한 학생을 입학시키려고 하는 게 당연하다.

ゆうせい
優勢

우세

しあい　ゆうせい　はこ　せんせいてん　あ　たいせつ
- 試合を**優勢**に運ぶには、先制点を上げることが大切だ。
  시합을 우승으로 이끌기 위해서는 선제 점을 올리는 것이 중요하다.

ゆうのう
有能

유능

ゆうのう　いしゃ　にんげんせい　わる　たま　きず
- **有能**な医者ですが、人間性が悪いのが玉に傷です。
  유능한 의사이지만 인간성이 나쁜 것이 옥에 티입니다.

♠ **玉(たま)に傷(きず)** 옥에 티

ゆた
豊か

풍부함, 풍요로움

じぶん　ゆた　かんじょう　おと　ひょうげん
- ピアニストは自分の**豊か**な感情を音で表現する。
  피아니스트는 풍부한 감정을 소리로 표현한다.

緩(ゆる)やか 완만함, 느릿한 모양	• **緩(ゆる)やか**な坂道(さかみち)を上(のぼ)っていけば私(わたし)の家(いえ)が見(み)えてきます。 완만한 언덕길을 올라가면 나의 집이 보입니다.
欲深(よくふか) 욕심이 많음	• **欲深(よくふか)**な人(ひと)は皆(みんな)に嫌(きら)われる。 욕심이 많은 사람은 모두가 싫어한다.
余計(よけい) 쓸데없음, 부질없음	• **余計(よけい)**な心配(しんぱい)は不必要(ふひつよう)だ。 쓸데없는 걱정은 불필요하다. • **余計(よけい)**なお世話(せわ)だ。 쓸데없는 참견이다.
楽(らく) 편안함, 즐거움	• 人(ひと)は**楽(らく)**な道(みち)を選(えら)びがちだが、成功(せいこう)したければ困難(こんなん)な道(みち)を選(えら)べ。 사람은 편안한 길을 선택하기 마련이지만 성공하려면 어려운 길을 골라라.
楽天的(らくてんてき) 낙천적	• **楽天的(らくてんてき)**な人(ひと)ほど長生(ながい)きすると言(い)われている。 낙천적인 사람이야말로 오래 산다고 한다. ♠ **長生(ながい)きする** 장수하다
乱雑(らんざつ) 난잡함, 무질서함	• 部屋(へや)の中(なか)が**乱雑(らんざつ)**なので、友達(ともだち)を家(いえ)に呼(よ)べない。 방 안이 난잡해서 친구를 집에 부를 수 없다.

らんぼう
乱暴
난폭

き　ぐる　　　らんぼう　ことばづか
- 聞き苦しいから、**乱暴**な言葉遣いはやめなさい。
  듣기 싫으니까 난폭한 말은 하지 마세요.

りこう
利口
영리함, 똑똑함, 슬기로움

せんせい　くちごた　　　りこう
- 先生には口答えしないのが**利口**なようだ。
  선생님에게는 말대답을 하지 않는 것이 슬기로운 것 같다.

れいこく
冷酷
냉혹

ぐんたい　とき　じょうし　れいこく　しうち　う
- 軍隊にいる時、上司から**冷酷**な仕打を受けた。
  군대에 있을 때 상사에게 냉혹한 처사를 받았다.

ろこつ
露骨
노골

さいきん　わかもの　あいじょうひょうげん　ろこつ
- 最近の若者は愛情表現が**露骨**だ。
  요즘 젊은이들은 애정표현이 노골적이다.

わがまま
제멋대로 굶, 버릇없음

ゆうふく　かてい　そだ
- 裕福な家庭で**わがまま**に育てられた。
  유복한 가정에서 버릇없이 자랐다.

わずか
조금, 약간, 근소

ほじょきん　せいかつ
- **わずか**な補助金で生活している。
  약간의 보조금으로 생활하고 있다.

わんぱく
腕白

개구쟁이, 선머슴

• **腕白**(わんぱく)でもいい、たくましく育(そだ)ってほしい。
개구쟁이라도 좋다. 건강하게 자라 거라.

④ な형용사

하루 10분
일본어능력시험

N1
N2

NEW 일본어 단어장

Part 5

부사 副詞

ふくし

주로 동사나 형용사를 수식하는 단어로
일반적으로 상태부사, 정도부사, 호응부사로 나뉩니다.
의성어 · 의태어도 함께 정리되어 있으므로
부사를 총정리 하는 기분으로 학습하시길 바랍니다.

Part 5 부사 副詞

相変わらず(あいかわらず) 변함없이, 여전히	• 妻(つま)は**相変わらず**無愛想(ぶあいそう)だ。 아내는 변함없이 애교가 없다.
生憎(あいにく) 공교롭게도	• せっかく訪(たず)ねて行(い)ったのに、**あいにく**留守(るす)だった。 모처럼 방문했는데 공교롭게도 외출 중이었다. ♠ **せっかく** 일부러, 모처럼
敢えて(あえて) 감히, 굳이, 억지로	• 愛(あい)する子(こ)に**敢(あ)えて**厳(きび)しいことを言(い)うのが本当(ほんとう)の親(おや)だ。 사랑하는 아이에게 일부러 엄한 말을 하는 것이 진짜 부모다.
あくまで 어디까지나, 끝까지, 철저히	• これは**あくまで**私(わたし)の推測(すいそく)です。 이것은 어디까지나 나의 추측입니다.
悪しからず(あしからず) 언짢게 생각하지 마시길, 나쁘게 생각하지 마시길	• 事情(じじょう)により三日間(みっかかん)休(やす)みますので**あしからず**ご了承(りょうしょう)ください。 사정이 있어서 3일간 쉬므로 언짢게 여기지 마시고 양해해 주세요.

あたかも

마치

- 彼(かれ)は新入生(しんにゅうせい)のくせに**あたかも**先輩(せんぱい)のごとく振(ふ)る舞(ま)っている。
  그는 신입생 주제에 마치 선배 같이 행동하고 있다.

あっさり

깨끗이, 간단히, 시원스레

- あれほど熱心(ねっしん)に研究(けんきゅう)していたのに、結果(けっか)が悪(わる)くて**あっさり**と諦(あきら)めてしまった。
  그토록 열심히 연구했는데 결과가 나빠서 간단히 포기해 버렸다.

あながち

(부정의 말을 수반하여)
반드시, 꼭
=必(かなら)ずしも

- 日本(にほん)は物価(ぶっか)が高(たか)いと言(い)われるが、**あながち**そうでもない。
  일본은 물가가 비싸다고 하지만 꼭 그렇지만도 않다.

危(あや)うく

하마터면, 자칫하면

- ボートを降(お)りようとして、**危うく**海(うみ)に落(お)ちそうになった。
  보트에서 내리려고 하다 하마터면 바다에 빠질 뻔 했다.

5 부사

予(あらかじ)め

미리, 사전에

- **予め**災害(さいがい)に備(そな)えておく必要(ひつよう)がある。
  미리 재해에 대비할 필요가 있다.

改(あらた)めて

다른 기회에, 다시, 새삼스럽게

- 番号(ばんごう)をお確(たし)かめになって、**改めて**お掛(か)け直(なお)しください。
  번호를 다시 확인하시고 다시 한 번 걸어주세요.
- お金(かね)が大切(たいせつ)だというのは**改めて**言(い)うまでもない。
  돈이 중요하다는 것은 두말할 필요가 없다.

有(あ)りのまま

있는 그대로, 사실대로

- あったことを隠(かく)さず**有(あ)りのまま**に話(はな)しなさい。
  있었던 일을 숨기지 말고 사실대로 이야기해요.

案外(あんがい)

의외로

- 演歌(えんか)も**案外(あんがい)**いい歌(うた)が多(おお)い。
  엔카도 의외로 좋은 노래가 많다.

案(あん)の定(じょう)

생각한 대로, 예측대로,
아니나 다를까

- 彼女(かのじょ)は**案(あん)の定(じょう)**約束(やくそく)の時間(じかん)に遅(おく)れて来(き)た。
  그녀는 예상대로 약속 시간에 늦게 왔다.

いい加減(かげん)

꽤, 어지간히, 상당히

- 何度(なんど)もだまされて、**いい加減(かげん)**腹(はら)がたった。
  몇 번이나 속아서 상당히 화가 났다.
- **いい加減(かげん)**によりを戻(もど)したらどうだ。(な형용사) 적당히 화해하면 어
- 知(し)りもしないで、**いい加減(かげん)**なことを言(い)うな。(な형용사)
  알지도 못하면서 그 정도에서 엉터리 소리를 집어 치워.

いかに

어떻게(의문을 나타냄),
아무리(정도를 나타냄)

- **いかに**努力(どりょく)しても人(ひと)にはできないことがある。
  아무리 노력해도 사람에게는 불가능한 것이 있다.

いかにも

자못, 정말로, 매우

- **いかにも**つまらなさそうな顔(かお)をして話(はなし)を聞(き)いている。
  자못 지겨운 듯한 얼굴을 하고 듣고 있다.

生(い)き生(い)きと

생생한 모양,
생기가 넘치는 모양

- 子供達(こどもたち)は**生(い)き生(い)きと**した表情(ひょうじょう)で先生(せんせい)の話(はなし)を聞(き)いている。
  아이들은 생기가 넘치는 표정으로 선생님의 이야기를 듣고 있다.

勢(いきお)い

자연히, 당연한 결과로

- 怠(なま)けていれば**勢(いきお)い**成績(せいせき)が悪(わる)くなる。
  게으름 피우면 자연히 성적이 나빠지게 된다.

いきなり

느닷없이, 돌연

- 何(なん)の連絡(れんらく)もなく**いきなり**訪(たず)ねてこられては困(こま)ります。
  아무 연락도 없이 느닷없이 방문하시면 곤란합니다.

♠ **尋(たず)ねてこられる** 방문하시다

♠ **尋(たず)ねる** 방문하다+**来(こ)られる** 오시다 来(く)る의 존경

幾分(いくぶん)

약간. 다소, 조금
=いくらか · 少(すこ)し

- **幾分(いくぶん)**天気(てんき)がよくなってきたので、そろそろ出発(しゅっぱつ)しましょう。
  조금 날씨가 좋아졌으므로, 슬슬 출발합시다.

5 부사

聊(いささ)か · 些(いささ)か

조금, 약간, 좀, 다소

- 父(ちち)は**いささか**古(ふる)い人間(にんげん)ですが、包容力(ほうようりょく)はある方(ほう)です。
  아버지는 다소 구식이시긴 하지만, 포용력이 있는 편입니다.

♠ **古(ふる)い** ①낡다. 오래되다 ②시대에 뒤져 있다. 낡다. 구식이다

いずれ

어쨌든, 어차피,
머지않아, 근간

- 今(いま)は理解(りかい)できなくても、**いずれ**わかってくれる日(ひ)が来(く)るだろう。
  지금은 이해가 되지 않더라도 머지않아 알아줄 날이 올 것이다.
- 今日(きょう)は都合(つごう)が悪(わる)いので、**いずれ**改(あらた)めてご連絡致(れんらくいた)します。
  오늘은 상황이 좋지 않으므로, 근간 다시 연락드리겠습니다.

依然(いぜん)として 여전히	• 引(ひ)っ越(こ)しして一週間(いっしゅうかん)たったが、部屋(へや)は**依然(いぜん)として**散(ち)らかったままになっている。 이사 와서 일주일이 지났지만, 방은 여전히 어지럽혀져있다.
いそいそ 부랴부랴, 서둘러서 (마음이 들떠서 신바람 나는 모양)	• 妹(いもうと)はきれいな服(ふく)に着替(きが)えて、**いそいそ**と出(で)かけて行(い)った。 여동생은 예쁜 옷으로 갈아입고 부랴부랴 외출했다.
一々(いちいち) 하나하나, 일일이, 모두	• **いちいち**指摘(してき)するのも大変(たいへん)なので、最後(さいご)にまとめて直(なお)すことにした。 일일이 지적하는 것도 힘드니까, 마지막에 한꺼번에 고치기로 했다.
一応(いちおう) 일단, 대강, 우선	• **一応(いちおう)**準備(じゅんび)はできていますが、もう一度(いちど)確認(かくにん)してからお渡(わた)しします。 일단 준비는 끝났지만, 다시 한 번 확인해서 전해드리겠습니다.
一概(いちがい)に 통틀어, 무조건, 일률적으로, 한마디로	• 漫画(まんが)は**一概(いちがい)に**悪(わる)いとは言(い)えない。 만화는 무조건 나쁘다고는 말할 수는 없다. ♠ **~とは言(い)えない** (반드시/절대) ~라고 말할 수는 없다 ♠ **~とは限(かぎ)らない** 거의 그렇다고 할 수는 있지만, 그렇지 않은 경우도 **두 문형은 거의 바꿔 쓸 수 있으나, 「決(けっ)して・絶対(ぜったい)」뒤에는 は限(かぎ)らない는 올 수 없음**
一段(いちだん)と 한층, 더욱, 훨씬	• 髪(かみ)を切(き)って**一段(いちだん)と**美(うつく)しくなったような気(き)がする。 머리를 자르고 한층 아름다워진 느낌이 든다.

一度(いちど)に

한 번에, 한꺼번에, 동시에

- 宿題(しゅくだい)を一度(いちど)にするのは大変(たいへん)なので、少(すこ)しづつ片付(かたづ)けていったほうがいい。
  숙제를 한꺼번에 하면 힘드니까 조금씩 해치우는 것이 좋다.

一気(いっき)に

단숨에, 한꺼번에

- お腹(なか)が空(す)いていたのか、出(だ)された料理(りょうり)を一気(いっき)に平(たい)らげてしまった。
  배가 고팠었는지 나온 요리를 단숨에 다 먹어치웠다.

♠平(たい)らげる ①평정하다. 진압하다 ②다 먹어치우다

一挙(いっきょ)に

단번에, 일거에

- 労使(ろうし)が話(はな)し合(あ)いを持(も)つことで、問題(もんだい)は一挙(いっきょ)に解決(かいけつ)した。
  노사가 교섭을 갖는 것으로 문제는 단번에 해결됐다.

♠話(はな)し合(あ)い 의논. 교섭

一見(いっけん)

언뜻 보기에(는), 한 번 본 느낌으로는

- 微分(びぶん)・積分(せきぶん)の問題(もんだい)は、一見難(いっけんむずか)しそうに見(み)えるが、実(じつ)は簡単(かんたん)だ。
  미분, 적분 문제는 언뜻 보기에 어려워 보이지만 실은 간단하다.

一向(いっこう)に

(뒤에 부정을 동반하여) 조금도, 전혀

- 外国人労働者(がいこくじんろうどうしゃ)に対(たい)する待遇(たいぐう)は一向(いっこう)に改善(かいぜん)されない。
  외국인 노동자에 대한 대우는 조금도 개선되지 않는다.

一切(いっさい)

일체, 모두, 전부

- 政治家(せいじか)はどんな場合(ばあい)でも一切賄賂(いっさいわいろ)を受(う)け取(と)ってはいけない。
  정치가는 어떤 경우라도 일체 뇌물을 받아서는 안 된다.

いっしゅ
一種
일종

- コンピューターゲームは**一種**の麻薬のようなもので、一度始めるとなかなかやめられない。
  컴퓨터는 일종의 마약과 같아서 한번 시작하면 좀처럼 멈추기 어렵다.

いっせい
一斉に
일제히

- 休み時間になり、子供たちは**一斉に**外に飛び出した。
  쉬는 시간이 되어 아이들은 일제히 밖으로 뛰어나갔다.

♠ **飛(と)び出(だ)す** 뛰어나가다(나오다)

いっそ
차라리, 도리어,
~할 바에는

- こんな侮辱を受けるくらいなら、**いっそ**会社をやめてしまおうか。
  이런 모욕을 당할 바에는 차라리 회사를 그만 둘까보다.

♠ **~くらいなら** ~할 거라면 차라리

いっそう
一層
더욱, 한층 더

- 回を追うごとにドラマは**一層**おもしろくなってきた。
  회를 거듭함에 따라 드라마는 한층 재미있어졌다.
- この映画は前編もよかったが、後編になり**一層**おもしろくなった。
  이 영화는 전편도 좋았지만 후편이 되면서 한층 재미있어졌다.

いったい
一体
도대체, 대관절

- 優等生の吉田君が遅刻するなんて、**一体**どうしたんだろう。
  우등생인 요시다 군이 지각을 하다니 도대체 어떻게 된 것일까.

いったん
一旦
일단

- **一旦**始めたことは最後までやり抜くのが私の性格です。
  일단 시작한 일은 마지막까지 해내는 것이 제 성격입니다.

♠ **やり抜(ぬ)く** 최후까지 하다. 끝까지 해내다

いつの間(ま)にか

어느덧, 어느새

- 本(ほん)に夢中(むちゅう)になっていたら、**いつの間(ま)にか**外(そと)は暗(くら)くなっていた。
  책에 열중해 있었더니 어느덧 밖은 어두워졌다.

一般(いっぱん)に

일반적으로, 보통

- 天皇家(てんのうけ)の生活(せいかつ)は**一般(いっぱん)に**公開(こうかい)されていない。
  천황가 생활은 보통 공개되지 않는다.

一編(いっぺん)に

한 번에, 한꺼번에, 단번에

- 家(いえ)に帰(かえ)って妻(つま)の顔(かお)を見(み)たら**一編(いっぺん)に**酔(よ)いが覚(さ)めてしまった。
  집에 돌아가서 아내 얼굴을 보자 단번에 취기가 깨버렸다.

いつまでも

언제까지나, 영원히

- あなたのことは**いつまでも**忘(わす)れません。
  당신은 영원히 잊지 않겠습니다.
- **いつまでも**お幸(しあわ)せに。
  언제까지나 행복하길.

今更(いまさら)

새삼스럽게,
(부정, 의문, 반어 등을 동반하여)
지금에 와서, 이제 와서

- **今更(いまさら)**昔(むかし)のことを言(い)ってもはじまらない。
  지금에 와서 옛날 일을 말해도 소용없다.

♠ **始(はじ)まらない** 소용없다. 헛일이다

いまだかつて

(뒤에 부정을 동반하여)
일찍이

- こんな大(おお)きな鯨(くじら)は**いまだかつて**見(み)たことがない。
  이런 큰 고개는 일찍이 본 적이 없다.

5 부사

未(いま)だに
아직껏, 지금도, 역시

• ワールドカップの時(とき)の感動(かんどう)は未(いま)だに忘(わす)れられない。
월드컵 때의 감동은 지금도 잊히지가 않습니다.

今(いま)に
이제 곧, 언젠가, 머지않아

• 今(いま)に偉(えら)い人(ひと)になって、私(わたし)を馬鹿(ばか)にした人(ひと)を見返(みかえ)してやるんだ。
언젠가 훌륭한 사람이 되어 나를 바보 취급했던 사람에게 앙갚음해줄 테야.
♠ **見返(みかえ)す** ①뒤돌아보다 ②(깔보였거나 한 데 대한 앙갚음으로) 상대보다 훌륭해진 자기를 과시하다

今(いま)にも
당장에라도, 곧, 금방

• 空(そら)は真(ま)っ暗(くら)で、今(いま)にも雨(あめ)が降(ふ)り出(だ)しそうな天気(てんき)だ。
하늘은 아주 깜깜하여 당장에라도 비가 내릴 것 같은 날씨다.
♠ **真(ま)っ暗(くら)** 아주 깜깜함

いやしくも
적어도

• どんなに落(お)ちぶれたといっても、いやしくも俺(おれ)は貴族(きぞく)の出(で)だぞ。
아무리 영락했다고 해도 적어도 나는 귀족 출신이야.
♠ **落(お)ちぶれる** (사람, 살림, 세력 등이) 보잘것없이 찌부러지다. 영락하다
♠ **出(で)** ①(밖으로) 나옴. 감 ②출신

いやに
이상하게, 묘하게

• 怒(おこ)っていると思(おも)ったら、いやに機嫌(きげん)がよくて拍子抜(ひょうしぬ)けしてしまった。
화가 나 있다고 생각했는데 이상하리만큼 기분이 좋아보여서 맥이 빠져버리고 말았다.
♠ **～かと思(おも)ったら・～かと思(おも)うと** ~는 듯싶더니. ~는가 싶었는데
♠ **拍子抜(ひょうしぬ)け** 맥빠짐. 김빠짐

いよいよ
마침내, 드디어

• 一年間(いちねんかん)の浪人生活(ろうにんせいかつ)を終(お)え、いよいよ来月(らいげつ)からは大学生(だいがくせい)だ
1년간의 재수생활을 마치고, 드디어 다음 달부터는 대학생이다.

いらいら 안절부절못하다	• 約束時間(やくそくじかん)がせまってきているのに、車(くるま)が渋滞(じゅうたい)していて**いらいら**する。 약속시간이 다가오고 있는데 차가 정체되어서 안절부절못하다. ♠ **迫(せま)る** (어떤 시각이) 다가오다
言(い)わば 말하자면, 이를테면	• 私(わたし)にとってソウルは**いわば**第二(だいに)の故郷(こきょう)だと言(い)えるだろう。 나에게 있어 서울은 말하자면 제2의 고향이라고 말할 수 있을 것이다.
うずうず 근질근질 (마음이 안정되지 않고 좀이 쑤시는 모양)	• 子供(こども)たちが野球(やきゅう)をしているのを見(み)ると、やりたくて**うずうず**してくる。 어린이들이 야구를 하고 있는 것을 보면 하고 싶어서 근질근질 해진다.
うっとり 황홀히, 멍하니, 넋을 잃고	• 華麗(かれい)なフィギアスケートの演技(えんぎ)に**うっとり**と見(み)とれていた。 화려한 피겨스케이트의 연기에 넋을 읽고 보고 있었다. ♠ **見(み)とれる** 넋을 잃고 보다
うんざり 진절머리가 나게, 몹시 싫증나게, 지긋지긋하게	• 先生(せんせい)の説教(せっきょう)にはもう**うんざり**だ。 선생님의 설교는 이제 진절머리가 난다. • 交通渋滞(こうつうじゅうたい)にはもう**うんざり**だ。 교통체증은 이제 지긋지긋하다.
うんと 매우, 크게, 훨씬 (분량이 많거나 정도가 심한 모양)	• 今(いま)まで以上(いじょう)に**うんと**がんばっても彼女(かのじょ)にはとてもかなわない。 지금 이상으로 죽어라 노력해도 그녀에게는 도저히 이길 수가 없다. ♠ **かなわない** 이길 수 없다. 못 당하다

5 부사

うんよ **運良く** 운 좋게	• じしん 自信がなかったが、うんよ **運良く** だいがく 大学に ごうかく 合格できた。 자신이 없었지만 운 좋게 대학교에 합격할 수 있었다.
おお **大いに** 대단히, 매우, 크게, 많이	• ことし 今年のチームは おお **大いに** きたい 期待できる。 올해 팀은 대단히 기대가 된다. • ひさ 久しぶりに ともだち 友達に あ 会って、 はな 話したいことが おお **大いに** ある。 오랜만에 친구를 만나서 이야기 하고 싶은 것이 많다.
おおかた **大方** 대충, 아마	• けっこん 結婚の じゅんび 準備は おおかた **大方** お 終わった。 결혼 준비는 대충 끝났다. • がくせい 学生たちは おおかた **大方** あつ 集まった。 학생들은 대충 모였다.
お **押しなべて** 모두, 한결같이, 통틀어	• お **押しなべて** い 言えば にほん 日本も かんこく 韓国も おな 同じ ぶんかけん 文化圏に はい 入る。 통틀어 말하면 일본도 한국도 같은 문화권에 들어간다.
おそ **恐らく** 아마, 필시, 틀림없이	• らいねん 来年は **おそらく** けいき 景気がよくなるだろう。 내년에는 틀림없이 경기가 좋아질 것이다.
おそ おそ **恐る恐る** 조심조심, 주뼛주뼛 (겁내거나 황송해하는 모양)	• おそ おそ **恐る恐る** へや 部屋のなかを のぞ 覗いてみた。 조심조심 방 안을 들여다봤다.

お互(たが)いに 서로, 피차, 상호간	• 二人(ふたり)は**お互(たが)いに**愛(あい)し合(あ)っている。 둘은 서로 사랑하고 있다.
おどおど 벌벌, 흠칫흠칫, 주저주저 (긴장, 공포, 불안 등으로 침착하지 못한 모습)	• 大勢(おおぜい)の人(ひと)の前(まえ)ではいつも**おどおど**してしまう。 많은 사람들 앞에서는 항상 벌벌 떨고 만다.
各々(おのおの) 각각, 각자	• グループにわかれて、**各々(おのおの)**計画(けいかく)を立(た)ててください。 그룹으로 나뉘어서 각각 계획을 세워 주십시오.
自(おの)ずから 저절로, 자연히	• 結婚適齢期(けっこんてきれいき)になれば**自(おの)ずから**結婚(けっこん)について考(かんが)えるようになるよ。 결혼적령기가 되면 자연히 결혼에 대해 생각하게 된다.
思(おも)い切(き)って 큰맘 먹고, 과감히	• どうしようか迷(まよ)っていたが、**思(おも)いきって**留学(りゅうがく)することにした。 어떻게 할까 고민하고 있었는데 큰맘 먹고 유학가기로 했다.
思(おも)う存分(ぞんぶん) 충분히, 마음껏	• 試験(しけん)も終(お)わったので**思(おも)う存分(ぞんぶん)**遊(あそ)ぶことにした。 시험도 끝났고 마음껏 놀기로 했다.

5 부사

おも
主に

주로

しゅうまつ　おも　いえ　そうじ　せんたく
- 週末には**主に**家の掃除や洗濯をする。
  주말에는 주로 집안의 청소나 세탁을 한다.

およそ

대강, 대략, 대체로

わたし いえ　えき
- 私の家は駅から**およそ**800メートルのところにあります。
  우리 집은 역에서 800m 지점에 있습니다.

おろおろ

허둥지둥
(놀라 당황하는 모습)

じんつう　はじ　つま　み　おっと
- 陣痛の始まった妻を見て夫はただ**おろおろ**とするばかりだった。
  진통이 시작된 아내를 보고 남편은 그저 허둥지둥대고 있을 뿐이었다.

おろか

(~はおろか의 꼴로)
~은 물론, ~은 커녕

せんもんようご　じぶん　なまえ　かんじ　か　がくせい
- 専門用語は**おろか**自分の名前すら漢字で書けない学生がいる。
  전문용어는커녕 자신의 이름조차 한자로 쓰지 못하는 학생이 있다.

かえって

도리어, 오히려, 반대로

こども　きび　はんこう　おそ
- 子供はあまり厳しくすると、**かえって**反抗する恐れがある。
  어린이는 너무 엄하게 하면 오히려 반항할 우려가 있다.

こころ　しっぱい　ふと
- ダイエットを試みたが、失敗して**かえって**肥ってしまった
  다이어트를 시도해봤지만, 실패해서 오히려 살찌고 말았다.

かくべつ
格別

각별히, 특별히, 유난히

ふ ろ あ　かくべつ
- お風呂上がりのビールは**格別**うまい。
  목욕 후 마시는 맥주는 특별히 맛있다.

かさかさ・がさがさ

바스락바스락
(바싹 마른 것들이 부딪쳐 나는 소리)

- 並木道(なみきみち)を歩(ある)いていると、落(お)ち葉(ば)が**かさかさ**と音(おと)を立(た)てる。
  가로수 길을 걷고 있자니 낙엽이 바스락바스락 소리를 낸다.

がたがた

부들부들, 덜덜
(몹시 떠는 모양)

- 緊張(きんちょう)して体(からだ)が**がたがた**振(ふる)える。
  긴장해서 몸이 부들부들 떨렸다.
- 若(わか)いころから重労働(じゅうろうどう)を続(つづ)けてきて、もう体(からだ)が**がたがた**だ。
  젊을 때부터 중노동을 계속해서 이제 몸이 삐걱거린다. (な형용사-망가져가는 모양)

がたんと

뚝 (성적, 값 등이 갑자기 떨어짐)
꽝 (부딪치는 소리)

- 会社(かいしゃ)の業績(ぎょうせき)が悪化(あっか)して、株価(かぶか)が**がたんと**下(さ)がった。
  회사의 업적이 악화해서 주가가 뚝 떨어졌다.

かちかち

똑딱똑딱
(단단한 물건이 가볍게 부딪히는 소리)

- シーンと静(しず)まりかえった部屋(へや)のなかで時計(とけい)の音(おと)だけが**かちかち**と鳴(な)り続(つづ)けた。
  쥐죽은 듯 고요한 방 안에서 시계소리만 똑딱똑딱하고 계속 울리고 있다.

♠ **静(しず)まり返(かえ)る** 아주 조용해지다

かつ

동시에, 한편
(몇 가지 동작이 동시에 행해지는 모양)

- 映画(えいが)は芸術性(げいじゅつせい)があり、**かつ**娯楽性(ごらくせい)があるのが望(のぞ)ましい。
  영화는 예술성이 있고 동시에 오락성이 있는 것이 이상적이다.

がっしり

튼튼함, 탄탄함
(체격이나 구조가 안정되고 옹골찬 모양)

- **がっしり**した体型(たいけい)の男性(だんせい)が私(わたし)の好(この)みです。
  탄탄한 체형의 남성이 내 취향입니다.

がっちり 딱 (체격이 튼튼한 모양)	• **がっちり**した体(からだ)つきをしているが、見掛(みか)けによらず性格(せいかく)は非常(ひじょう)におとなしい。 딱 벌어진 체격을 하고 있는 데 비해 보기와는 달리 성격은 무척 온순하다. ♠ **見掛(みか)けによらず** 보기와는 다르게
かつて 일찍이, 이전에, 옛날에	• 私(わたし)の母(はは)は**かつて**ミス・コリアと言(い)われるほど美人(びじん)だったそうだ。 나의 어머니는 옛날에 미스 코리아라고 불릴 정도로 미인이었다고 한다.
勝手(かって)に 제멋대로, 자기 마음대로	• 兄(あに)は私(わたし)の本(ほん)を**勝手(かって)に**持(も)っていってしまった。 오빠는 내 책을 자기 마음대로 가져가 버렸다.
必(かなら)ずしも (부정어를 동반하여) 반드시 ~라고는(할 수 없다)	• 早期教育(そうききょういく)が**必(かなら)ずしも**いいとは限(かぎ)らない。 조기교육이 반드시 좋다고는 할 수 없다.
予(かね)て 미리, 전부터	• 新婚旅行(しんこんりょこう)には**かねて**から行(い)きたいと思(おも)っていたフランスに行(い)くことにしました。 신혼여행은 전부터 가고 싶었던 프랑스에 가기로 했습니다.
がぶりと 꿀꺽, 덥석 (입을 딱 벌리고 단번에 들이키거나 먹는 모양)	• 大(おお)きな犬(いぬ)に**がぶりと**噛(か)みつかれた。 큰 개에게 덥석 물렸다.

からりと 활짝 (하늘이 밝게 갠 모양), 바싹 (물기 없는 모양)	• 今日(きょう)は本当(ほんとう)に**からりと**晴(は)れたいい天気(てんき)です。 오늘은 정말 활짝 갠 좋은 날씨입니다.
がらりと 드르르 (세게 문 여는 소리) 싹, 획 (갑자기 변함)	• 新任(しんにん)の先生(せんせい)が来(き)てから教室(きょうしつ)の雰囲気(ふんいき)が**がらりと**変(か)わった。 신임 선생님이 오시고 나서 교실 분위기가 싹 바뀌었다.
がらんと 텅, 휑뎅그런 (텅 빈 모양)	• 食事(しょくじ)の時間(じかん)だというのに食堂(しょくどう)は**がらんと**していた。 식사 시간인데도 식당은 텅 비어 있었다.
がりがり 빼빼 (몸이 깡마른 모양)	• いくら食(た)べてもぜんぜん太(ふと)らずに**がりがり**に痩(や)せた人(ひと)がいる。 아무리 먹어도 전혀 살찌지 않고 빼빼 마른 사람이 있다.
仮(かり)に 만일, 만약, 가령	• **かりに**子供(こども)の頃(ころ)に戻(もど)れるとしたら、君(きみ)は何(なに)がしたい。 만일 아이로 돌아갈 수 있다고 한다면 너는 뭐가 하고 싶어?
かろうじて 겨우, 간신히, 가까스로	• 成績(せいせき)が良(よ)くなくて、**かろうじて**専門学校(せんもんがっこう)に合格(ごうかく)することができた。 성적이 좋지 않아서 가까스로 전문학교에 합격할 수 있었다.

5 부사

代(か)わりに

대신에

- 今日(きょう)は父(ちち)の**代(か)わりに**私(わたし)が来(き)ました。
  오늘은 아버지 대신에 내가 왔습니다.

代(か)わる代(が)わる

교대로, 번갈아 가며

- 友達(ともだち)が**代(か)わる代(が)わる**病院(びょういん)に見舞(みま)いに来(き)てくれた。
  친구들이 교대로 병원에 병문안을 와 주었다.

がんがん

지끈지끈
(골치가 몹시 아픈 모양)

- 昨日(きのう)お酒(さけ)を飲(の)みすぎて今日(きょう)は朝(あさ)から頭(あたま)が**がんがん**する。
  어제 과음을 해서 오늘은 아침부터 머리가 지끈지끈 아프다.

元来(がんらい)

원래, 처음부터

- 日本(にほん)では**元来(がんらい)**長男(ちょうなん)が家(いえ)のあとをついだものだ。
  일본에서는 원래 장남이 대를 이었었다.

♠ **家(いえ)を継(つ)ぐ** 가계를 계승하다. 호주를 상속하다

ぎくしゃく

어색한, 부자연스러운
(말씨나 동작이 매끄럽지 않고 어색한 모양)

- 会社(かいしゃ)の上司(じょうし)との関係(かんけい)が**ぎくしゃく**して、いつも気(き)まずい思(お)いをしている。
  회사 상사와의 관계가 어색해서 언제나 거북한 느낌이 든다.

♠ **気(き)まずい** 어색하다. 거북하다. 서먹하다

きちんと

말끔히, 깔끔히
잘 정리된 모양

- 彼(かれ)は性格上(せいかくじょう)、**きちんと**整理(せいり)されていないと気(き)がすまない。
  그는 성격상 말끔히 정리되지 않으면 마음이 편치 않다.

♠ **気(き)がすむ** 마음이 홀가분해지다. 만족해지다

きっかり

정확히
(정확한 시간이나 수량 등이 꼭 들어맞는 모양)

- 彼(かれ)は約束(やくそく)の時間(じかん)**きっかり**にやって来(き)た。
  그는 약속 시간에 정확히 왔다.

ぎっしり

가득, 꽉, 잔뜩
(가득 찬 모양)

- ご飯(はん)やおかずが**ぎっしり**つまったお弁当(べんとう)を持(も)ってピクニックに出(で)かけた。
  밥이랑 반찬으로 가득 찬 도시락을 들고 소풍을 나갔다.

きっぱり

딱 잘라, 단호하게

- たとえ上司(じょうし)であっても嫌(いや)なことは嫌(いや)だと**きっぱり**言(い)うべきだ。
  아무리 상사라고 할지라도 싫은 것은 싫다고 딱 잘라 말해야 한다.

急遽(きゅうきょ)

급거, 급히, 갑작스럽게, 서둘러

- **急遽**(きゅうきょ)海外(かいがい)転勤(てんきん)することになって、あわてて準備(じゅんび)した。
  갑작스럽게 해외로 전근 가게 돼서 서둘러 준비했다.

急(きゅう)に

갑자기

- **急**(きゅう)**に**めまいがして、目(め)の前(まえ)が真(ま)っ暗(くら)になった。
  갑자기 현기증이 나서 눈앞이 깜깜해졌다.

♠ **めまいがする** 현기증이 나다

ぎゅうぎゅう

꽉꽉, 꾹꾹
(세게 죄거나 누르거나 꽉 채우는 모양)

- 朝(あさ)の出勤(しゅっきん)列車(れっしゃ)はいつも満員(まんいん)で、**ぎゅうぎゅう**に詰(つ)めて乗(の)るしかない。
  아침 출근 열차는 언제나 만원으로 꽉꽉 채워서 탈 수 밖에 없다.

5 부사

ぎょっと

섬뜩. 철렁
(순간적으로 놀라는 모양)

- 誰(だれ)か後(うし)ろからついて来(き)ているのに気(き)が付(つ)いて思(おも)わずぎょっとしてしまった。
  누군가 뒤에서부터 따라오는 것을 눈치 채고 그만 철렁하고 말았다.

♠ **思(おも)わず** 무의식중에. 엉겁결에. 무심코 그만

ぎりぎり

꽁꽁, 꽉꽉
(세게 감는 모양.
이를 악무는 모양)

- 悔(くや)しいのをがまんして、歯(は)をぎりぎりと食(く)いしばった。
  분한 것을 참고 이를 꽉 악물었다.
- 友達(ともだち)は朝(あさ)が苦手(にがて)でいつも授業時間(じゅぎょうじかん)ぎりぎりになってやっと来(く)る。(な형용사) 친구는 아침이 약해서 항상 수업시간이 빠듯해서 온다

極(きわ)めて

극히, 더없이, 대단히

- 交流(こうりゅう)が中断(ちゅうだん)するのは極(きわ)めて残念(ざんねん)なことです。
  교류가 중단된 것은 매우 안타까운 일 입니다.

偶然(ぐうぜん)

우연히, 뜻밖에

- 道(みち)で偶然(ぐうぜん)に小学校(しょうがっこう)の同級生(どうきゅうせい)に会(あ)った。
  길에서 우연히 초등학교 동창생을 만났다.

くしゃくしゃ

꼬깃꼬깃
(종이나 천이 구겨진 모양)

- 別(わか)れの手紙(てがみ)を受(う)け取(と)ったが、くしゃくしゃにしてゴミ箱(ばこ)に捨(す)てた。
  이별의 편지를 받았지만 꼬깃꼬깃 구겨서 휴지통에 버렸다.

ぐずぐず

꾸물꾸물
(결단이나 행동이 느린 모양)

- ぐずぐずしていないで早(はや)く学校(がっこう)へ行(い)く準備(じゅんび)をしなさい。
  꾸물꾸물 거리지 말고 빨리 학교에 갈 준비해.

くたくた 펄펄 (삶는 것이 한참 끓는 모양)	• いつになったら食(た)べられるんだろうかと思(おも)いながら**くたくた**と煮(に)える鍋(なべ)を見(み)つめていた。 언제쯤이면 먹을 수 있을까하고 생각하면서 펄펄 끓는 냄비를 바라보고 있다. • 今日(きょう)は朝(あさ)からずっと働(はたら)きづめで、もういい加減(かげん)**くたくただ**。 오늘은 아침부터 계속 일을 해서 이제 꽤 지쳤다.(な형용사–지침. 녹초가 됨)
口々(くちぐち)に 저마다, 제각기 (여러 사람이 저마다 말함)	• 皆(みんな)が**口々(くちぐち)に**彼女(かのじょ)の噂話(うわさばなし)をした。 모두가 저마다 그녀의 이야기를 했다. ♠**噂話(うわさばなし)** 남의 이야기. 소문
ぐっしょり 흠뻑 (몹시 젖은 모양)	• 激(はげ)しい運動(うんどう)をして、汗(あせ)で服(ふく)が**ぐっしょり**濡(ぬ)れた。 심한 운동을 해서 땀으로 옷이 흠뻑 젖었다.
ぐったり 축 늘어짐, 녹초가 됨	• 具合(ぐあい)が悪(わる)くて**ぐったり**している子供(こども)を慌(あわ)てて病院(びょういん)に運(はこ)んだ。 상태가 나빠져서 비실비실해 있는 아이를 서둘러 병원에 옮겼다.
くどくど 장황하게, 지루하게 (같은 말을 되풀이하는 모양)	• 同(おな)じことを**くどくど**と言(い)われるのが一番嫌(いちばんきら)いだ。 같은 말을 되풀이해서 듣는 것이 가장 싫다.
隈(くま)なく 구석구석까지, 샅샅이	• お客(きゃく)さんが来(く)るので部屋中(へやじゅう)**くまなく**掃除(そうじ)した。 손님이 오셔서 방안을 구석구석까지 청소했다.

5 부사

くよくよ 끙끙 (사소한 일에 고민 하는 모양)	● 男(おとこ)なんだからいつまでもくよくよしていないで、早(はや)く元気(げんき)を出(だ)しなさい。 남자잖아, 언제까지나 끙끙거리고 있지만 말고 빨리 힘내.
くるくる・ぐるぐる 뱅뱅, 뱅글뱅글 (물건이 가볍게 도는 모양)	● 紙飛行機(かみひこうき)がくるくると回(まわ)りながらゆっくり落(お)ちてきた。 종이비행기가 빙글빙글 돌면서 천천히 떨어졌다.
くるりと 빙, 빙글, 획 (별안간 한 바퀴 도는 모양) 홱, 싹 (태도나 방침을 갑자기 바꾸는 모양)	● 私(わたし)が後(うし)ろから名前(なまえ)を呼(よ)ぶと、彼女(かのじょ)はくるりと振(ふ)り返(かえ)った。 내가 뒤에서 이름을 부르자 그녀는 획 돌아봤다. ♠ **ぐるりと** 빙, 휙(くるりと보다 무거운 느낌의 말)
くれぐれも 부디, 아무쪼록, 제발	● くれぐれもお元気(げんき)で。 아무쪼록 건강하십시오. ● アフリカに旅行(りょこう)するときは伝染病(でんせんびょう)にくれぐれもお気(き)をつけください。 아프리카 여행할 때는 전염병에 부디 조심하세요.
結局(けっきょく) 결국, 마침내, 드디어	● 誠意(せいい)を込(こ)めて設得(せっとく)してみたが、**結局**無駄(けっきょくむだ)だった。 성의를 다해 설득해봤지만 결국 허사로 돌아갔다.
けっこう 충분히, 상당히, 제법	● 中国(ちゅうごく)のドラマもけっこうおもしろいらしい。 중국 드라마도 제법 재미는 것 같다.

決して (부정을 동반하여) 결코	• 外交官になるのは**決して**やさしいことではない。 외교관이 되는 것은 결코 쉬운 일이 아니다.
現に 현재, 실제로, 눈앞에	• 大晦日に除夜の鐘をつく風習は**現に**今でも行われている。 한 해의 마지막 날에 제야의 종을 치는 풍습은 현재까지도 행해지고 있다. ♠ **大晦日(おおみそか)** 섣달 그믐날 음력으로 한해의 마지막 날 ♠ **除夜(じょや)の鐘(かね)** 제야의 종 108번뇌를 없앤다는 의미에서 108번 침
極 극히, 지극히, 매우	• 虹が出るのは**ごく**まれなことで、またそれを見つけた人は本当に運のいい人だと言える。 무지개가 뜨는 일은 극히 드문 일로, 또 그것을 발견한 사람은 정말 운이 좋은 사람이라고 말할 수 있다.
刻一刻と 시시각각, 점점	• 試験の日が**刻一刻と**迫っている。 시험 날이 점점 다가오고 있다.
ごしごし 싹싹, 북북 (무엇을 문지르거나 비비는 소리)	• 力を入れて**ごしごし**と洗わなければ汚れがきれいに落ちない。 힘을 주어 싹싹 닦지 않으면 때가 깨끗이 지지 않는다.
こじんまりした·こぢんまりした 조촐한, 아담한 (조촐하고 아담한 모습)	• **こじんまりした**部屋で執筆作業を続けている。 조촐한 방에서 집필 작업을 계속하고 있다.

5 부사

こそこそ

살금살금, 소곤소곤
(남몰래 하는 모양)

- 陰(かげ)でこそこそと人(ひと)の悪口(わるぐち)を言(い)うなんて卑怯(ひきょう)なやつだ。
  뒤에서 소곤소곤 남의 험담을 하다니 비겁한 녀석이다.

♠ **悪口(わるぐち)を言(い)う** 험담을 하다. 남의 욕을 하다

こちこち

재깍재깍 (시계 초침 소리)
=かちかち, 달가닥달가닥
(딱딱한 것이 부딪치는 소리)

- 時計(とけい)の音(おと)がこちこちとして、気(き)になって眠(ねむ)れない。
  시계 소리가 째깍째깍 나서 신경 쓰여 잘 수가 없다.

ごちゃごちゃ

너저분하게, 어수선하게
(어수선한 모양)

- 子供達(こどもたち)が遊(あそ)んだ後(あと)は部屋(へや)はいつもごちゃごちゃだ。
  아이들이 놀고 난 후에는 방이 항상 너저분하다.

こっくり

꾸벅꾸벅
(졸면서 머리를 꾸벅이는 모양)

- 横(よこ)の学生(がくせい)が、こっくりこっくりと居眠(いねむ)りしていて授業(じゅぎょう)に集中(しゅうちゅう)できない。
  옆에 있는 학생이 꾸벅꾸벅 졸아서 수업에 집중 할 수가 없다.

こっそり

남몰래, 살짝, 슬쩍

- 妻(つま)には内緒(ないしょ)でこっそりへそくりを貯(た)めている。
  부인 모르게 살짝 비상금을 모으고 있다.

♠ **へそくりを貯(た)める** 비상금을 모으다

こつこつ

꾸준히, 부지런히
(꾸준한 모양)

- こつこつと貯(た)めたお金(かね)でアパートを買(か)った。
  부지런히 모은 돈으로 아파트를 샀다.

ことごと　ことごと **尽く・悉く** 모두, 모조리, 전부	• やること全(すべ)てが**ことごとく**失敗(しっぱい)だった。 하는 일마다 모조리 실패했다.
こと **殊に** 특히, 특별히, 각별히	• 物価高(ぶっかだか)が問題(もんだい)となっているが、**ことに**不動産(ふどうさん)の問題(もんだい)が深刻(しんこく)だ。 높은 물가가 문제화 되고 있는데 특히 부동산 문제가 심각하다.
ころころ 데굴데굴 (작은 것이 구르는 모양)	• ポケットから落(お)ちた100円玉(えんだま)が**ころころ**と転(ころ)がって、どぶに落(お)ちてしまった。 주머니에서 떨어진 100엔짜리 동전이 데굴데굴 굴러서 하수구에 떨어지고 말았다. ♠ **どぶ** 수채, 하수구
さいさん **再三** 재삼, 여러 번	• **再三**注意(さいさんちゅうい)したのに聞(き)き入(い)れてもらえなかった。 여러 번 주위를 주었음에도 불구하고 받아들여 주지 않았다.
さいだいげん **最大限** 최대한	• コンピューターを**最大限**利用(さいだいげんりよう)して仕事(しごと)を行(おこな)っている。 컴퓨터를 최대한 이용해서 일을 하고 있다.
さい ど **再度** 재차, 두 번	• 今回(こんかい)は駄目(だめ)でしたが、**再度**挑戦(さいどちょうせん)してみるつもりです。 이번에는 실패했지만, 재차 도전해볼 생각입니다.

先に（さき）

먼저, 전에, 이전에

- 申し訳（もうわけ）ありませんが、今日（きょう）はお**先に**（さき）失礼致（しつれいいた）します。
  죄송합니다만, 오늘은 먼저 실례하겠습니다.

差し当たり（さあ）

당장, 당분간, 우선

- 新婚生活（しんこんせいかつ）を始（はじ）めるにあたって、**差し当たり**（さあ）必要（ひつよう）なものだけ買（か）うことにした。
  신혼생활을 시작하기에 앞서 우선 필요한 것만 사기로 했다.

♠ **~にあたって** ~에 즈음하여. ~에 임하여

さすが

과연, 역시

- 本場（ほんば）のキムチは**さすが**に辛（から）い。
  본토 김치는 역시 맵다.

さぞ

(추측을 동반하여) 추측건대, 아마, 필시

- 娘（むすめ）さんが皆結婚（みんなけっこん）してしまって、**さぞ**寂（さみ）しいことでしょう。
  딸이 모두 결혼해 버려서 필시 쓸쓸한 것이겠죠.

さっさと

빨랑빨랑, 냉큼 (서두르는 모양), 척척 (일을 빠른 속도로 처리하는 모양)

- 今日（きょう）の会合（かいごう）は顔（かお）だけ出（だ）して**さっさと**帰（かえ）ろう。
  오늘의 모임은 얼굴만 내밀고 냉큼 돌아가자.

さっそうと

씩씩하고 경쾌하게 (모습, 행동, 태도 등이 시원스러운 모양)

- 息子（むすこ）が軍服（ぐんぷく）を着（き）て**さっそうと**歩（ある）く姿（すがた）に感動（かんどう）した。
  아들이 군복을 입고 씩씩하게 걷는 모습에 감동했다.

早速(さっそく) 곧, 즉시, 당장	• 家(いえ)に帰(かえ)ったら、早速(さっそく)試(ため)してみることにします。 집에 돌아가면 즉시 시험해 보겠습니다.
ざっと 대충, 대략	• 今日(きょう)稼(かせ)いだお金(かね)をざっと計算(けいさん)してみたが、思(おも)ったより多(おお)くてびっくりしました。 오늘 번 돈을 대충 계산해봤는데 생각보다 많아 놀랐습니다.
さっぱり 산뜻이, 후련하게 (기분이 개운한 모양) (부정을 동반하여) 전혀, 조금도	• 一週間(いっしゅうかん)ぶりに髭(ひげ)を剃(そ)って、さっぱりしました。 일주일 만에 수염을 깎아 산뜻해졌습니다. • この小説(しょうせつ)は何度(なんど)読(よ)んでもさっぱり意味(いみ)がわからない。 이 소설은 몇 번 읽어도 전혀 의미를 모르겠다.
さながら 마치, 흡사, 그대로 (비유의 표현의 뒤따름)	• この地方(ちほう)の祭(まつ)りは500年前(ねんまえ)の戦国時代(せんごくじだい)さながらのようすで行(おこな)われる。 이 지방 축제는 500년 전 전국시대 그대로의 형태로 행해진다.
さも 참으로, 정말, 자못 (문어적 표현)	• 釣(つ)ったばかりの魚(さかな)をさもおいしそうに食(た)べている。 막 잡은 물고기를 자못 맛있다는 듯 먹고 있다.
さらさら (부정을 동반하여) 전혀, 결코, 조금도	• 彼女(かのじょ)とよりを戻(もど)す気(き)はさらさらない。 그녀와 화해할 마음은 추호도 없다. ♠ **よりを戻(もど)す** ①꼰 것을 다시 풀다 ②본래의 관계로 되돌리다. 특히 헤어졌던 남녀가 다시 화합하다

5 부사

さらさら

술술, 줄줄
(사물이 막힘없이 나아가는 모양)
살랑살랑
(머리가 바람에 나부끼는 모양)

しょうじょ かみ かぜ
• 少女の髪は風に**さらさら**となびいている。
소녀의 머리는 바람에 살랑살랑 나부끼고 있다.

♠ **なびく** 나부끼다

さら
更に

더 한층, 더욱더

いちねん あ かのじょ さら うつく
• 一年ぶりに会った彼女は**更に**美しくなっていた。
일 년 만에 만난 그녀는 더욱더 아름다워졌다.

ざわざわ

와글와글, 술렁술렁
(많은 사람이 웅성거리는 모양)

きょうしつこうほう がくせいたち さわ こえ き
• 教室の後方で学生達の**ざわざわ**と騒がしい声が聞こえる。
교실 뒤편에 학생들의 술렁거리는 시끄러운 소리가 들려온다.

♠ **後方(こうほう)** 후방, 뒤쪽
♠ **騒(さわ)がしい** 시끄럽다, 소란하다

さんざん
散々

실컷, 잔뜩, 마음껏

さんざんししょく なに か い
• **散々**試食したあげく、何も買わずに行ってしまった。
실컷 시식을 한 후에 아무것도 사지 않고 가버렸다.

♠ **동사의 과거형+あげく** ~한 끝에

し
強いて

억지로, 굳이, 구태여

し
• やりたくなかったら、**強いて**することはない。
마음이 내키지 않으면 무리하게 할 것까지는 없다.

じか
直に

직접, 바로

せんせい じか たの こと
• 先生から**直に**頼まれた事なので、しないわけにはいかない
선생임에게 직접 부탁받은 일이라서 하지 않을 수 없다.

直(じき)(に)

곧, 금방

- 病気(びょうき)は直(じき)に良(よ)くなるから心配(しんぱい)しなくても大丈夫(だいじょうぶ)だよ。
  병은 금방 나을 테니까 걱정하지 않아도 괜찮아.

しきりに

끊임없이, 계속해서, 자꾸만

- 就職(しゅうしょく)をしきりに進(すす)められるが、どうしても気(き)が乗(の)らない。
  취직하라고 자꾸만 종용받았지만 아무래도 마음이 내키지 않는다.

しくしく

훌쩍훌쩍 (우는 모양),
콕콕 (찌르듯 아픈 모양)

- 恋人(こいびと)にふられて、彼女(かのじょ)は一晩中(ひとばんじゅう)しくしくと泣(な)いていた。
  애인에게 채여서 그녀는 밤새 내내 훌쩍훌쩍 울었다.

しじゅう

언제나, 늘

- 彼女(かのじょ)は授業中(じゅぎょうちゅう)も休(やす)み時間(じかん)もしじゅう鏡(かがみ)を見(み)ている。
  그녀는 수업 중에도 쉬는 시간에도 언제나 거울을 보고 있다.

自然(しぜん)

자연히, 저절로

- 「ざ・ず・ぞ」の発音(はつおん)は難(むずか)しいが、毎日練習(まいにちれんしゅう)していれば自然(しぜん)にできるようになる。
  ‘자, 즈, 조’ 발음은 어렵지만 매일 연습하면 자연스럽게 되게 된다.

次第(しだい)に

서서히, 점점, 차차

- 東(ひがし)の空(そら)が次第(しだい)に明(あか)るくなってきた。
  동쪽 하늘이 점차로 밝아왔다.

5 부사

じっくり 곰곰이, 차분하게 (시간을 들여 꼼꼼하게 하는 모양)	• 最近はじっくりと本を読む暇もないほど忙しい。 최근에는 차분하게 책을 읽을 짬도 없을 정도로 바쁘다.
じっと 꼼짝 않고, 가만히 (움직이지 않고 있는 모양)	• 地震が起きたらまず机などの下にもぐってじっとしているのがいい。 지진이 일어나면 먼저 책상 등의 밑에 숨어 꼼짝 않고 있는 것이 좋다. ♠ **もぐる** 기어들다, 숨다
実に 실로, 참으로	• インターネットは実に便利で、簡単に世界の情報を手に入れることができる。 인터넷은 참으로 편리해서 간단하게 세계의 정보를 손에 넣을 수가 있다.
しばしば 종종, 자주	• 日本ではしばしば地震が発生する。 일본에서는 종종 지진이 발행한다.
しみじみ 절실히 (마음속 깊이 느끼는 모양)	• 子供を産んで親のありがたさがしみじみとわかった。 아이를 낳고 부모의 고마움을 절실히 깨달았다.
若干 약간	• 若干背が低いが、それ以外は文句のつけようがない。 약간 키가 작지만 그 이외에는 흠잡을 데가 없다. ♠ **文句(もんく)をつける** 트집을 잡다

しゅうし **終始** 시종, 항상, 처음부터 끝까지	• 何(なに)かいいことでもあったのか、彼女(かのじょ)は**終始**(しゅうし)にこにこしていた。 무슨 좋은 일이 있었던 걸까, 그녀는 시종 생글생글 거린다. ♠ **にこにこする** 생글생글 거리다. 싱글벙글 대다
じゅうぶん **十分** 십분, 충분히	• 子供(こども)の頃(ころ)は**十分**(じゅうぶん)睡眠(すいみん)が必要(ひつよう)です。 어렸을 때는 충분한 수면이 필요합니다.
しょっちゅう 항상, 늘, 언제나	• 姉(あね)は忘(わす)れっぽくて**しょっちゅう**約束(やくそく)をすっぽかす。 언니는 건망증이 심해서 항상 약속을 어긴다. ♠ **忘(わす)れっぽい** 곧잘 잊다. 잊어버리기를 잘하다 ♠ **すっぽかす** 약속을 어기다. 바람맞히다
しゅ **主として** 주로 =主(おも)に·專(もっぱ)ら	• お客(きゃく)は**主(しゅ)として**この近(ちか)くに住(す)んでいる主婦(しゅふ)です。 손님은 주로 이 근처에 살고 있는 주부입니다.
じょじょ **徐々に** 서서히, 차차, 조금씩 =おおむろに	• 患者(かんじゃ)の病状(びょうじょう)が**徐々**(じょじょ)**に**よくなってきている。 환자의 병세가 점차 좋아지고 있다.
しょんぼり 쓸쓸히, 기운 없이 (힘없이 풀이 죽은 모양)	• 試合(しあい)に負(ま)けたからってそんなに**しょんぼり**していないで、元気(げんき)を出(だ)しなさい。 시합에 졌다고 그렇게 쳐져있지 말고 힘을 내.

知らず知らず (しらずしらず)

모르는 사이에, 어느새, 저절로

- 子供達(こどもたち)を見(み)ていると**知(し)らず知(し)らず**のうちに心(こころ)が和(なご)んでく
  어린이를 보고 있으면 어느새 마음이 따뜻해진다.

♠ **和(なご)む** 온화해지다. 누그러지다

じろりと

힐끗
(무서운 눈초리로 쏘아보는 모양)

- 教室(きょうしつ)で騒(さわ)いでいたら、先生(せんせい)に**じろり**と睨(にら)まれた。
  교실 안에서 떠들고 있는데 선생님이 힐끗 노려봤다.

真実 (しんじつ)

진실로, 정말로, 참말로

- 太(ふと)った男性(だんせい)には**真実**関心(しんじつかんしん)がありません。
  살찐 남자에게는 정말 관심이 없습니다.

しんと・しーんと

고요한
(고요한 모양)

- 先生(せんせい)の一言(ひとこと)で教室(きょうしつ)は**しーんと**静(しず)まり返(かえ)った。
  선생님의 한마디로 교실은 쥐죽은 듯 고요해졌다.

真に (しんに)

진실로, 참으로

- **真(しん)に**愛(あい)する人(ひと)が現(あら)われるまでは結婚(けっこん)しないつもりです。
  정말로 사랑하는 상대가 나타나기까지는 결혼 하지 않을 생각입니다.

すいすい

거침없이, 척척, 술술

- 田中(たなか)さんはどんな難(むずか)しい問題(もんだい)でも**すいすい**解(と)いてしまう。
  다나카 씨는 어떤 어려운 문제라도 척척 푼다.

ずきずき 욱신욱신 (상처나 종기 등이 쑤시고 아픈 모양)	• 風邪(かぜ)をひいたのか、頭(あたま)が**ずきずき**痛(いた)む。 감기에 걸린 것일까, 머리가 욱신욱신 아프다.
少(すく)なからず 적지 않게, 대단히, 매우	• 言葉(ことば)が通(つう)じないことで**少(すく)なからず**誤解(ごかい)が生(しょう)じる。 말이 통하지 않아 적지 않은 오해가 생긴다. ♠ **生(しょう)じる＝生(しょう)ずる** 생긴다. 일어나다. 발생하다
少(すく)なくとも 적어도, 하다못해	• 結婚式(けっこんしき)のお祝(いわ)いには**少(すく)なくても**3万円(まんえん)持(も)っていかなければならない。 결혼식 축의금으로는 적어도 3만 엔 정도 가져가야 한다.
すぐに 곧, 즉시, 금방	• 居所(いどころ)がわかったら**すぐに**連絡(れんらく)してください。 거처를 알게 되면 바로 연락해 주세요. ♠ **居所(いどころ)** 있는 곳. 거처
すっきり 개운한, 상쾌한 (후련한 모양)	• 朝早(あさはや)く起(お)きて運動(うんどう)すると身(み)も心(こころ)も**すっきり**する。 아침 일찍 일어나서 운동하면 몸도 마음도 개운하다.
ずっと 오랫동안 계속되는 모양, 다른 것과 비교하여 차이가 많이 나는 모양	• 鈴木君(すずきくん)は先週(せんしゅう)から**ずっと**欠席(けっせき)している。 스즈키 군은 저번 주부터 계속 결석하고 있다.

5 부사

すでに 이미, 벌써	• 私(わたし)が病院(びょういん)に着(つ)いたときには、**すでに**父(ちち)は亡(な)くなっていた。 내가 병원에 도착했을 때는 이미 아버지는 돌아가셨다.
ずばり 싹둑 (단번에 잘라 내는 모양, 정통으로 급소나 핵심을 정확하게 찌르는 모양)	• 友達(ともだち)に悩(なや)みを**ずばり**と言(い)い当(あ)てられて驚(おどろ)いた。 친구가 고민을 딱 맞춰서 놀랐다.
全(すべ)て 모두, 모조리, 전부	• 出(だ)された料理(りょうり)は**全(すべ)て**食(た)べるのが礼儀(れいぎ)です。 나온 요리는 전부 먹는 것이 예의입니다.
すやすや 새근새근 (편안히 자는 모양)	• 赤(あか)ん坊(ぼう)が**すやすや**と気持(きもち)よさそうに寝(ね)ている。 아이가 새근새근 기분 좋은 듯 자고 있다.
ずるずる 질질 (일, 시간 등을 오래 끄는 모습)	• 政府(せいふ)は正式(せいしき)な回答(かいとう)をしないまま、**ずるずる**と時間(じかん)を稼(かせ)いでいる。 정부는 정식 회답을 하지 않은 채, 질질 끌면서 시간을 벌고 있다.
精一杯(せいいっぱい) 힘껏, 한껏, 최대한으로	• 私(わたし)なりに**精一杯(せいいっぱい)**努力(どりょく)しましたが、結果(けっか)が付(つ)いてきませんでした。 내 나름대로 열심히 노력했지만 결과가 따라오지 않았습니다.

精々（せいぜい）

기껏, 고작

- 一日中働いて稼げるお金はせいぜい1万円程度だ。(いちにちじゅうはたら かせ かね まんえんていど)
  하루 종일 일해서 버는 돈은 기껏 만 원 정도다.

せっかく

모처럼, 애써, 일부러

- せっかく来たのに今日は博物館は定期休養日だった。(き きょう はくぶつかん ていききゅうようび)
  모처럼 왔는데 오늘 박물관은 정기휴일이었다.
- せっかくの休みなのに、どこにも出かけないで家でゴロゴロしている。(やす で いえ)
  모처럼의 휴일인데 아무데도 가지 않고 집에서 뒹굴뒹굴 거리고 있다.

せっせと

부지런히, 열심히

- 朝から晩まで働いてせっせとお金を稼いでいる。(あさ ばん はたら かね かせ)
  아침부터 밤까지 일하면서 열심히 돈을 모으고 있다.

絶対（ぜったい）

절대로, 꼭, 무슨 일이 있어도

- どんなことがあっても嘘は絶対ついてはいけない。(うそ ぜったい)
  어떠한 일이 있어도 거짓말은 절대 해서는 안 된다.

♠ **嘘(うそ)をつく** 거짓말을 하다

是非（ぜひ）

꼭, 반드시, 무슨 일이 있어도

- 今度は是非夫婦お揃いで家に遊びに来てください。(こんど ぜひ ふうふ そろ うち あそ き)
  이번에는 꼭 부부 동반으로 집에 놀러 오십시오.

♠ **お揃(そろ)いで** 함께. 세트로(짝을 이룸)

是非とも（ぜひ）

반드시, 꼭
(是非(ぜひ)의 힘줌말)

- 時間がございましたら是非とも一度遊びにおいでください。(じかん ぜひ いちどあそ)
  시간이 있으시면 꼭 한 번 놀러오세요.

5 부사

せめて

하다못해, 적으나마, 적어도

- 海外(かいがい)に行(い)くのは無理(むり)でも、**せめて**国内(こくない)でも旅行(りょこう)したいものだ。
  해외에 가는 것은 무리라고 하더라도, 하다못해 국내에라도 여행가고 싶다.

先(せん)だって

앞서, 전번에, 일전에, 요전에

- **先(せん)だって**は大変(たいへん)お世話(せわ)になりました。
  요전에 대단히 신세를 졌습니다.
- **先(せん)だって**予約(よやく)しておいた商品(しょうひん)がやっと届(とど)いた。
  일전에 예약했던 상품이 드디어 도착했다.

相当(そうとう)

상당히, 꽤, 제법

- この陶器(とうき)は**相当(そうとう)**高価(こうか)なものなので丁寧(ていねい)に扱(あつか)ってください。
  이 도기는 상당히 고가품이므로 세심하게 다뤄주세요.

♠ **丁寧(ていねい)に** ①정중함. 공손함 ②주의 깊고 세심함

そっくり

전부, 몽땅
=全部(ぜんぶ)

- 東京(とうきょう)の下町(したまち)には昔(むかし)の建物(たてもの)が**そっくり**そのまま残(のこ)っている。
  동경의 시타마치에는 옛날 건물이 전부 그대로 남아 있다.

♠ **下町(したまち)** 도시에서 낮은 지대에 있는 시가. 상인이나 장인들이 많이 사는 지역 ↔ **山(やま)の手(て)**

そっと

조용히, 가만히

- 失恋(しつれん)したときは**そっと**一人(ひとり)にしておいたほうがいい。
  실연했을 때는 가만히 혼자 내버려 두는 것이 좋다.

その内(うち)

일간, 조만간,
가까운 시일 안에

- 今日(きょう)は無理(むり)でも、また**その内(うち)**会(あ)えるよ。
  오늘은 무리라도 또 조만간 만날 수 있어.

そもそも

애초, 처음, 시작, 발단

- そのアイデアは**そもそも**私(わたし)が考案(こうあん)したものなんだ。
  그 아이디어는 애초 내가 생각해낸 것이다.

それぞれ

각각, 저마다
=めいめい

- ものの好(す)き嫌(きら)いは人(ひと)**それぞれ**なんだから、強制(きょうせい)する必要(ひつよう)はない。
  어떤 것의 좋고 싫음은 사람 저마다 다르므로 강요할 필요는 없다.

♠好(す)き嫌(きら)い 좋아함과 싫어함

それとなく

넌지시, 슬며시

- 二人(ふたり)の噂(うわさ)が会社(かいしゃ)の中(なか)で**それとなく**広(ひろ)まった。
  두 사람의 소문이 회사 안에서 슬며시 퍼졌다.

ぞろぞろ

줄줄, 우르르
(많은 사람이 움직이는 모양)

- 授業(じゅぎょう)が終(お)わり、学校(がっこう)から小学生(しょうがくせい)が**ぞろぞろ**と出(で)てきた。
  수업이 끝나고 학교에서 초등학생이 우르르 나왔다.

そわそわ

안절부절
(침착하지 못하고 불안해하는 모양)

- 分娩室(ぶんべんしつ)の前(まえ)で父親(ちちおや)は**そわそわ**して子供(こども)の出産(しゅっさん)を待(ま)っている。
  분만실 앞에서 아버지는 안절부절못하면서 아이의 출산을 기다리고 있다.

第一(だいいち)

첫째, 우선, 무엇보다

- いくらアメリカに行(い)きたくても、第一(だいいち)お金(かね)がないじゃないか。
  아무리 미국에 가고 싶어도 우선 돈이 없잖은가!

たいがい

대부분, 거의, 모두

- 子供達(こどもたち)はたいがいチョコレートが好(す)きだ。
  어린이들은 대부분 초콜릿을 좋아한다.

大(たい)して

(부정을 동반하여)
그다지, 그리, 별로

- 聞(き)き取(と)りは難(むずか)しいが、読解(どっかい)は大(たい)して難(むずか)しくない。
  듣기는 어렵지만 독해는 그다지 어렵지 않다.

だいたい

대개, 대충, 거의

- 若(わか)い女性(じょせい)はだいたいおしゃべりが好(す)きだ。
  젊은 여성은 대개 수다를 좋아한다.
- 8時以降(じいこう)にはだいたい家(いえ)にいます。
  8시 이후에는 대개 집에 있습니다.

大分(だいぶ)・大分(だいぶん)

상당히, 꽤, 어지간히, 많이

- 作品(さくひん)は大分(だいぶ)できましたが、まだ仕上(しあ)げが残(のこ)っています。
  작품은 어지간히 만들어졌지만, 아직 마무리가 남아 있습니다.

♠仕上(しあ)げ 마무리. 완성

絶(た)えず

끊임없이, 항상, 언제나
＝絶(た)え間(ま)なく

- 言語(げんご)は絶(た)えず勉強(べんきょう)していなければ忘(わす)れてしまう。
  언어는 끊임없이 공부하지 않으면 잊어버린다.

唯(ただ)

오직, 그저, 다만, 단지

- 何(なに)を言(い)っても答(こた)えず、ただ笑(わら)っているばかりだった。
  무슨 말을 해도 대답도 않고 오직 웃고만 있었다.

ただ今(いま) 방금, 곧, 지금 막	• **ただ今**留守(いまるす)にしておりますので、申し訳(もうわけ)ありませんが後程連絡(のちほどれんらく)してください。 잠시 외출 중이므로, 죄송합니다만 나중에 연락 주시기 바랍니다. ♠**後程(のちほど)** 나중에. 뒤에
直ちに(ただ) 즉시, 곧	• 軍隊(ぐんたい)では上司(じょうし)に指示(しじ)されたことは**直ちに**(ただ)実行(じっこう)しなければならない。 군대에서는 상사에게 지시받은 것은 즉시 실행하지 않으면 안 된다.
たちまち 순식간에	• 大雨(おおあめ)が降(ふ)って川(かわ)は**たちまち**水(みず)かさが増(ま)した。 폭우가 내려 강은 순식간에 물의 분량이 늘었다. ♠**水(みず)かさ** (하천의) 수량
たっぷり 충분히, 넉넉히	• 夏(なつ)ばてをしないように**たっぷり**食(た)べて、**たっぷり**休養(きゅうよう)を取(と)ってください。 더위 먹지 않도록 충분히 먹고 충분히 휴식을 취하세요. ♠**夏(なつ)ばて** 여름을 탐
例え(たと) 비록, 가령	• **例え**(たと)学校(がっこう)を休学(きゅうがく)するにしても、ちゃんと予定(よてい)を立(た)ててからにした方(ほう)がいい。 비록 학교를 휴학을 한다고 해도 꼼꼼히 계획을 세우고 나서 하는 것이 좋다. ♠**(例(たと)え)~にしても** 비록 ~라고 해도
たびたび 자주, 빈번하게, 여러 번	• **たびたび**質問(しつもん)して申し訳(もうわけ)ありませんが、もう一度分(いちどわ)かりやすく説明(せつめい)してください。 여러 번 질문해서 죄송합니다만, 다시 한 번 알기 쉽게 설명해 주세요.

5 부사

だぶだぶ

헐렁헐렁
(옷이 헐렁한 모양)

- 最近(さいきん)の若者(わかもの)は、わざと**だぶだぶ**の服(ふく)を着(き)ている。
  요즘 젊은이들은 일부러 헐렁헐렁한 옷을 입고 있다.

たまたま

가끔, 간혹, 마침, 우연히

- **たまたま**買(か)った宝(たから)じが、なんと1等(とう)に当(あ)たった。
  우연히 사 놓은 복권이 글쎄 1등에 당첨됐다.

♠ **宝(たから)くじが当(あた)る** 복권이 당첨되다

たまに

어쩌다, 이따금, 간혹

- インターネットゲームは**たまに**するのはいいけど、毎日(まいにち)するのは時間(じかん)の無駄(むだ)だ。
  인터넷 게임은 어쩌다 하는 것은 좋은데 매일 하는 것은 시간 낭비다.

他面(ためん)

한편

- 彼(かれ)は厳(きび)しそうですが、**他面(ためん)**では優(やさ)しいところもある。
  그는 엄한 듯 보이지만 한편으로는 상냥한 면도 있다.

たらたら

뚝뚝, 줄줄
(액체가 방울져 떨어지는 모양)

- 花瓶(かびん)が倒(たお)れて床(ゆか)に水(みず)が**たらたら**とこぼれた。
  화병이 넘어져 바닥에 물이 뚝뚝 흘러내렸다.

♠ **こぼれる** 넘쳐흐르다. 흘러내리다

断(だん)じて

(부정을 동반하여)
절대로, 결코

- 服(ふく)が偽物(にせもの)だなんて、**断(だん)じて**そんなことはございません。
  옷이 가짜라니 결코 그런 일은 없습니다.

だんぜん
断然

단연, 훨씬

- ニュースよりドラマの方(ほう)が**断然**(だんぜん)おもしろい。
  뉴스보다는 드라마가 훨씬 재미있다.
- 彼(かれ)の方(ほう)が**断然**(だんぜん)格好(かっこう)いい。
  그 사람이 훨씬 멋있다.

たん
単に

단순히, 단지, 그저

- 今度(こんど)の事件(じけん)はただ**単に**(たん)個人(こじん)の問題(もんだい)にとどまらない。
  이번 사건은 그저 단순한 개인 문제로 끝나지 않는다.

ちからいっぱい
力一杯

힘껏

- 彼(かれ)は走(はし)っていって**力一杯**(ちからいっぱい)彼女(かのじょ)を抱(だ)きしめた。
  그는 달려가 힘껏 그녀를 껴안았다.

ちくちく

따끔따끔
(뾰족한 것으로 콕콕 찌르듯이 아픈 모양)

- さっきからお腹(なか)が**ちくちく**痛(いた)む。
  아까부터 배가 따끔따끔 아프다.

ちっとも

(부정을 동반하여)
조금도 ~않다

- 有名(ゆうめい)な映画(えいが)だと聞(き)いて見(み)たのに**ちっとも**おもしろくなかった。
  유명한 영화라고 들어서 봤는데 조금도 재미있지 않았다.

ちゃくちゃく
着々

착착, 척척
(일이 순조롭게 진행되어 가는 모양)

- 結婚(けっこん)の準備(じゅんび)が**着々**(ちゃくちゃく)と進(すす)んでいる。
  결혼 준비가 척척 진행되고 있다.

5 부사

ちやほや

응석을 받아주며 비위를 맞추는 모양

- 子供の頃から親にちやほやされて、優柔不断な性格になってしまった。
  어릴 때부터 부모님께서 떠받들어줘서 우유부단한 성격이 되고 말았다.

♠ 優柔不断(ゆうじゅうふだん) 우유부단

昼夜(ちゅうや)

밤낮으로

- 商品の開発のために、昼夜研究が続けられた。
  상품 개발을 위해 밤낮으로 연구가 계속되었다.

ちょっぴり

조금, 약간

- 期待していたのに初恋の子に会えなくてちょっぴり悲しかった。
  기대했었는데 첫사랑의 아이와 만날 수 없어서 조금 슬펐다.

ちらちら

팔랑팔랑, 나풀나풀
(작은 것이 흩날리는 모양)

- 雪がちらちら舞う中、二人はもくもくと歩き続けた。
  눈이 팔랑팔랑 흩날리는 속에서 둘은 묵묵히 계속 걸었다.

♠ 舞(ま)う 공중에서 빙빙 돌다. 흩날리다
♠ 黙々(もくもく)と 묵묵히

ちらりと

언뜻, 힐끗, 잠깐, 슬쩍

- 大きな声で名前を呼んだら、やっとこちらをちらりと見てくれた。
  큰 소리로 이름을 불렀더니 겨우 이쪽을 힐끗 봐주었다.

つい

조금, 바로, 무심코, 무의식중에 그만

- 黙っているつもりだったが、つい計画に口出ししてしまった。
  가만있을 생각이었는데 무심코 계획에 참견을 해 버렸다.

♠ 口出(くちだ)し 말참견

序(つい)でに ~하는 김에, ~하는 기회에	• 薬局(やっきょく)に行(い)くついでにタバコを買(か)ってきてくれないか。 약국에 가는 김에 담배를 사 주겠어?
遂(つい)に 드디어, 마침내, 결국	• 三回目(さんかいめ)の挑戦(ちょうせん)で、ついに大学(だいがく)に合格(ごうかく)した。 세 번째의 도전으로 드디어 대학에 합격했다.
つくづく 절실히, 정말, 몹시	• いじめについて報道(ほうどう)がなされる度(たび)に、教育(きょういく)についてつくづく考(かんが)えさせられる。 왕따에 대해 보도가 될 적마다 교육에 대해 절실히 생각하게 된다. ♠ ~度(たび)に ~할 때마다. ~할 적마다
努(つと)めて 애써, 되도록	• 私(わたし)はどんなことがあっても努(つと)めて怒(おこ)らないようにしています。 저는 어떠한 일이 있어도 되도록 화내지 않으려고 하고 있습니다.
常(つね)に 언제나, 늘, 항상	• 外出(がいしゅつ)の際(さい)には、常(つね)に戸締(とじ)まりを確認(かくにん)しなけらばならない。 외출할 때에는 항상 문단속을 확인해야 한다. ♠ ~際(さい)に ~때에. ~경우에
つまり 즉, 다시 말해	• 鯨(くじら)は子供(こども)を産(う)みます。つまり、鯨(くじら)は哺乳類(ほにゅうるい)だということです。 고래는 새끼를 낳습니다. 즉 고래는 포유류라는 것입니다.

5 부사

つやつや 반들반들, 반질반질 (윤이 나는 모양)	• 母(はは)は年(とし)のわりには**つやつや**した肌(はだ)をしています。 엄마는 나에게 비해 반들반들한 피부를 하고 있습니다.
つるつる 미끈미끈 (잘 미끄러지는 모양), 후루룩 (국수 등을 먹을 때 나는 소리)	• 床(ゆか)にワックスをかけたので、**つるつる**滑(すべ)りますから注意(ちゅうい)してください。 마루에 왁스를 칠했기 때문에 미끈미끈 미끄러지기 쉬우니까 주의하세요 • 日本人(にほんじん)はラーメンを食(た)べる時(とき)、**つるつる**と音(おと)を立(た)てて食(た)べ 일본인은 라면을 먹을 때 후루룩 소리를 내면서 먹는다.
てきぱき 척척 (일을 재빨리 능숙하게 잘 해내는 모양)	• 今度(こんど)の新入社員(しんにゅうしゃいん)はどんな仕事(しごと)でも**てきぱき**とこなします 이번 신입사원은 어떤 일이라도 척척 해냅니다.
手際良(てぎわよ)く 솜씨 있게, 보기 좋게	• 彼女(かのじょ)はどんな仕事(しごと)も**手際(てぎわ)よく**こなしていく。 그녀는 어떠한 일도 솜씨 좋게 처리해 낸다.
てっきり 틀림없이	• 二人(ふたり)は**てっきり**知(し)り合(あ)いだと思(おも)っていました。 두 사람은 틀림없이 아는 사이구나 하고 생각했습니다.
どうしても 도저히	• 彼(かれ)の行動(こうどう)は、私(わたし)には**どうしても**理解(りかい)できない。 그의 행동은 나에게는 도저히 이해되지 않는다.

どうせ

어차피, 이왕에

- どうせもらったお金(かね)なんだから、今日(きょう)は皆(みんな)でぱっと使(つか)っちゃいましょう。
  어차피 받은 돈이니까 오늘은 우리 모두 확 써버립시다.

♠ **ぱっと** 확. 몽땅. 번뜻 **일이 순식간에 일어나는 모양**

とうてい

도저히

- 料理(りょうり)の数(かず)が多(おお)すぎて、普通(ふつう)の人(ひと)ではとうてい食(た)べきれない。
  요리 가짓수가 너무 많아서 보통 사람으로는 도저히 다 먹을 수 없습니다.

♠ **동사의 ます형+きれない** 전부 ~할 수 없다. 도저히 ~할 수 없다

とうとう

결국, 드디어

- 三度(さんど)プロポーズを断(ことわ)られて、とうとうあきらめてしまった。
  세 번째 프러포즈를 거절당해서 결국 포기해버렸다.

堂々(どうどう)と

당당히
(감추지 않은 모양)

- 彼(かれ)は年(とし)が若(わか)いのに人前(ひとまえ)でも堂々(どうどう)としている。
  그는 나이가 어린데도 사람들 앞에서 당당하다.

どうにも

(부정을 동반하여)
도무지, 아무리 해도
=どうしても · 全(まった)く

- 無理(むり)をして体(からだ)をこわしてはどうにもならない。
  무리를 해서 몸을 망쳐서는 어쩔 도리가 없다.

当分(とうぶん)

당분간, 얼마 동안

- 軍隊(ぐんたい)を除隊(じょたい)して、当分(とうぶん)は家(いえ)にいるつもりです。
  군대를 제대해서 당분간 집에 있을 생각입니다.

5 부사

どうやって 어떻게	• 手紙(てがみ)をどうやって書(か)いたらいいのかわからない。 편지를 어떻게 쓰면 좋을지 모르겠다.
どうりで 그러면 그렇지, 과연, 어쩐지	• 留学(りゅうがく)に行(い)っていたんですね。どうりで学校(がっこう)で見(み)ないと思(おも)いましたよ。 유학 갔었군요. 어쩐지 학교에서 안 보인다고 생각했어요.
とかく 이럭저럭, 이러쿵저러쿵 =あれこれ. 자칫하면 =ともすると · ややもすれば	• 人(ひと)のことをとかく批判(ひはん)する前(まえ)に、自分自身(じぶんじしん)をかえり見(み)るべきだ。 다른 사람을 이러쿵저러쿵 비판하기 전에 자기 자신을 되돌아봐야 한다. • 冬(ふゆ)はとかく風邪(かぜ)を引(ひ)きやすい季節(きせつ)だ。 겨울은 자칫하면 감기에 걸리기 쉬운 계절이다.
時折(ときおり) 때때로, 가끔, 이따금	• 彼女(かのじょ)は楽(たの)しく話(はな)していても、時折(ときおり)悲(かな)しい顔(かお)をする。 그녀는 즐겁게 이야기 하고 있다가도 이따금 슬픈 얼굴을 한다.
土台(どだい) 원래, 근본적으로, 애당초	• トップスターになるなんてどだい無理(むり)な話(はなし)だよ。 톱스타가 되겠다니 근본적으로 무리한 이야기야.
どたばた 쿵쾅쿵쾅, 우당탕	• 朝寝坊(あさねぼう)して、出勤(しゅっきん)するのにどたばたしてしまった。 늦잠을 자서 출근하는데 쿵쾅쿵쾅 소란을 피워 버렸다.

とっくに 훨씬, 이전에, 벌써	●「レポートはもう出(だ)しましたか。」 「ええ、もうとっくに出(だ)しました。」 "레포트는 이미 냈습니까?" "네, 벌써 이전에 냈습니다."
とっさに 순간적으로, 즉시, 곧	●子供(こども)が飛(と)び出(だ)してきたのでとっさに急(きゅう)ブレーキをかけた。 아이가 뛰어들었기 때문에 순간적으로 급브레이크를 걸었다.
突如(とつじょ) 갑자기, 별안간	●長(なが)い間(あいだ)音信不通(おんしんふつう)だった弟(おとうと)が突如(とつじょ)家(いえ)に現(あらわ)れた。 오랜 세월 소식불통이었던 남동생이 별안간 집에 나타났다. ♠音信不通(おんしんふつう) 소식불통
どっしり 무거운 모양, 양이 많은 모양	●監督(かんとく)はベンチにどっしり座(すわ)っていた方(ほう)が選手(せんしゅ)に信頼(しんらい)される。 감독은 벤치에 묵직하게 앉아 있는 편이 선수들에게 신뢰를 준다.
突然(とつぜん) 돌연, 갑자기	●部屋(へや)で勉強(べんきょう)をしていたら、外(そと)で突然(とつぜん)大(おお)きな音(おと)がした。 방에서 공부를 하고 있는데 밖에서 갑자기 큰 소리가 났다.
どっと 와, 왁자그르르 (여럿이 한꺼번에 소리를 내는 모양)	●どこからか変(へん)な音(おと)がして、どっと笑(わら)いが起(お)こった。 어디선가 이상한 소리가 나서 왁자그르르 웃음이 났다.

とっぷり

푹
(어떤 것에 완전히 들어가는 모양)

- 温泉(おんせん)でお湯(ゆ)にとっぷりつかって、心身(しんしん)ともにリフレッシュしよう。
  온천에서 온천수에 푹 잠겨서 심신을 회복시키자.

♠ **リフレッシュ(refresh)** 기분 전환. 건강을 회복함

とにかく

좌우간

- 内容(ないよう)がどうであれ、とにかく完成(かんせい)させることが重要(じゅうよう)だ。
  내용이 어떻든 간에 좌우간 완성시키는 것이 중요하다.

飛(と)び切(き)り

뛰어나게, 월등히

- ホテルで食(た)べたステーキは飛(と)び切(き)りおいしかった。
  호텔에서 먹었던 스테이크는 월등히 맛있었다.

止(と)めどなく

끊임없이, 하염없이

- 映画(えいが)を見(み)ていて止(と)めどなく涙(なみだ)が流(なが)れた。
  영화를 보는데 끊임없이 눈물이 흘러내렸다.

ともかく

어쨌든, 하여간, 여하튼

- 無駄(むだ)かもしれないが、ともかく一度話(いちどはな)してみることにするよ。
  헛일일지도 모르지만 어쨌든 한번 얘기해 보도록 할게.

共(とも)に

함께, 같이

- 景気(けいき)の向上(こうじょう)とともに物価(ぶっか)も上昇(じょうしょう)した。
  경기가 향상됨에 따라 물가도 상승했다.

とりあえず 우선, 먼저	• どれぐらい飲(の)むかわかりませんが、とりあえずビール10本(ぼん)ください。 어느 정도 마실지 모르겠지만, 먼저 맥주 10병 주세요.
取(と)り分(わ)け 특히	• 勉強(べんきょう)なら何(なん)でもできますが、その中(なか)でもとりわけ数学(すうがく)が得意(とくい)です。 공부라면 뭐든 잘하지만, 그 중에도 특히 수학을 잘합니다.
どろどろ 질척질척	• 田(た)んぼの畦道(あぜみち)が雨(あめ)でどろどろになって歩(ある)きにくい。 논의 논두렁길이 비로 질척질척하게 돼서 걷기 어렵다. ♠ **畦道(あぜみち)** 논두렁길
どんどん 자꾸자꾸, 잇달아, 계속해서	• ここ数年(すうねん)、物価(ぶっか)がどんどん高(たか)くなっている。 요 몇 년간 물가가 계속해서 오르고 있다.
なお 아직, 더욱	• 70才(さい)を過(す)ぎてもなお現役(げんえき)として働(はたら)いている。 70을 넘어서도 아직 현역으로 활동하고 있다.
尚更(なおさら) 더욱 더, 더 한층	• 駄目(だめ)だと言(い)われるとなおさらしたくなる。 안 된다고 하면 더욱 더 하고 싶어진다.

なかなか

꽤. 상당히=かなり · 相当(そうとう)に

- この歌(うた)はテンポが軽快(けいかい)でなかなかいかしているね。
  이 노래는 템포가 경쾌해서 꽤 괜찮은데~

♠ **いかす** 괜찮다. 멋이 있다. 매력적이다

何故(なぜ)か

웬일인지, 어쩐지, 왜 그런지

- 秋(あき)になると皆(みんな)なぜか感傷的(かんしょうてき)になる。
  가을이 되면 모두 어쩐지 감상적이 된다.

何(なに)かと

여러 가지로, 이것저것

- 両親(りょうしん)が近(ちか)くに住(す)んでいると何(なに)かと便利(べんり)だ。
  부모님이 가까이에 살고 계시면 여러 가지로 편리하다.

何気(なにげ)なく

아무렇지도 않게, 무심하게, 아무 생각 없이

- 何気(なにげ)なく言(い)った一言(ひとこと)が人(ひと)を深(ふか)く傷付(きずつ)けることがある。
  아무렇지도 않게 한 말이 다른 사람에게 깊은 상처를 주는 경우가 있다.

何(なに)しろ

어쨌든, 여하튼

- 何(なに)しろこの大雪(おおゆき)では出(で)かけられない。
  어쨌든 이 폭설로는 나갈 수가 없다.

何卒(なにとぞ)

부디, 아무쪼록

- 季節(きせつ)の変(かわ)り目(め)ですから、お体(からだ)にはなにとぞお気(き)をつけください。
  환절기이므로 부디 몸 조심하세요.

♠ **季節(きせつ)の変(かわ)り目(め)** 환절기

何分(なにぶん) 부디, 다소간	• 何分(なにぶん)まだ未熟(みじゅく)ですから、迷惑(めいわく)をかけることがあるかと思(おも)いますが、よろしくお願(ねが)いします。 다소간 아직 미숙함으로 폐를 끼칠 일이 있을 것이라고 생각합니다만, 잘 부탁드립니다.
なにも (부정을 동반하여) 아무것도, 조금도	• こんな大雨(おおあめ)じゃ行(い)くもなにもあったものじゃない。 이런 폭우로는 가기도 안 가기도 그렇다.
何故(なにゆえ) 무엇 때문에, 왜, 어째서 =何故(なぜ)	• 何故(なにゆえ)連絡(れんらく)しなかったのか。 어째서 연락하지 않았던 거야?
何(なに)より 무엇보다도, 더없이, 가장	• 何(なに)よりも健康(けんこう)が一番大切(いちばんたいせつ)です。 무엇보다도 건강이 가장 중요합니다.
なみなみ 찰랑찰랑 (물 등이 넘칠 듯이 가득 차 있는 모양)	• 茶碗(ちゃわん)にお酒(さけ)をなみなみとついで、一気(いっき)に飲(の)みほした。 공기에 술을 찰랑찰랑 따라서 단 숨에 들이마셨다.
なるべく 되도록, 가능한 한	• 明日(あした)は学園祭(がくえんさい)ですから、なるべく早(はや)く来(く)るようにしてください。 내일 학교 축제이므로 되도록 빨리 오도록 해 주세요.

なるほど 정말, 과연, 역시	• **なるほど**韓国料理(かんこくりょうり)は辛(から)いですが、食(た)べられないほどではありません。 정말 한국요리는 맵지만 먹지 못할 정도는 아닙니다.
何(なん)だか 무엇인지, 어쩐지, 웬일인지	• **何(なん)だか**お腹(なか)が空(す)いたのでおやつでも食(た)べませんか。 어쩐지 배가 고픈데 간식이라도 먹지 않겠어요?
何(なん)で 어째서, 왜	• **何(なん)で**学校(がっこう)に行(い)かないんですか。 왜 학교에 가지 않는 겁니까?
何(なん)でも 무엇이든지	• 食(た)べたいものがあったら**何(なん)でも**言(い)ってください。 먹고 싶은 것이 있으면 뭐든 말해보세요.
何(なん)と 어떻게, 뭐라고	• 本当(ほんとう)に**何(なん)と**お詫(わ)びしていいかわかりません。 정말로 뭐라고 사과해야 할지 모르겠습니다.
何(なん)とか 어떻게든, 간신히	• できるかどうかわかりませんが、**何(なん)とか**やってみます。 될지 안 될지 모르겠지만 어떻게든 해 보겠습니다. • 問題(もんだい)の量(りょう)が多(おお)くて大変(たいへん)でしたが、**何(なん)とか**全部(ぜんぶ)解(と)けました。 문제 양이 많아서 힘들었지만, 간신히 전부 풀었습니다.

何(なん)とも

(부정을 동반하여)
무어라고도 ~할 수 없다

● 命(いのち)が助(たす)かるかどうかは**何とも**言(い)えない状況(じょうきょう)です。
목숨이 부지될지 어떨지는 뭐라고 말할 수 없는 상황입니다.

二度(にど)と

두 번 다시

● あなたの顔(かお)なんてもう**二度と**見(み)たくない。
당신 얼굴일랑 이제 두 번 다시 보고 싶지 않다.

ぬるぬる

미끈미끈
(미끈거리는 모양)

● うなぎは**ぬるぬる**していてつかむのに一苦労(ひとくろう)する。
토끼는 미끈미끈 거려서 잡는데 상당히 애먹는다.

♠ **一苦労(ひとくろう)する** 상당히 애먹다

願(ねが)わくは

바라기는, 아무쪼록

● **願(ねが)わくは**家族(かぞく)が皆(みんな)健康(けんこう)でありますように。
아무쪼록 가족 모두 건강하기를.

根掘(ねほ)り葉掘(はほ)り

꼬치꼬치, 미주알고주알,
하나에서 열까지

● 彼(かれ)のことを親(おや)に**根掘(ねほ)り葉掘(はほ)り**聞(き)かれた。
그에 관한 것을 부모님께서 샅샅이 캐물었다.

軒並(のきなみ)

모두, 전부, 일제히

● 景気(けいき)の回復(かいふく)で株(かぶ)が**軒並(のきなみ)**上(あ)がった。
경기회복으로 주식이 일제히 올랐다.

のこ 残らず 남김없이	しょうがい た かね のこ すべ しゃかい きふ • 生涯かけて貯めてきたお金を**残らず**全て社会に寄付した。 일생을 걸어서 모은 돈을 남김없이 전부 사회에 기부했다.
のびのび 구김살 없이, 무럭무럭	そうききょういく こども そだ ほう • 早期教育をさせるより、子供は**のびのび**育てた方がいい。 조기교육을 시키는 것보다 아이는 구김살 없이 키우는 것이 좋다.
のろのろ 꾸물꾸물, 느릿느릿 (동작이 굼뜬 모양)	はや • **のろのろ**していないで早くやりなさい。 꾸물꾸물 거리지 말고 빨리 해.
のんびり 한가로이, 태평스럽게 (한가롭고 편안한 모양)	とし と いなか くら • 年を取ったら田舎で**のんびり**暮したい。 나이가 들면 시골에서 한가로이 살고 싶다.
ばくぜん 漠然と 막연히	けっこんせいかつ ばくぜん かんが • 結婚生活については**漠然と**しか考えられない。 결혼생활에 대해서는 막연하게 밖에 생각할 수가 없다.
はじ 初めに 맨 먼저, 처음에	はじ にゅうかい てつづ あと せつめい • **初めに**入会の手続きをしてから、その後で説明をします。 맨 먼저 입회 수속을 하고 나서 그 후에 설명을 하겠습니다.

ぱちぱち

깜빡깜빡
(눈을 깜빡거리는 모양)

- 目(め)をぱちぱちさせるのが山田(やまだ)さんの癖(くせ)です。
  눈을 깜빡거리는 것이 야마다 씨의 버릇입니다.

ばったり

딱 (우연히 만나는 모양),
푹 (갑자기 쓰러지거나 끊어지는 모양)

- 10年(ねん)ぶりに初恋(はつこい)の人(ひと)に道(みち)すがらばったり出会(であ)った。
  10년 만에 첫사랑과 길에서 우연히 딱 마주쳤다.

♠ **すがら** ~하는 김에. ~하는 길에

はっと

깜짝 놀라는 모양

- 友達(ともだち)に名前(なまえ)を呼(よ)ばれてはっと我(われ)に返(かえ)った。
  친구가 이름을 불러서 번쩍 정신이 들었다.

♠ **我(われ)に返(かえ)る** 정신이 들다. 제정신으로 돌아오다

ぱっと

짝, 확
(무슨 일이 순식간에 일어나는 모양)

- 吉田君(よしだくん)と付(つ)き合(あ)っているという噂(うわさ)が学校(がっこう)にぱっと広(ひろ)がった。
  요시다 군과 사귄다고 하는 소문이 학교에 짝 퍼졌다.

甚(はなは)だ

매우, 심히, 대단히

- 甚(はなは)だびっくりして、言葉(ことば)を失(うしな)ってしまった。
  매우 놀라서 할 말을 잃어버렸다.

早々(はやばや)(と)

빨리, 일찍, 조속히,
매우 빨리

- 私(わたし)が好(す)きなチームがトーナメントで早々(はやばや)と負(ま)けてしまった。
  내가 좋아하는 팀이 토너멘트에서 일찍이 져버렸다.

5 부사

はらはら

조마조마
(몹시 걱정되어 조바심하는 모양)

- 演奏会(えんそうかい)で娘(むすめ)の演奏(えんそう)を**はらはら**しながら聞(き)いていた。
  연주회에서 딸아이의 연주를 조마조마 하면서 듣고 있었다.

ばらばら

뿔뿔이
(따로 따로 흩어지는 모양)

- 戦争(せんそう)で家族(かぞく)が**ばらばら**になった。
  전쟁으로 가족이 뿔뿔이 흩어졌다.

ばりばり

열심히
(힘차고 활동적인 모양)

- 希望(きぼう)の会社(かいしゃ)に入(はい)って**ばりばり**仕事(しごと)をしたい。
  희망하는 회사에 들어가서 열심히 일하고 싶다.

反面(はんめん)

한편

- 父(ちち)は頑固(がんこ)な**反面(はんめん)**、涙(なみだ)もろいところがある。
  아버지는 완고한 반면 눈물도 많은 면이 있다.

♠ **涙(なみだ)もろい** 잘 울다. 눈물이 많다. 정에 여리다

ぴかぴか

반짝반짝
(광택이 있어 빛나는 모양)

- 今日(きょう)は初出勤(はつしゅっきん)なので靴(くつ)を**ピカピカ**に磨(みが)いて準備(じゅんび)した。
  오늘은 첫 출근 날이라 구두를 반짝반짝하게 닦아서 준비해 놨다.

引(ひ)き続(つづ)き

계속해서, 잇달아

- 午前(ごぜん)の発表(はっぴょう)の後(あと)、午後(ごご)からも**引(ひ)き続(つづ)き**発表(はっぴょう)が予定(よてい)されています。
  오전 발표 후, 오후에도 잇달아 발표가 예정되어 있습니다.

びくびく 흠칫흠칫, 조마조마 (겁이 나서 떠는 모양)	• 秘密(ひみつ)がばれないかと**びくびく**している。 비밀이 들통나지나 않을까 조마조마하고 있다. ♠**ばれる** 들통나다. 발각되다. 탄로나다
ひしひし 바싹바싹, 절실히 (계속해서 바싹 다가오거나 사무치게 느껴지는 모양)	• 結婚式(けっこんしき)での両親(りょうしん)の言葉(ことば)が**ひしひし**と胸(むね)を打(う)った。 결혼식에서 부모님의 말씀이 절실히 심금을 울렸다. ♠**胸(むね)を打(う)つ** 감동시키다. 심금을 울리다
非情(ひじょう)に 대단히, 아주	• 突然(とつぜん)会社(かいしゃ)が倒産(とうさん)して、**非常(ひじょう)に**びっくりした。 갑자기 회사가 도산해서 아주 놀랐다.
びしょびしょ 흠뻑 (흠뻑 젖은 모양)	• 急(きゅう)ににわか雨(あめ)が降(ふ)ってきて、服(ふく)が**びしょびしょ**に濡(ぬ)れてしまった。 갑자기 소나기가 내려서 옷이 흠뻑 젖어버렸다. ♠**にわか雨(あめ)** 소나기
ひそひそ 소곤소곤	• 人々(ひとびと)がこちらを見(み)ながら**ひそひそ**と話(はな)している。 사람들이 이쪽을 보면서 소곤소곤 거리고 있다.
ひたすら 오로지, 일편단심으로	• 学生時代(がくせいじだい)は毎日(まいにち)**ひたすら**勉強(べんきょう)していました。 학창시절에는 매일같이 오로지 공부를 했습니다.

引っ切り無しに（ひきなし）

끊임없이, 계속적으로

- お正月（しょうがつ）なので お客（きゃく）さんが **ひっきりなしに** 来（き）ます。
  설이라 손님이 끊임없이 옵니다.

必死に（ひっし）

필사적으로

- 涙（なみだ）が溢（あふ）れそうになるのを **必死（ひっし）に** こらえた。
  눈물이 쏟아질 것 같은 것을 필사적으로 참았다.

♠ **堪(こら)える** (감정 등을) 억제하다. 참다

びっしり

빽빽이
(빈틈없이 들어 찬 모양)

- カレンダーに一ヶ月（いっかげつ）の予定（よてい）が **びっしり** と書（か）かれている。
  달력에는 1개월의 일정이 빽빽이 적혀 있다.

ひっそり

고요히, 조용히,
(쥐 죽은 듯이 매우 조용한 모양)

- 夏休（なつやす）みなので教室（きょうしつ）は **ひっそり** と静（しず）まり返（かえ）っている。
  여름 방학이라서 교실은 쥐 죽은 듯이 고요하다.

ぴったり

바짝, 착
(빈틈없이 달라붙는 모양)

- 恋人同士（こいびとどうし）は **ぴったり** と寄（よ）り添（そ）ってベンチに座（すわ）っていた。
  연인끼리 착 달라붙어 벤치에 앉아 있다.

♠ **寄(よ)り添(そ)う** 바짝 달라붙다

一通り（ひととお）

대충

- 仕事（しごと）の内容（ないよう）については **一通（ひととお）り** 説明（せつめい）を聞（き）きました。
  일의 내용에 대해서는 대충 설명을 들었습니다.

一先(ひとま)ず 일단, 우선	• ひとまず生活(せいかつ)に必要(ひつよう)なものだけでも買(か)うことにした。 먼저 생활에 필요한 것이라도 사기로 했다. • 予定(よてい)していた計画(けいかく)はひとまず保留(ほりゅう)になった。 예정되었던 계획은 일단 보류되었다.
ひとりでに 저절로, 자연히	• 日本(にほん)ではタクシーのドアはひとりでに閉(し)まるから閉(し)める必要(ひつよう)がない。 일본에서는 택시 문이 저절로 닫히기 때문에 닫을 필요가 없다.
日(ひ)に日(ひ)に 날마다, 나날이	• 最近(さいきん)はすっかり春(はる)めいて、日(ひ)に日(ひ)に温(あたた)かくなります。 요즘 완연한 봄기운이 느껴지고 나날이 따뜻해집니다. ♠ **すっかり** 완전히. 아주. 매우 ♠ **春(はる)めく** 봄다워지다. 봄기운이 느껴지다
日増(ひま)しに 나날이	• 仕事(しごと)が多(おお)くて、日増(ひま)しに仕事(しごと)がたまっていきます。 일이 많아서 나날이 일이 쌓여 갑니다.
ひょっとしたら ·ひょっとすると 어쩌면, 혹시	• 雲行(くもゆき)があやしいので、ひょっとしたら雨(あめ)が降(ふ)るかもしれない。 구름의 움직임이 이상하니까 혹시 비가 올지도 모르겠다. ♠ **雲行(くもゆき)** 구름의 형세. 구름의 움직이는 모양 ♠ **あやしい** 이상하다
ひらひら 팔랑팔랑 (종이, 기, 꽃잎 따위가 바람에 나부끼는 모양)	• 桜(さくら)の花(はな)びらが風(かぜ)に乗(の)ってひらひらと舞(ま)っている。 벚꽃 잎이 바람을 타고 팔랑팔랑 날리고 있다. ♠ **花(はな)びら** 꽃잎

ぱりぱり 바삭바삭, 사각사각	• せんべいを**ぱりぱり**と音(おと)を立(た)てながら食(た)べている。 센베를 바삭바삭 소리를 내면서 먹고 있다.
ぴんぴん 팔팔, 정정 (원기 왕성한 모양)	• 祖父(そふ)は今年(ことし)90歳(さい)になるのに、まだ**ぴんぴん**している。 할머니는 올해 90세가 되는데 아직 정정하시다.
不意(ふい)に 갑자기, 뜻밖에	• 妻(つま)が何(なに)も言(い)わないで**不意(ふい)に**家(いえ)を出(で)ていった。 아내가 아무 말도 하지 않고 뜻밖에 집을 나갔다.
再(ふたた)び 두 번, 재차, 다시	• 彼(かれ)は私(わたし)の前(まえ)に二度(にど)と**再(ふたた)び**現(あらわ)れなかった。 그는 내 앞에 두 번 다시 나타나지 않았다.
ふと 문득, 돌연	• 田舎(いなか)の両親(りょうしん)のことを**ふと**思(おも)い出(だ)した。 시골의 부모님이 문득 떠올랐다.
ぶらぶら 빈둥빈둥 (하는 일 없이 지내는 모양)	• 私(わたし)の弟(おとうと)は大学(だいがく)を卒業(そつぎょう)したのに、仕事(しごと)もしないで**ぶらぶら**しています。 내 남동생은 대학을 졸업했지만 일도 않고 빈둥빈둥 놀고 있습니다.

단어	예문
ぶるぶる 부들부들, 벌벌 (추위나 두려움에 떠는 모양)	• 面接(めんせつ)を前(まえ)にして体(からだ)が**ぶるぶる**とふるえている。 면접을 앞두고 몸이 부들부들 떨린다.
ふわふわ 푹신푹신 (부드럽고 가벼운 모양)	• 久(ひさ)しぶりに**ふわふわ**とした布団(ふとん)でぐっすり寝(ね)た。 오랜만에 푹신푹신한 이불에서 푹 잤다.
ふわり(と) 둥실, 두둥실 (가볍게 떠돌거나 뜨는 모양) 사뿐히 (가볍게 뛰어오르거나 조용히 내려앉는 모양)	• ハンカチが二階(にかい)から**ふわり**と落(お)ちてきた。 손수건이 2층에서 사뿐히 떨어져 왔다.
ぺこぺこ 굽실굽실 (아부하는 모양)	• 山下(やました)さんはいつも上司(じょうし)に**ぺこぺこ**している。 야마시타 씨는 언제나 상사에게 굽실굽실 거린다. • 朝(あさ)から何(なに)も食(た)べていないのでお腹(なか)が**ペコペコ**だ。 아침부터 아무것도 먹지 않아서 배가 몹시 고프다. (な형용사-배가 몹시 고픔)
べたべた 끈적끈적 (물건이 들러붙는 모양) 찰딱 (딱 달라붙는 모양)	• 壁(かべ)にペンキを**べたべた**と塗(ぬ)り付(つ)けた。 벽에 쓱쓱 페인트를 발랐다. • 素足(すあし)で**べたべた**と歩(ある)くと健康(けんこう)にいいそうだ。 맨발로 착착 걸으면 건강에 좋다고 한다.
茫然(ぼうぜん)と 망연히, 멍하니	• 子供(こども)の突然(とつぜん)の死(し)に父(ちち)はただ**茫然(ぼうぜん)と**するばかりだった。 아이의 갑작스런 죽음에 아버지는 그저 멍하니 있을 뿐이었다.

ぽかぽか 따끈따끈, 후끈후끈	• 今日(きょう)は**ぽかぽか**として小春日和(こはるびより)だ。 오늘은 따끈따끈한 초겨울의 따뜻한 날씨다. ♠小春日和(こはるびより) 초겨울의 따뜻한 날씨
ぽかんと 딱, 짝, 멍하니 (물건 깨지는 소리. 입을 크게 벌린 모양)	• 観衆(かんしゅう)は彼女(かのじょ)のあまりの美(うつく)しさに、ただ**ぽかんと**見(み)るだけだった。 관중은 그녀의 굉장한 미모에 그저 멍하니 바라만 보고 있었다.
ぽっかり 두둥실 (가볍게 떠있는 모양)	• 満月(まんげつ)が**ぽっかり**と西(にし)の空(そら)に浮(う)かんでいる。 보름달이 두둥실 서쪽 하늘에 떠 있었다.
ぼつぼつ 조금씩, 슬슬	• 天気(てんき)も回復(かいふく)したし、**ぼつぼつ**出発(しゅっぱつ)することにしよう。 날씨도 좋아졌겠다, 슬슬 출발하기로 하죠.
程(ほど)なく 머지않아, 이윽고	• **程(ほど)なく**暗(くら)くなりますから、早(はや)く片付(かたづ)けて帰(かえ)りましょう。 곧 어두워지므로 빨리 정리하고 돌아갑시다.
ほぼ 거의, 대략, 대강	• 今年(ことし)の収穫(しゅうかく)は去年(きょねん)と**ほぼ**同(おな)じだ。 올해 수확은 작년과 거의 같다.

ぼろぼろ 뚝뚝, 술술 (부서진 것이나 알갱이 모양의 것이 흩어져 떨어지는 모양)	• 彼女(かのじょ)の目(め)からは大粒(おおつぶ)の涙(なみだ)が**ぼろぼろ**と落(お)ちた。 그녀의 눈에서는 굵은 눈물방울이 뚝뚝 떨어졌다.
ぼんやり 우두커니, 멍하니	• 一日(いちにち)**ぼんやり**としているのもいいものだ。 하루 종일 멍하니 있는 것도 좋다.
本来(ほんらい) 본래, 원래	• 彼(かれ)は**本来**(ほんらい)来(く)る予定(よてい)でしたが、急用(きゅうよう)で来(こ)られなくなりました。 그는 원래 올 예정이었지만 급한 사정으로 올 수 없게 되었습니다.
前(まえ)**もって** 미리, 사전에 =予(あらかじ)め	• 授業(じゅぎょう)には**前**(まえ)**もって**学生(がくせい)の数(かず)を確認(かくにん)しておく必要(ひつよう)がある。 수업에는 미리 학생 수를 확인해 둘 필요가 있다.
誠(まこと)**に** 참으로, 정말로, 매우	• **誠**(まこと)**に**申(もう)しわけありませんが、本日定休日(ほんじつていきゅうび)でございます。 매우 죄송하지만, 금일은 정기휴일입니다.
まさか (부정이나 추측을 동반하여) 설마	• 弟(おとうと)が交通事故(こうつうじこ)にあうなんて、**まさか**そんなはずはない。 남동생이 교통사고를 당하다니 설마 그럴 리가 없다.

5 부사

正(まさ)に

바로, 확실히, 꼭, 딱
(꼭 들어맞는 모양)

- あなたのご指摘(してき)はまさにその通(とお)りだと思(おも)います。
  당신의 지적은 딱 들어맞다고 생각합니다.

まして

더구나, 하물며

- この仕事(しごと)は一週間(いっしゅうかん)でも難(むずか)しいのに、まして三日(みっか)でだなんてとうてい無理(むり)だ。
  이 일은 일주일도 힘든데 하물며 3일이라니 도저히 무리다.

ますます

점점, 더욱더

- 司法試験(しほうしけん)に合格(ごうかく)することはますます難(むずか)しくなっている。
  사법시험에 합격하는 것은 점점 어려워졌다.

真(ま)っ先(さき)に

맨 앞, 제일 먼저

- 結婚(けっこん)が決(き)まったら真(ま)っ先(さき)に連絡(れんらく)してください。
  결혼이 결정되면 맨 먼저 연락 주세요.

まもなく

이윽고, 머지않아, 곧

- まもなく列車(れっしゃ)が参(まい)りますから白線(はくせん)の内側(うちがわ)にさがってお待(ま)ちください。
  곧 열차가 도착하므로 하얀 선 안쪽으로 물러나 기다려 주세요.

丸(まる)っきり

(부정을 동반하여)
전혀 ~않다

- 覚(おぼ)えたことがまるっきり思(おも)い出(だ)せなくて愕然(がくぜん)とした。
  외운 것이 전혀 떠오르지 않아서 당황했다.

♠ **愕然(がくぜん)とする** 깜짝 놀라다

まるで 마치	• 芸能人(げいのうじん)に会(あ)えるなんて、まるで夢(ゆめ)のようだ。 연예인을 만나다니 마치 꿈만 같다.
万一(まんいち) 만일 = 万(まん)が一(いち)	• まんいち故障(こしょう)した場合(ばあい)は、サービスセンターの方(ほう)にご連絡(れんらく)ください。 만일 고장 난 경우는 서비스센터 쪽에 연락하세요.
満更(まんざら) (부정을 동반하여) 반드시 ~인 것은 아니다, 꼭 ~이라고만은 할 수 없다	• 落語(らくご)は古(ふる)いと言(い)われるが、まんざら捨(す)てたものでもない。 만담은 오래됐다고는 하지만 반드시 버릴만한 것은 아니다 (아직 쓸만하다). ♠ 落語(らくご) 만담. 익살을 주로 한 이야기 ♠ 捨(す)てたものではない 아직 쓸만하다. 제법 쓸만하다
自(みずか)ら 스스로	• 自(みずか)ら失敗(しっぱい)を認(みと)めることはやさしいことではない。 스스로 실패를 인정하기란 쉬운 일이 아니다.
見(み)す見(み)す 빤히 알면서(보면서)	• 犯人(はんにん)を見(み)す見(み)す取(と)り逃(に)がしてしまった。 범인을 빤히 보면서 안타깝게 놓쳐버렸다. ♠ **取(と)り逃(に)がす** (잡을 듯하다가 또는 잡았다가) 놓치다
みっちり 충분히, 단단히	• 毎日(まいにち)みっちり練習(れんしゅう)して試合(しあい)に臨(のぞ)んだ。 매일 충분히 연습해서 시합에 임했다.

5 부사

見る見る

순식간에

- ちょっと見ないうちに、姪は見る見る大きくなった。
  조금 안 본 사이에 조카딸은 순식간에 자랐다.

むかむか

울컥울컥, 메슥메슥
(속이 메슥거리는 모양)

- お酒の飲み過ぎで胸がむかむかする。
  과음해서 속이 메슥메슥하다.

むしろ

오히려

- コーヒーよりむしろお茶の方がカフェインが多い。
  커피보다 오히려 녹차가 카페인이 많다.

無性に

몹시, 공연히, 한없이

- お風呂上がりには生ビールが無性に飲みたくなる。
  목욕을 마치고 난 직후에는 생맥주가 몹시 마시고 싶어진다.

むっつり

말수가 적고 뚱한 표정

- 今日は何故かむっつりした顔をしている。
  오늘은 웬일인지 뚱한 얼굴을 하고 있다.

むっと

울컥, 불끈
(화가 치밀지만 꾹 참는 모양)

- 気に障ることを言われて思わずむっとした。
  신경에 거슬리는 말을 들어서 나도 모르게 욱했다.

無闇(むやみ)に 무턱대고, 함부로	• 誰(だれ)にでもむやみに笑顔(えがお)を見(み)せてはいけない。 누구한테나 무턱대고 웃는 얼굴을 보여서는 안 된다.
むんむん 열기나 냄새로 가득 찬 모양	• コンサート会場(かいじょう)は熱気(ねっき)でむんむんとしている。 콘서트장은 열기로 가득 차있다.
めきめき 눈에 띄게, 두드러지게	• 努力(どりょく)のかいがあってめきめきと成績(せいせき)が上(あ)がった。 노력한 보람이 있게 눈에 띄게 성적이 올랐다. ♠ **甲斐(かい)** 보람. 효과
めっきり 뚜렷이, 현저히, 쭉 (두드러지게 변화하는 모양)	• 最近(さいきん)はめっきり客足(きゃくあし)が遠(とお)のいた。 요즘에는 현저히 손님의 발길이 뜸해졌다. ♠ **遠(とお)のく** 멀어지다. 뜸해지다
めったに 좀처럼, 거의	• 弟(おとうと)は近(ちか)くに住(す)んでいるにもかかわらず、めったに連絡(れんらく)をしてこない。 남동생은 가까이에 살고 있으면서 좀처럼 연락을 안 한다.
文字通(もじどお)り 문자 그대로, 글자 그대로	• 通夜(つや)と言(い)えば文字(もじ)どおり夜(よる)を徹(てっ)して行(おこな)われる。 通夜라고 하면 문자 그대로 밤을 새워 행해진다. ♠ **通夜(つや)** ①(불당에서) 밤새 기원함 ②초상집에서의 밤샘

5 부사

もじもじ 머뭇머뭇, 주저주저	• 見合(みあ)いは二人(ふたり)とも初(はじ)めてで、恥(は)ずかしそうに**もじもじ**している。 맞선은 둘 다 처음이라 부끄러운 듯이 주저주저하고 있다.
最(もっと)も 가장, 제일	• 富士山(ふじさん)は日本(にほん)で**もっとも**高(たか)くて美(うつく)しい山(やま)だ。 후지산은 일본에서 가장 높고 아름다운 산이다.
専(もっぱ)ら 오로지, 한결같이, 전적으로	• 最近(さいきん)は**もっぱら**家(いえ)でテレビを見(み)て過(す)ごしている。 요즘에는 오로지 집에서 TV만 보고 지내고 있다.
もとより 두말할 것도 없이, 물론	• 彼女(かのじょ)は日本語(にほんご)は**もとより**英語(えいご)にも堪能(たんのう)だ。 그녀는 일본어는 물론 영어에도 뛰어나다. ♠ **堪能(たんのう)** 그 길에 뛰어남. 능란함
やがて 이윽고, 곧이어	• 西(にし)の空(そら)に日(ひ)が沈(しず)み、**やがて**月(つき)が出(で)てきた。 서쪽 하늘에서 해가 지고 이윽고 달이 떴다. ♠ **日(ひ)が沈(しず)む** 해가 지다
やたらに 함부로, 멋대로, 무턱대고, 마구	• 妻(つま)は何(なん)の計画(けいかく)も立(た)てないで、**やたらに**金(かね)をつかう。 아내는 아무 계획도 세우지 않고 무턱대고 돈을 쓴다. • 昨日徹夜(きのうてつや)したので今日(きょう)は**やたらに**眠(ねむ)い。 어제 밤샘을 해서 오늘은 마구 졸음이 쏟아진다.

動(やや)もすれば 자칫하면, 곧잘 =ともすれば	• スピードを出(だ)しすぎるとややもすれば事故(じこ)になる。 너무 속력을 내면 자칫 사고가 난다.
要(よう)するに 요컨대, 결국	• 要(よう)するに私(わたし)が嫌(きら)いってことね。 요컨대 내가 싫다는 말이군.
ようやく 겨우, 가까스로	• 大学生(だいがくせい)になってようやく恋人(こいびと)ができた。 대학생이 되어 가까스로 애인이 생겼다.
よくも 잘도, 용케도	• 俺(おれ)のことをよくもだましたな。 날 잘도 속였구나.
善(よ)く善(よ)く 충분히, 꼼꼼히	• よくよく見(み)てみれば、私(わたし)のものだった。 꼼꼼히 보니 내 것이었다.
よけい 더욱, 한층 더	• 母(はは)に勉強(べんきょう)しろと言(い)われると、よけいしたくなくなる。 엄마에게 공부하란 말을 들으면 더욱 하기 싫어진다.

5 부사

よっぽど 상당히, 꽤, 어지간히	• 兄(あに)はよっぽどのことでなければ怒(おこ)ったりしない。 오빠는 어지간한 일이 아니면 화내지도 않는다.
ゆらゆら 흔들흔들	• 公園(こうえん)のブランコがゆらゆらと揺(ゆ)れている。 공원의 그네가 흔들흔들 거리고 있다.
歴然(れきぜん)と 확실함, 뚜렷함, 역력함	• 1位(い)と2位(い)の差(さ)は歴然(れきぜん)としている。 1위와 2위의 차이는 확실하다.
ろくに (부정을 동반하여) 변변히, 제대로	• 公務員(こうむいん)はろくに仕事(しごと)をしないで高(たか)い給料(きゅうりょう)をもらっている。 공무원은 변변히 일도 않고 높은 월급을 받고 있다.
わざわざ 일부러	• 遠(とお)いところわざわざ来(き)ていただいてありがとうございます 멀리까지 일부러 와주셔서 감사합니다.
わずか 불과, 고작	• 12月(がつ)となり、今年(ことし)も残(のこ)すところわずかです。 12월도 되고 올해도 얼마 남지 않았습니다.

わりあい
割合に

예상한 것보다, 다른 것과 비교하여, 생각보다, 비교적

- キムチといっても水(みず)キムチは割合(わりあい)に辛(から)くない。
  김치라고 해도 물김치는 다른 것과 비교하여 맵지 않다.

わり
割に

비교적

- 今日(きょう)の授業(じゅぎょう)は割(わり)に早(はや)く終(お)わった。
  오늘 수업은 비교적 빨리 끝났다.
- 今年(ことし)の新入社員(しんにゅうしゃいん)は割(わり)に仕事(しごと)の覚(おぼ)えが早い。
  올해 신입사원은 비교적 일을 배우는 것이 빠르다.

5 부사

하루 10분
일본어능력시험

N1
N2

NEW 일본어 단어장

Part6

접속사 接続詞

せつぞくし

문장 가운데의 두 성분 또는 문장과 문장을 이어주는 말입니다.
だから, したがって 등 접속을 나타내는 말과
しかし, けれども 등 역접을 나타내는 말 등이 있습니다.
익숙하지 않은 접속사는 반드시 체크해가며 익히시길 바랍니다

Part 6 접속사 接続詞

あるいは 또는, 혹은	• 新婚旅行(しんこんりょこう)にはグァムあるいはハワイへ行(い)くつもりです 신혼여행은 괌 혹은 하와이에 갈 예정입니다.
おまけに 게다가, 더욱이 =そのうえ	• 山田(やまだ)さんは顔(かお)も悪(わる)いし、おまけに性格(せいかく)まで悪(わる)い。 야마다 씨는 얼굴도 못 생겼고 게다가 성격까지 나쁘다.
及(およ)び 및, 그리고	• 2002年(ねん)のワールドカップは韓国(かんこく)及(およ)び日本(にほん)で共同開催(きょうどうかいさい)された。 2002년의 월드컵은 한국 및 일본에서 공동 개최되었다.
且(か)つ 게다가, 그 위에	• 忘年会(ぼうねんかい)では大(おお)いに飲(の)み、且(か)つ歌(うた)った。 송년회는 많이 마셨고 게다가 노래도 불렀다.
さて 그건 그렇고, 그런데 (화제를 다른 곳으로 옮길 때)	• さて、それでは本題(ほんだい)に入(はい)ります。 그건 그렇고, 본제에 들어가겠습니다.

しかも

게다가, 그 위에

- 納豆(なっとう)は安(やす)くて、しかも栄養(えいよう)のある食(た)べ物(もの)です。
  낫토는 싸고 게다가 영양가 있는 음식입니다.

従(したが)って

따라서, 그러므로

- 日本(にほん)のアニメはおもしろい。従(したが)ってアニメ・マニアも増加(ぞうか)している。
  일본의 애니메이션은 재미있다. 그러므로 애니메이션 마니아도 증가하고 있다.

すなわち

바꿔 말하면, 즉

- 首相(しゅしょう)すなわち総理大臣(そうりだいじん)が日本(にほん)の代表(だいひょう)です。
  수상, 즉 총리대신이 일본의 대표입니다.

そこへいくと

그것에 비하면

- 兄(あに)は 体重(たいじゅう)が100キロを越(こ)えます。そこへいくと私(わたし)はまだましな方(ほう)です。
  형은 체중이 100kg을 넘었습니다. 그것에 비하면 나는 아직 나은 편입니다.

♠まし 더 좋음. 더 나음

その上(うえ)

게다가

- 彼女(かのじょ)は英語(えいご)が上手(じょうず)だし、その上(うえ)日本語(にほんご)もできる。
  그녀는 영어를 잘하고 게다가 일본어도 한다.

そもそも

도대체, 대관절
=一体(いたい)

- そもそも私(わたし)という存在(そんざい)は彼(かれ)にとっての何(なん)なんだろう。
  도대체 나라는 존재는 그에게 있어 무엇이란 말인가?

それでも

그래도, 그런데도

- 体調(たいちょう)が悪(わる)かったが、それでも無理(むり)をして出(で)かけた。
  몸 상태가 안 좋았지만 그래도 무리해서 나갔다.

それというのも

그 이유는 다른 게 아니라

- 教育(きょういく)の崩壊(ほうかい)と言(い)われるが、それというのも教育政策(きょういくせいさく)が一貫(いっかん)していないからだ。
  학교교육의 붕괴라고 하지만, 그 이유는 다른 게 아니라 교육정책이 일관하지 않기 때문이다.

それどころか

그러기는커녕, 오히려

- 彼女(かのじょ)は私(わたし)と会(あ)っても挨拶(あいさつ)もしない。それどころか私(わたし)の陰口(かげぐち)を言(い)っているらしい。
  그녀는 나와 만나도 인사도 하지 않는다. 오히려 어딘가에서 내 험담을 하는 것 같다.

それなのに

그런데도

- 収入(しゅうにゅう)は十分(じゅうぶん)ある。それなのにうちの家計(かけい)はなぜかいつも赤字(あかじ)だ。
  수입은 충분하다. 그런데도 우리 집 가계는 왠지 언제나 적자다.

だが

그러나, 그렇지만

- 彼(かれ)は才能(さいのう)がある。だが努力(どりょく)しないから成功(せいこう)できないんだ。
  그는 재능이 있다. 그러나 노력하지 않으니까 성공할 수 없다.

ただし・たが

다만, 단지

- 明日(あした)は振(ふ)り替(か)え休日(きゅうじつ)です。ただし3年生(ねんせい)は補習(ほしゅう)があります。
  내일은 임시 휴일입니다. 다만 3학년은 보충수업이 있습니다.

♠ **振(ふ)り替(か)え休日(きゅうじつ)** 휴일이 일요일과 겹치면 그 다음날을 휴일로 하는 것

だって 하지만, 왜냐하면, 그럴 것이	• 「なんで約束(やくそく)の時間(じかん)に遅(おく)れたんだい。」 「**だって**バスが遅(おく)れて来(き)たんだもの。」 "왜 약속시간에 늦었어?" "왜냐하면 버스가 늦게 왔어."
次(つ)いで 이어서, 계속하여	• 会社(かいしゃ)の説明(せつめい)が終(お)わり、**次(つ)いで**個人面接(こじんめんせつ)が始(はじ)まった。 회사에 대한 설명이 끝나고, 이어서 개인 면접이 시작되었다.
ところで 그런데. 그건 그렇고	• 今日(きょう)で仕事(しごと)は終(お)わりです。**ところで**、あなたはこれからどうしますか。 오늘로 일은 끝입니다. 그건 그렇고 당신은 지금부터 어떻게 하실 겁니까?
乃至(ないし) 내지, 혹은	• 明日(あす)**ないし**明後日(みょうごにち)までにお返事(へんじ)を下(くだ)さい。 내일 혹은 모레까지 답을 주십시오.
なお 더욱이, 또한	• 明日(あした)5時(じ)に空港(くうこう)にお集(あつ)りください。**なお**、詳(くわ)しくは後(のち)ほど連絡致(れんらくいた)します。 내일 5시에 공항에 모여주세요. 또한 자세한 것은 나중에 연락하겠습니다. • 薬(くすり)を飲(の)んだら**なお**悪化(あっか)した。(부사-더욱. 한층) 약을 먹었더니 더 악화 되었다.
何故(なぜ)なら 왜냐하면	• 二人(ふたり)は兄弟(きょうだい)かも知(し)れない。**何故(なぜ)なら**、とてもよく似(に)ているからだ。 두 사람은 형제일지도 몰라. 왜냐하면 너무 닮아서다.

6 접속사

並(なら)びに

및

- 学校(がっこう)の成績証明書(せいせきしょうめいしょ)、並(なら)びに卒業証明書(そつぎょうしょうめいしょ)の原本(げんぽん)を一部(いちぶ)ずつ持(も)って来(き)てください。
학교 성적 증명서 및 졸업증명서 원본을 한 부씩 갖고 오십시오.

にもかかわらず

그럼에도 불구하고

- 何度(なんど)も指摘(してき)したにもかかわらず、ぜんぜん改善(かいぜん)されない。
몇 번이나 지적했는데도 불구하고 전혀 개선되지 않는다.

若(も)しくは

혹은, 아니면

- フロントの者(もの)、もしくは総務(そうむ)の者(もの)に書類(しょるい)をお渡(わた)しください。
프런트의 담당자, 혹은 총무에게 서류를 내 주십시오.

以(もっ)て

게다가, 더욱이

- 彼(かれ)はハンサムでもってスポーツマンときているので女(おんな)の子(こ)たちにかなりもてる。
그는 잘 생긴 데다가 스포츠맨이어서 여자들에게 매우 인기가 있다.

♠**명사+ときている=명사だ** ~다

もっとも

하지만, 그렇다고는 하나

- 運動(うんどう)は健康(けんこう)にいいです。もっともやりすぎるのも問題(もんだい)ですが。
운동은 건강에 좋습니다. 하지만 너무 지나치게 하면 문제죠.

故(ゆえ)に

그러므로, 그런고로, 따라서

- 彼女(かのじょ)は美人(びじん)だ。故(ゆえ)に引(ひ)く手数多(てあまた)で困(こま)っている。
그녀는 미인이다. 그러므로 구혼자가 많아서 어려움을 겪고 있다.

♠**引(ひ)く手(て)数多(あまた)** 끄는 데가 많음

Part 7

명사 名詞

めいし

사람이나 사물의 이름을 나타냅니다.
특히 2음절 한자의 훈독을 중심으로 착각하기 쉬운 한자,
비슷한 단어는 표시해두었다가
다시 한 번 반복해서 학습해 주세요.

Part 7 명사 名詞

1자 명사

垢(あか) 때	粋(いき) 세련됨	塊(かたまり) 덩어리
証(あかし) 증거	魚(うお) 물고기	要(かなめ) 요점, 급소
顎(あご) 턱	噂(うわさ) 소문	殻(から) 껍질
麻(あさ) 삼	餌(えさ) 먹이	空(から) 속이 텅 빔
値(あたい) 값	公(おおやけ) 관청	皮(かわ) 가죽
跡(あと) 유적	桶(おけ) 나무통	缶(かん) 깡통
網(あみ) 그물	鬼(おに) 도깨비	癌(がん) 암
嵐(あらし) 폭풍우	趣(おもむき) 정취, 멋	傷(きず) 상처
霰(あられ) 싸라기눈	恩(おん) 은혜	肝(きも) 간
泡(あわ) 거품	陰(かげ) 그늘	癖(くせ) 버릇
息(いき) 숨, 호흡	敵(かたき) 적	志(こころざし) 뜻

こな	粉	가루	つぼ	壺	항아리, 단지	ひたい	額	이마
さか	坂	비탈길	とげ	棘	가시	びん	瓶	병
さかい	境	경계	どろ	泥	진흙	ふえ	笛	피리
さる	猿	원숭이	とみ	富	부	ふで	筆	붓
じゅう	銃	총	なぞ	謎	수수께끼	ふところ	懐	품
しるし	印	표시	なま	生	생, 날 것	ふもと	麓	산기슭
すがた	姿	모양	なみ	波	파도	へそ	臍	배꼽
すじ	筋	심줄	なみ	並	보통	ほとけ	仏	부처
すみ	隅	구석	に	荷	짐	まぼろし	幻	환상
せき	隻	척(배를 세는 말)	にせ	偽	가짜	みずうみ	湖	호수
せき	籍	적, 호적	ぬし	主	주인	め	芽	싹
せん	栓	마개	はか	墓	묘, 묘소	も	喪	상, 상중
そこ	底	바닥	はし	端	끝	らち	埒	울타리
ちり	塵	먼지	はじ	恥	창피	りょう	寮	기숙사
つえ	杖	지팡이	はだか	裸	맨몸, 알몸	れい	例	예
つばさ	翼	날개	ばつ	罰	벌	わく	枠	틀
つぶ	粒	낟알	はば	幅	폭	わざ	技	기술

2자 명사

合図(あいず) 신호	悪口(あっこう) 욕, 험담
愛想(あいそう)＝愛想(あいそ) 붙임성, 상냥함	圧縮(あっしゅく) 압축
間柄(あいだがら) 관계, 사이	斡旋(あっせん) 알선, 주선
合間(あいま) 틈, 사이, 짬	圧倒(あっとう) 압도
赤字(あかじ) 적자 ↔ 黒字(くろじ) 흑자	圧迫(あっぱく) 압박
空地(あきち)・空き地(あきち) 공터	宛先(あてさき) 보낼 곳
悪意(あくい) 악의	宛字(あてじ)・当字(あてじ) 차자(借字), 한자 본래의 뜻과는 관계없이 음이나 훈을 빌려서 쓴 한자
握手(あくしゅ) 악수	宛名(あてな) (우편물・서류 등에 쓰는) 상대편의 이름 또는 주소 성명
欠伸(あくび) 하품	油絵(あぶらえ) 유화
悪魔(あくま) 악마	雨具(あまぐ) 우비
胡坐(あぐら) 책상다리	甘口(あまくち) (술・된장 등이) 단맛이 돎. 맛이 강하지 않음. 단것을 좋아함. 또는 그런 사람
足跡(あしあと) 발자국, 발자취	雨垂れ(あまだれ) 낙숫물
足元(あしもと) 발밑	雨戸(あまど) 덧문
小豆(あずき) 팥	甘味(あまみ) 감미, 단맛
悪化(あっか) 악화	編物(あみもの) 뜨개질, 뜨개질한 것
厚着(あつぎ) 옷을 많이 껴입음	粗筋(あらすじ) 대강의 줄거리, 개요, 개략

読み	単語	뜻
ありさま	有様	모양, 형편, 상태
あんき	暗記	암기
あんさつ	暗殺	암살
あんざん	暗算	암산
あんじ	暗示	암시
あんぴ	安否	안부
あんもく	暗黙	암묵, 무언
いえで	家出	가출
いかく	威嚇	위협
いかん	遺憾	유감
いくぶん	幾分	일부분, 약간
いけばな	生花	꽃꽂이
いさん	遺産	유산
いじ	意地	고집
いじ	維持	유지
いしき	意識	의식
いしょく	移植	이식
いしん	維新	유신
いせき	遺跡	유적
いたい	遺体	시체
いたで	痛手	중상, 큰 상처
いたん	異端	이단
いっぷく	一服	차를 한 잔 마심, 담배를 한 대 피움
いでん	遺伝	유전
いど	緯度	위도
いど	井戸	우물
いなづま	稲妻	번개
いにん	委任	위임
いほう	違法	위법
いりょう	医療	의료
いりょく	威力	위력
いんかん	印鑑	인감
いんし	印紙	인지, 수입인지, 우표
うえき	植木	정원수, 분재

7 명사

受取(うけとり) 수취함

腕前(うでまえ) 솜씨, 역량

海辺(うみべ) 해변, 바닷가

右翼(うよく) 우익, 보수적

浮気(うわき) 바람기

運営(うんえい) 운영

運行(うんこう) 운행

運賃(うんちん) 운임

運搬(うんぱん) 운반

映像(えいぞう) 영상

営利(えいり) 영리

宴会(えんかい) 연회

縁起(えんぎ) 길흉(吉凶)의 조짐, 운수, 재수

園芸(えんげい) 원예

演習(えんしゅう) 연습

縁談(えんだん) 혼담

延滞(えんたい) 연체

塩分(えんぶん) 염분

黄金(おうごん) 황금

往生(おうじょう) 왕생, 극락에 태어남, 죽음

応接(おうせつ) 응접

横着(おうちゃく) 뻔뻔스러움, 교활함

大雨(おおあめ) 폭우

大方(おおかた) 대부분, 대강

大型(おおがた) 대형 ↔ 小型(こがた) 소형

大幅(おおはば) 대형 ↔ 小幅(こはば) 소폭

大水(おおみず) 홍수 = 洪水(こうずい)

屋内(おくない) 옥내

汚染(おせん) 오염

面影(おもかげ) 옛날의 모습, 닮은 얼굴 모습

思惑(おもわく) 생각, 의도, 평판

卸売(おろしうり) 도매

音響(おんきょう) 음향

恩恵(おんけい) 은혜

恩人(おんじん) 은인	会談(かいだん) 회담
音声(おんせい) 음성	街道(かいどう) 길거리
温暖(おんだん) 온난	海抜(かいばつ) 해발
音痴(おんち) 음치	回避(かいひ) 회피
御中(おんちゅう) 귀중 (편지에서 상대편의 관청 · 단체 · 회사명 뒤에 붙이는 말)	回復(かいふく) 회복
絵画(かいが) 회화, 그림	介抱(かいほう) 간호, 병구완
外見(がいけん) 외견	概要(がいよう) 개요
回顧(かいこ) 회고	快楽(かいらく) 쾌락
介護(かいご) (자택에서 요양하는 환자의) 간호, 병구완	回路(かいろ) 회로
開催(かいさい) 개최	価格(かかく) 가격
開始(かいし) 개시	核心(かくしん) 핵심
外車(がいしゃ) 외제 자동차	覚悟(かくご) 각오
解消(かいしょう) 해소	下降(かこう) 하강 ↔ 上昇(じょうしょう) 상승
回収(かいしゅう) 회수	格別(かくべつ) 각별, 유별남, 특별함
怪獣(かいじゅう) 괴수	確保(かくほ) 확보
外相(がいしょう) 외상, 외무장관	革命(かくめい) 혁명
解説(かいせつ) 해설	学歴(がくれき) 학력

7 명사

化合(かごう) 화합

仮説(かせつ) 가설

画像(がぞう) 화상, 초상화

肩書(かたがき) (명함이나 서류 등에서) 성명 곁에 적은 직함, 직귀

片手(かたて) 한 손 ↔ 両手(りょうて) 양손

形見(かたみ) 기념물

花壇(かだん) 화단

学界(がっかい) 학계

格好(かっこう)・恰好(かっこう) 모습, 모양

合併(がっぺい) 합병

過程(かてい) 과정 (사물이 경과하는 일련의 진행 경로)

課程(かてい) 과정 (학교에서 일정한 기간에 교육하거나 학습하여야 할 과목의 내용과 분량의 전문적인 절차)

加入(かにゅう) 가입

株式(かぶしき) 주식

株主(かぶぬし) 주주

神業(かみわざ) 신의 조화, 신기(神技)

下流(かりゅう) 하류 ↔ 女流(じょりゅう) 상류

過労(かろう) 과로

為替(かわせ) 환율

感覚(かんかく) 감각

寒気(かんき・さむけ) 한기, 추위

換気(かんき) 환기

歓迎(かんげい) 환영

慣行(かんこう) 관행

監視(かんし) 감시

干渉(かんしょう) 간섭

勘定(かんじょう) 계산

間食(かんしょく) 간식

歓声(かんせい) 환성

寒波(かんぱ) 한파

慣用(かんよう) 관용

還暦(かんれき) 환갑

緩和(かんわ) 완화

飢餓(きが) 기아

企画(きかく)	기획	行儀(ぎょうぎ)	예의범절
機嫌(きげん)	기분, 비위	供給(きょうきゅう)	공급
起源(きげん)	기원	境遇(きょうぐう)	처지
生地(きじ)	천	強行(きょうこう)	강행
規制(きせい)	규제	行事(ぎょうじ)	행사
貴社(きしゃ)	귀사 (상대의 회사를 높이는 말) =御社(おんしゃ)	強行(きょうこう)	강행
犠牲(ぎせい)	희생	恐縮(きょうしゅく)	공축, 황송하게 여김
帰宅(きたく)	귀가	業績(ぎょうせき)	업적, 실적
喫煙(きつえん)	흡연	境地(きょうち)	경지, 처지, 심경, 분야
規定(きてい)	규정, 규칙	脅迫(きょうはく)	협박
軌道(きどう)	궤도	供用(きょうよう)	공용
危篤(きとく)	위독	漁業(ぎょぎょう)	어업
記入(きにゅう)	기입	居住(きょじゅう)	거주
気前(きまえ)	시원스런 성미	拒絶(きょぜつ)	거절
究極(きゅうきょく)	궁극	拒否(きょひ)	거부
窮屈(きゅうくつ)	답답함, 거북함	疑惑(ぎわく)	의혹
急増(きゅうぞう)	급증	近郊(きんこう)	근교

均衡(きんこう)	균형	掲載(けいさい)	게재
禁止(きんし)	금지	掲示(けいじ)	게시
謹慎(きんしん)	근신, 삼가고 조심함	傾斜(けいしゃ)	경사
具合(ぐあい)	형편, 사정	携帯(けいたい)	휴대
偶像(ぐうぞう)	우상	軽蔑(けいべつ)	경멸
空腹(くうふく)	공복	激励(げきれい)	격려
空論(くうろん)	공론	下宿(げしゅく)	하숙
苦情(くじょう)	불만	下旬(げじゅん)	하순 ↔ 初旬(しょじゅん) 초순
愚痴(ぐち)	푸념	血液(けつえき)	혈액
口数(くちかず)	말수	欠如(けつじょ)	결여
口車(くちぐるま)	감언이설, 입발림	欠点(けってん)	결점
苦悩(くのう)	고뇌	解熱(げねつ)	해열
工夫(くふう)	궁리	気配(けはい)	기운, 기색
区別(くべつ)	구별	嫌悪(けんお)	혐오
苦労(くろう)	노고, 수고	現金(げんきん)	현금
黒字(くろじ)	흑자 ↔ 赤字(あかじ) 적자	減少(げんしょう)	감소
群衆(ぐんしゅう)	군중	限定(げんてい)	한정

見当(けんとう) 짐작

見聞(けんぶん) 견문

剣幕(けんまく) (몹시 노하거나 흥분하여) 무서운 얼굴

行為(こうい) 행위

後援(こうえん) 후원

効果(こうか) 효과

後悔(こうかい) 후회

抗議(こうぎ) 항의

公共(こうきょう) 공공

交差(こうさ) 교차

交際(こうさい) 교제

降参(こうさん) 항복

口実(こうじつ) 구실, 핑계

交渉(こうしょう) 교섭

強盗(ごうとう) 강도

購読(こうどく) 구독

購入(こうにゅう) 구입

高熱(こうねつ) 고열

紅白(こうはく) 홍백

降伏(こうふく) 항복

候補(こうほ) 후보

行楽(こうらく) 행락

交流(こうりゅう) 교류

恒例(こうれい) 항례, 하기로 정해져 있는 의식이나 행사

誤解(ごかい) 오해

呼吸(こきゅう) 호흡

国語(こくご) 국어

克服(こくふく) 극복

極楽(ごくらく) 극락

心地(ここち) 기분, 느낌

心得(こころえ) 마음가짐, 소양, 이해, 주의사항

誤差(ごさ) 오차

小雨(こさめ) 가랑비

雇用(こよう) 고용

7 명사

読み	単語	뜻
こりつ	孤立	고립
ころあい	頃合	적당한 시기, 적기
こんきょ	根拠	근거
こんご	今後	금후, 차후, 이후
こんだて	献立	식단, 메뉴
こんやく	婚約	약혼
こんわく	困惑	곤혹
さいがい	災害	재해
さいき	再起	재기
さいく	細工	세공
さいご	最期	임종, (생의) 최후
さいし	妻子	처자
さいしゅう	最終	최종
ざいさん	財産	재산
さいせい	再生	재생
さいぜん	最善	최선
さいそく	催促	재촉
さいちゅう	最中	한창 때
さいなん	災難	재난
さいぼう	細胞	세포
さいまつ	歳末	연말
さいよう	採用	채택, 채용
さぎ	詐欺	사기
さくげん	削減	삭감
さくご	錯誤	착오
さくせん	作戦	작전
さくりゃく	策略	책략
ざしき	座敷	다다미방, 객실
さしず	指図	지시, 지휘
させん	左遷	좌천
さっかく	錯覚	착각
さっとう	殺到	쇄도
さべつ	差別	차별
さゆう	左右	좌우

参加 (さんか)	참가
残暑 (ざんしょ)	늦더위
賛成 (さんせい)	찬성
山頂 (さんちょう)	산꼭대기, 정상
散髪 (さんぱつ)	이발
飼育 (しいく)	사육
自我 (じが)	자아
色彩 (しきさい)	색채
資金 (しきん)	자금
試行 (しこう)	시행
示唆 (しさ)	시사
支社 (ししゃ)	지사 ↔ 本社 (ほんしゃ) 본사
支出 (ししゅつ)	지출 ↔ 収入 (しゅうにゅう) 수입
辞職 (じしょく)	사직
持続 (じぞく)	지속
支度 (したく)	준비
湿度 (しつど)	습도

自慢 (じまん)	자랑
支社 (ししゃ)	지사
支出 (ししゅつ)	지출
事情 (じじょう)	사정
嫉妬 (しっと)	질투 = 妬み (ねたみ)
芝居 (しばい)	연극
死亡 (しぼう)	사망
自慢 (じまん)	자랑
地元 (じもと)	(그 일에 직접 관계있는) 지방, 그 고장
視野 (しや)	시야
弱点 (じゃくてん)	약점
謝罪 (しゃざい)	사죄
謝絶 (しゃぜつ)	사절
洒落 (しゃれ)	익살
借金 (しゃっきん)	차금, 빚, 빚냄
終始 (しゅうし)	시종, 처음과 끝
充実 (じゅうじつ)	충실

愁傷 (しゅうしょう)	수상, 죽음을 애통함
重心 (じゅうしん)	중심
修繕 (しゅうぜん)	수선
収得 (しゅうとく)	습득
集合 (しゅうごう)	집합
渋滞 (じゅうたい)	정체
終電 (しゅうでん)	(그 날의) 마지막 전철, 막차
収入 (しゅうにゅう)	수입 ↔ 支出 (ししゅつ) 지출
収容 (しゅうよう)	수용
従来 (じゅうらい)	종래
縮小 (しゅくしょう)	축소
宿泊 (しゅくはく)	숙박
受験 (じゅけん)	수험
主催 (しゅさい)	주최
趣旨 (しゅし)	취지
出勤 (しゅっきん)	출근
出欠 (しゅっけつ)	출결
出社 (しゅっしゃ)	출근
首脳 (しゅのう)	수뇌
守備 (しゅび)	수비
寿命 (じゅみょう)	수명
主役 (しゅやく)	주역
種類 (しゅるい)	종류
順序 (じゅんじょ)	순서
順番 (じゅんばん)	순번
仕様 (しよう)	방법, 도리
消化 (しょうか)	소화
生涯 (しょうがい)	일생, 평생
障害 (しょうがい)	장애
将棋 (しょうぎ)	장기
状況 (じょうきょう)	상황
証券 (しょうけん)	증권
証拠 (しょうこ)	증거
詳細 (しょうさい)	상세

上司(じょうし) 상사

承諾(しょうだく) 승낙

上達(じょうたつ) 숙달

冗談(じょうだん) 농담

承知(しょうち) 승낙, 동의

衝動(しょうどう) 충동

衝突(しょうとつ) 충돌

承認(しょうにん) 승인

消費(しょうひ) 소비

商品(しょうひん) 상품

上陸(じょうりく) 상륙

少量(しょうりょう) 소량 ↔ 大量(たいりょう) 대량

食欲(しょくよく) 식욕

諸君(しょくん) 제군

徐行(じょこう) 서행

食器(しょっき) 식기

書評(しょひょう) 서평

書類(しょるい) 서류

白髪(しらが) 백발, 흰머리

自立(じりつ) 자립

資料(しりょう) 자료

素人(しろうと) 아마추어 ↔ 玄人(くろうと) 전문가

侵害(しんがい) 침해

人格(じんかく) 인격

進行(しんこう) 진행

人口(じんこう) 인구

人工(じんこう) 인공

申告(しんこく) 신고

審査(しんさ) 심사

人事(じんじ) 인사

心中(しんじゅう) 동반자살

真相(しんそう) 진상

心臓(しんぞう) 심장

侵入(しんにゅう) 침입

読み	単語	뜻
しんねん	信念	신념
しんぼう	辛抱	참음, 인내
しんぽ	進歩	진보
しんらい	信頼	신뢰
しんりょう	診療	진료
しんろ	進路	진로
すいえい	水泳	수영
すいこう	遂行	수행
すいしん	推進	추진
すいとう	出納	출납
すいりょう	推量	추량
すきま	隙間	틈새, 사이
ずつう	頭痛	두통
すもう	相撲	씨름
すんぽう	寸法	치수, 척도
せいか	成果	성과
せいき	正規	정규
ぜいきん	税金	세금
せいけい	生計	생계
せいけん	政権	정권
せいげん	制限	제한
せいじゃく	静寂	정적
せいじゅく	成熟	성숙
せいぜん	生前	생전
ぜいたく	贅沢	사치
せいてん	晴天	맑게 갠 날씨
せいひん	製品	제품
せいふく	征服	정복
せけん	世間	세간, 세상
せっしょく	接触	접촉
せったい	接待	접대
せつだん	切断	절단
せっち	設置	설치
せっちゅう	折衷	절충

説得(せっとく) 설득	遭難(そうなん) 조난
切望(せつぼう) 절망	相場(そうば) 시세
節約(せつやく) 절약	促進(そくしん) 촉진
専攻(せんこう) 전공	阻止(そし) 저지
先祖(せんぞ) 선조	措置(そち) 조치
前途(ぜんと) 전도, 앞날	対応(たいおう) 대응
専門(せんもん) 전문	代金(だいきん) 대금
相違(そうい) 상이, 다름	大金(たいきん) 많은 돈
騒音(そうおん) 잡음	待遇(たいぐう) 대우
増加(ぞうか) 증가	退屈(たいくつ) 지루함
総会(そうかい) 총회	退職(たいしょく) 퇴직
送金(そうきん) 송금	態勢(たいせい) 태세
操作(そうさ) 조작	逮捕(たいほ) 체포
捜査(そうさ) 수사	大望(たいぼう) 대망, 큰 꿈
喪失(そうしつ) 상실	代理(だいり) 대리
装飾(そうしょく) 장식	対立(たいりつ) 대립
創造(そうぞう) 창조	妥協(だきょう) 타협

7 명사

打撃(だげき)	타격	知人(ちじん)	지인
達成(たっせい)	달성	着手(ちゃくしゅ)	착수
打破(だは)	타파	着陸(ちゃくりく)	착륙
立場(たちば)	입장	直感(ちょっかん)	직감
谷間(たにま)	골짜기	著名(ちょめい)	저명, 이름이 널리 알려짐
堕落(だらく)	타락	賃金(ちんぎん)	임금
単位(たんい)	학점	沈黙(ちんもく)	침묵
短期(たんき)	급한 성미, 성미가 급함	追求(ついきゅう)	(목적을) 추구함
探検(たんけん)	탐험	追突(ついとつ)	추돌
断言(だんげん)	단언	墜落(ついらく)	추락
短所(たんしょ)	단점 ↔ 長所(ちょうしょ) 장점	通過(つうか)	통과
炭疽(たんそ)	탄저, 탄저병	通行(つうこう)	통행
担当(たんとう)	담당	通告(つうこく)	통고
担任(たんにん)	담임	通達(つうたつ)	통달
断念(だんねん)	단념	通知(つうち)	통지
地域(ちいき)	지역	通話(つうわ)	통화
近道(ちかみち)	지름길	辻褄(つじつま)	사리, 이치

津波(つなみ) 해일

通夜(つや) 밤샘

締結(ていけつ) 체결

体裁(ていさい) 체재, 외관, 겉모양

亭主(ていしゅ) 남편 ↔ 女房(にょうぼう) 아내

提出(ていしゅつ) 제출

定食(ていしょく) 정식

定年(ていねん) 정년

手形(てがた) 어음

的中(てきちゅう) 적중

手際(てぎわ) 일을 처리하는 솜씨, 수완

凸凹(でこぼこ) 울퉁불퉁

徹夜(てつや) 철야

手配(てはい) 준비, 마련, 수배

手間(てま) 품, 수고

手前(てまえ) 자기 앞, 자기 바로 앞

出前(でまえ) 주문

手元(てもと) 손이 미치는 범위, 주변, 곁

添加(てんか) 첨가

展開(てんかい) 전개

転勤(てんきん) 전근

伝言(でんごん) 전언

伝統(でんとう) 전통

電波(でんぱ) 전파

転覆(てんぷく) 전복

同級(どうきゅう) 동급

動向(どうこう) 동향

投資(とうし) 투자

同情(どうじょう) 동정

逃走(とうそう) 도주

到達(とうたつ) 도달

頭取(とうどり) 우두머리, 대표자

動揺(どうよう) 동요

登録(とうろく) 등록

当惑（とうわく）	당혹
独断（どくだん）	독단
年頃（としごろ）	적령기
土台（どだい）	토대
土手（どて）	제방
途方（とほう）	수단, 방법, 방도
土間（どま）	토방
取引（とりひき）	거래
問屋（とんや）	도매상
内緒（ないしょ）	비밀
仲間（なかま）	동료
中身（なかみ）	속에 든 것, 알맹이, 내용물
仲人（なこうど）	중매
雪崩（なだれ）	눈사태
納得（なっとく）	납득
生物（なまもの）	날 것
難点（なんてん）	난점, 어려운 점
偽物（にせもの）	가짜, 위조
日誌（にっし）	일지
入荷（にゅうか）	입하 ↔ 出荷（しゅっか） 출하
入社（にゅうしゃ）	입사
入手（にゅうしゅ）	입수
入念（にゅうねん）	정성을 들임, 꼼꼼히 함
入梅（にゅうばい）	장마철에 들어 섬
人数（にんずう）	인원수
忍耐（にんたい）	인내
寝息（ねいき）	숨소리
猫舌（ねこじた）	뜨거운 것을 잘 못 먹는 사람
根回し（ねまわし）	사전교섭
眠気（ねむけ）	졸음
捻挫（ねんざ）	염좌, 관절을 삠
年齢（ねんれい）	연령
納入（のうにゅう）	납입
排除（はいじょ）	배제

단어	읽기	뜻
配達	はいたつ	배달
敗北	はいぼく	패배
配慮	はいりょ	배려
破壊	はかい	파괴
博士	はかせ・はくし	박사
迫害	はくがい	박해
白状	はくじょう	자백
爆弾	ばくだん	폭탄
暴露	ばくろ	폭로
派遣	はけん	파견
梯子	はしご	사다리
裸足	はだし	맨발
発言	はつげん	발언
発売	はつばい	발매
発表	はっぴょう	발표
花婿	はなむこ	신랑 ↔ 花嫁(はなよめ) 신부
浜辺	はまべ	바닷가
繁栄	はんえい	번영
犯罪	はんざい	범죄
万能	ばんのう	만능
半端	はんぱ	부족함, 어중간함
販売	はんばい	판매
日陰	ひかげ	응달, 음지
比較	ひかく	비교
非行	ひこう	비행
秘書	ひしょ	비서
微笑	びしょう	미소
人柄	ひとがら	인품, 사람 됨됨이
一口	ひとくち	한 입, 한 모금, 한마디
人手	ひとで	인파
日向	ひなた	양지
非難	ひなん	비난
避難	ひなん	피난
疲労	ひろう	피로

披露(ひろう)	피로, 공표
拍子(ひょうし)	박자
平等(びょうどう)	평등
評判(ひょうばん)	평판
昼寝(ひるね)	낮잠
疲労(ひろう)	피로
広場(ひろば)	광장
貧血(ひんけつ)	빈혈
歩合(ぶあい)	보합, 비율
部下(ぶか)	부하
不況(ふきょう)	불황
福祉(ふくし)	복지
双子(ふたご)	쌍둥이
物価(ぶっか)	물가
復旧(ふっきゅう)	복구
腐敗(ふはい)	부패
冬物(ふゆもの)	겨울 물건
紛争(ふんそう)	분쟁
閉会(へいかい)	폐회
閉口(へいこう)	질림, 손듦, 난처함
閉鎖(へいさ)	폐쇄
別居(べっきょ)	별거
弁解(べんかい)	변명
便宜(べんぎ)	편의
返却(へんきゃく)	반환
偏見(へんけん)	편견
変更(へんこう)	변경
返済(へんさい)	변제, 반제, 갚음
変動(へんどう)	변동
妨害(ぼうがい)	방해
報告(ほうこく)	보고
防止(ぼうし)	방지
報道(ほうどう)	보도
暴落(ぼうらく)	폭락

暴力(ぼうりょく) 폭력

牧場(ぼくじょう) 목장

保護(ほご) 보호

歩行(ほこう) 보행

募集(ぼしゅう) 모집

発作(ほっさ) 발작

没収(ぼっしゅう) 몰수

本音(ほんね) 본심 ↔ 建前(たてまえ) 겉으로 드러난 모습, 표정

本場(ほんば) 본고장

翻訳(ほんやく) 번역

真心(まごころ) 진심

窓口(まどぐち) 창구

真似(まね) 흉내

慢性(まんせい) 만성

見栄(みえ) 허세, 겉치레

身柄(みがら) 신변, 신분, 지위

味噌(みそ) 된장

道草(みちくさ) 길가의 풀, 도중에 딴 짓으로 시간을 허비함

見本(みほん) 견본

土産(みやげ) 토산물, 기념선물

無言(むごん) 무언

未練(みれん) 미련

夢想(むそう) 몽상

夢中(むちゅう) 열광, 열심

無料(むりょう) 무료 ↔ 有料(ゆうりょう) 유료

銘柄(めいがら) 상품의 상표, 특히 일류 상품의 명칭

名刺(めいし) 명함

名誉(めいよ) 명예

迷惑(めいわく) 귀찮음, 폐

目下(めした) 손아래 ↔ 目上(めうえ) 손윗사람

目印(めじるし) 표시

目処(めど) 전망, 목표

面倒(めんどう) 폐, 성가심

目安(めやす) 목표, 표준

もうれつ	猛烈	맹렬
もけい	模型	모형
もさく	模索	모색
もじ	文字	문자
もふく	喪服	상복
もみじ	紅葉	단풍
もよう	模様	모양, 형세
もんく	文句	불평, 불만
やくめ	役目	임무, 역할
やけど	火傷	화상
ゆうこう	有効	유효, 유용
ゆうせん	優先	우선
ゆうだち	夕立	소나기
ゆかい	愉快	유쾌
ゆかた	浴衣	목욕 후 혹은 평상복으로 입는 기모노
ゆくえ	行方	행방
ゆげ	湯気	김, 수증기
ゆそう	輸送	수송
ゆだん	油断	방심
ようぎ	容疑	혐의
ようじ	幼児	유아
ようじん	用心	조심, 경계함
ようてん	要点	요점
よきん	預金	예금
よくじつ	翌日	이튿날, 다음날
よこがお	横顔	옆얼굴, 프로필
よこづな	横綱	일본 스모의 최고위 선수
よち	余地	여지
よとう	与当	여당
よろん	世論	여론
らくだい	落第	낙제
らんぼう	乱暴	난폭
りえき	利益	이익
りゅうこう	流行	유행

理屈(りくつ) 이치, 도리	老人(ろうじん) 노인
利口(りこう) 영리함	路地(ろじ) 골목길
利子(りし)・利息(りそく) 이자	論理(ろんり) 논리
両替(りょうがえ) 환전	賄賂(わいろ) 뇌물
良識(りょうしき) 양식	和解(わかい) 화해
了承(りょうしょう) 양해, 승낙	若者(わかもの) 젊은이, 청년
良心(りょうしん) 양심	和室(わしつ) 다다미방↔洋室(ようしつ) 서양식 방
両立(りょうりつ) 양립	割合(わりあい) 비율
類似(るいじ) 유사	割引(わりびき) 할인
留守(るす) 부재중	悪気(わるぎ) 악의, 나쁜 뜻
礼儀(れいぎ) 예의	腕白(わんぱく) 장난꾸러기, 개구쟁이
連休(れんきゅう) 연휴	腕力(わんりょく) 완력

3자 명사

悪循環(あくじゅんかん) 악순환	遺失物(いしつぶつ) 유실물
朝寝坊(あさねぼう) 늦잠을 잠, 늦잠꾸러기	一段落(いちだんらく) 일단락
後始末(あとしまつ) 뒤처리, 마무리	一人前(いちにんまえ) 일인분, 한 사람 몫
意気地(いくじ) 패기, 의지	医薬品(いやくひん) 의약품

읽기	단어	뜻
いんしょくてん	飲食店	음식점
おうせつま	応接間	응접실
えんきょり	遠距離	원거리
えんげいか	演芸家	연예가
おおくらしょう	大蔵省	대장성, 우리나라의 재경부
おおみそか	大晦日	섣달 그믐날(12월 31일)
おおめだま	大目玉	왕방울 눈, (심한) 꾸중, 야단
おやふこう	親不孝	불효
かそくど	加速度	가속도
かはんしん	下半身	하반신↔上半身(じょうはんしん) 상반신
かようきょく	歌謡曲	가요 곡
かんいっぱつ	間一髪	간발, 아슬아슬한 상태
かんじゅせい	感受性	감수성
きょうつうご	共通語	공통어
けんびきょう	顕微鏡	현미경
こうむいん	公務員	공무원
ごちそう	御馳走	맛있는 음식 또는 그 음식으로 대접함

읽기	단어	뜻
さいだいげん	最大限	최대한↔最小限(さいしょうげん) 최소한
さいせんたん	最先端	최첨단
しゅうぎいん	衆議院	중의원
しゅうちゃくえき	終着駅	종착역
しょうにか	小児科	소아과
せんぷうき	扇風機	선풍기
だいとうりょう	大統領	대통령
ていきゅうび	定休日	정기휴일
でいりぐち	出入口	입구
できごと	出来事	일, 사건
にほんちゃ	日本茶	일본차
ふけいき	不景気	불경기
ふじゆう	不自由	부자유
ふじゅうぶん	不十分	불충분
ふんいき	雰囲気	분위기
まちあいしつ	待合室	대합실
れっとうかん	劣等感	열등감↔優越感(ゆうえつかん) 우월감

4자 명사

- 振替口座(ふりかえこうざ) 대체계좌
- 目玉商品(めだましょうひん) 값을 내린 특매품. 간판으로 내세우는 것
- 御無沙汰(ごぶさた) 격조, 무소식(오랜만에 만났을 때의 인사)
- 暑中見舞(しょちゅうみまい) 서중문한, 한여름 문안 인사
- 生年月日(せいねんがっぴ) 생년월일
- 百科事典(ひゃっかじてん) 백과사전
- 満場一致(まんじょういっち) 만장일치
- 余裕綽々(よゆうしゃくしゃく) 여유작작 (여유가 많음)

기타 명사

- 相(あい)づち 맞장구
- 青田買(あおたが)い 졸업 전의 학생과 채용 계약을 맺는 일
- 明(あ)き・空(あ)き 비어 있음
- 挙(あ)げ句(く) 끝, 종말, 결말
- 憧(あこが)れ 동경, 그리움
- あざ 멍
- 足踏(あしぶ)み 제자리걸음, 답보 상태
- 頭打(あたまう)ち 한계점
- 後片付(あとかたづ)け 뒤마무리
- 跡継(あとつ)ぎ (집안의)대를 잇는 사람. 상속자, 후계자
- 穴埋(あなう)め 결손 또는 부족의 보충, 벌충
- あべこべ 뒤바뀜, 반대임
- 天下(あまくだ)り 낙하산인사
- 天(あま)の邪鬼(じゃく) 심술꾸러기
- 雨漏(あまも)り (지붕이나 천정에서) 비가 샘, 또 그 빗물
- 過(あやま)ち 잘못, 실수, 오류
- 誤(あやま)り 사죄, 사과
- 歩(あゆ)み 걸음, 발걸음, 보조
- 哀(あわ)れ 동정심, 가엾음
- 言(い)いがかり 트집
- 言(い)いなり 말하라는 대로임, 하라는 대로임
- 言(い)い回(まわ)し 말주변, 말솜씨

言い訳	い わけ	변명, 핑계
生きがい	い	사는 보람, 사는 가치
息切れ	いき ぎ	숨이 참, 벅참
行きすぎ	い	목적지를 지나쳐 감, 도를 넘음
行き違い	い ちが	엇갈림, 충돌, 오해
憩い	いこ	쉼, 휴식
いざこざ		분쟁, 다툼, 옥신각신
いただき		(승부나 내기에서) 이김
戒め	いまし	훈계, 교훈
入れ歯	い ば	의치
祝い	いわ	축하
いんちき		사기도박, 속임(수)
うがい		양치질
受け持ち	う も	담당자
渦巻き	うず ま	소용돌이
訴え	うった	소송
うつぶせ		엎드림 ↔ 仰向け(あおむ) 위를 향한 상태
うねり		(길이) 꾸불꾸불함, (물결이) 넘실거림
うぬぼれ		자만, 자부
生まれつき	う	천성, 본성
裏通り	うらどお	뒷골목
売り込み	う こ	판매
売り手	う て	파는 사람, 파는 쪽의 매매거래인
売り物	う もの	팔 것, 팔 물건
潤い	うるお	습기, 눅눅함
売れ行き	う ゆ	팔림 새
絵の具	え ぐ	그림물감
襟巻き	えり ま	목도리
おおげさ		과장됨, 야단스러움
お構い	かま	대접
お代わり	か	리필, 같은 음식을 더 먹음
お気に入り	き い	마음에 듦, 좋아함
お座なり	ざ	임시모면, 적당히 넘김, 건성으로 함
押し売り	お う	강매

押(お)し問答(もんどう)	입씨름, 승강이	貸(か)し出(だ)し	대출
お歳暮(せいぼ)	연말, 연말에 보내는 선물	傍(かたわ)ら	옆, 곁
お世辞(せじ)	겉치렛말, 겉발림 말	金儲(かねもう)け	돈벌이 (일회성, 도박성이 있는 말)
お互(たが)い様(さま)	피차일반	髪(かみ)の毛(け)	머리카락
お中元(ちゅうげん)	백중	着替(きが)え	갈아입음
思(おも)い付(つ)き	착상, 고안, 변덕	効(き)き目(め)・利(き)き目(め)	효능, 효과, 효험
思(おも)いやり	동정심, 배려, 헤아림	気配(きくば)り	배려, 염려
趣(おもむ)き	정취	兆(きざ)し	조짐, 징조
折(お)り返(かえ)し	접어 반대쪽으로 꺾음, 되돌아 옴	切(き)っ掛(か)け	계기, 동기
愚(おろ)か者(もの)	바보	くじ引(び)き	제비뽑기
恩返(おんがえ)し	보은, 은혜를 갚음	口答(くちごた)え	말대답
お厄介(やっかい)	쓸데없는 참견	組(く)み合(あ)わせ	짜 맞추기, 짜 맞춤
折(お)り畳(たた)み	접어 갬, 개킴	心当(こころあ)たり	마음에 집히는 데
おんぶ	어부바, 업음	心掛(こころが)け	마음가짐, 마음의 준비
顔馴染(かおなじ)み	(자주 만나) 낯이 익음	腰掛(こしか)け	걸상, 의자, 일시적인 일자리
顔触(かおぶ)れ	참가한 사람들, 멤버	こつ・コツ	요령
書(か)き初(ぞ)め	신춘휘호, 신년을 맞아 처음으로 붓글씨를 쓰는 것	好(この)み	취향, 기호

さ つか	差し支え	지장, 방해
さ ひ	差し引き	공제, 공제 잔액
し い	仕入れ	구입, 매입
じかん わ	時間割り	시간표
し く	仕組み	구조, 기구, 방법, 계획
し つ	仕付け	예의범절을 가르침, 가정교육
しな ぎ	品切れ	품절, 절품
し はら	支払い	지불
し き	締め切り	(기한의) 마감
し あ	知り合い	지인, 친지
ご	しり込み	뒷걸음질 침, 꽁무니를 뺌
す きら	好き嫌い	편식
	そもそも	처음, 시작, 발단, 애초
た い きんし	立ち入り禁止	출입금지
た よ	立ち読み	(책방에서) 책을 사지 않고 서서 읽음
だ	抱っこ	안음, 안김
いき	ため息	한숨

たよ	便り	소식, 편지
たわむ	戯れ	희롱, 장난
だん ど	段取り	일을 해 나가는 순서, 방법
た	田んぼ	논
つか す	使い捨て	1회용, 한 번 쓰고 버림
つか ま	束の間	잠깐 사이, 짧은 시간
つぐな	償い	보상, 속죄, 보답
つ	付け	외상
つな わた	綱渡り	줄타기
つ あ	釣り合い	균형
て い	手入れ	손질
て おく	手遅れ	때늦음, 시기를 놓침
て あ	手引て	처치, 치료
て が	手掛かり	단서, 실마리
て つづ	手続き	수속
て び	手引き	길잡이, 인내, 안내인
て ぶ	手振り	손짓, 손놀림, 빈손, 맨손

읽기	단어	뜻
てまわ	手回し	손으로 돌림, 준비, 돈의 변통
てわ	手分け	분담
とまど	戸惑い	당황함, 망설임
ともばたら	共働き	맞벌이
と え	取り柄	장점
と し	取り締まり	단속
なが い	長生き	장수
ながつづ	長続き	오래 지속함
なが も	長持ち	오래 감, 오래 씀
ななひか	七光り	부모님의 후광
な ゆ	成り行き	되어가는 형편, 경과, 추세
ね あ	値上がり	값이 오름
ね い ばな	寝入り端	잠이 막 들었을 무렵, 잠들어서 얼마 되지 않았을 때
ね う	値打ち	값, 가격, 값어치
ねがえ	寝返り	자다가 돌아누움, 배반함
ね び	値引き	값을 깎음
ねら	狙い	목표, 목적
の と	乗っ取り	기업의 경영권 탈취, (운항 중인 항공기 등의) 납치
の き	乗り気	마음이 내킴
はな	花びら	꽃잎
ひ あ	日当たり	양지, 햇볕이 잘 듦
	ひいき	편듦, 역성듦, 편애
ひ がえ	日帰り	당일치기
ひ め	引け目	열등감, 주눅
ひ ざ	日差し	햇살
ひと ご	人込み	인파
ひとどお	人通り	사람의 왕래
ひと み し	人見知り	낯가림
ひとり じ / ひと じ	一人占め・独り占め	독차지, 독점
ひ で	日の出	일출
ひまつぶ	暇潰し	시간낭비
ひ あせ	冷や汗	식은땀
ひ や	日焼け	햇볕에 탐
ふ だ	吹き溜まり	낙오자들이 모이는 곳

骨惜しみ	ほね お	수고를 아낌, 게으름을 피움, 꾀부림
掘り出し物	ほ だ もの	우연히 얻게 된 진귀한 물건, 뜻밖에 싸게 산 물건
紛れ	まぐ	우연, 요행
前置き	まえ お	서론
前向き	まえ む	앞쪽을 향함, 긍정적인 생각
待ち伏せ	ま ぶ	숨어서 기다림
見返り	み かえ	담보물
水入らず	みず い	남이 끼지 않고 집안 식구끼리 임
自ら	みずか	스스로, 자기자신
見出し	み だ	표제
見積もり	み つ	견적
見通し	み とお	전망
身投げ	み な	투신, 투신자살
身の上	み うえ	신상
身の回り	み まわ	신변
見舞い	み ま	문안
無駄遣い	む だ づか	낭비
目当て	め あ	목적, 표적
申し込み	もう こ	신청
申し訳	もう わけ	변명
持ち合わせ	も あ	마침 가진 돈
持ち主	も ぬし	주인, 소유주
持て成し	も な	대접, 대우
焼きもち	や	질투
安売り	やす う	염가판매
八つ当たり	や あ	마구잡이로 화풀이를 함
遣り繰り	や く	변통, 특히 금전적인 변통
やり取り	と	교환, 물건이나 말을 주고받음
雪解け	ゆき ど	쌓인 눈이 녹음
夕暮れ	ゆう ぐ	황혼
夕焼け	ゆう や	저녁놀
よそ見	み	한눈 팖, 곁눈질
横這い状態	よこ ば じょうたい	보합상태
夜更かし	よ ふ	밤늦게까지 잠을 안 잠

Part 8

외래어 外来語

がいらいご

가타가나 읽기 문제는 매년 1문제 정도 출제되고 있습니다.
예문 속에 어울리는 외래어를 찾아 넣는 문제가
출제 되므로 평소에 문장을 대할 때
관심을 갖고 체크하는 습관을 기릅시다.

Part 8

외래어 外来語

アイスクリーム	아이스크림	アンテナ	안테나
アイドル	우상	イエス	예스
アイロン	다리미	イコール	이콜, 같음, 동등함
アウト	아웃	イデオロギー	이데올로기
アクセサリー	액세서리	イメージ	이미지
アクセル	엑셀, 가속장치	イヤリング	귀걸이
アクセント	악센트	インキ=インク	잉크
アップ	업, 오름, 올림, 인상	インスタント	인스턴트
アナウンサー	아나운서	インターフォン	인터폰
アピール	어필	インタビュー	인터뷰
アプローチ	어프로치, 접근	インテリ	인텔리
アマチュア	아마추어	インテリア	인테리어
アラブ	아랍	ウイスキー	위스키
アリバイ	알리바이	ウィークデー	주말
アルカリ	알칼리	ウイルス	바이러스
アルバム	앨범	ウーマン	여자
アレルギー	알레르기	ウール	울
アワー	시간	エアメール	애니멀, 동물
アンケート	앙케트, 질문	エイズ	에이즈

エチケット	에티켓
エネルギー	에너지
エプロン	에프론, 앞치마
エンジニア	엔지니어
エンジン	엔진
オイル	오일, 기름
オーケー	오케이(OK)
オーケストラ	오케스트라
オーバー	오버, 과장
オーバーコート	오버코트
オーバーする	오버하다
オープン	오픈, 개업, 개장
オフィス	오피스, 사무실
オリンピック	올림픽
オレンジ	오렌지
オルガン	오르간
カー	카, 차
カード	카드
カーブ	커브
カーペット	카펫
ガイド	가이드, 안내, 안내인
ガス	가스
カット	컷
カテゴリー	카테고리
カバー	커버, 씌우개, 책표지
ガム	껌
カムバック	컴백
カメラマン	카메라맨
カラー	컬러
カラオケ	가라오케
カルテ	카르테, 진료 기록 카드
ガレージ	차고(車庫)
カロリー	칼로리
カン詰(づめ)	통조림
キャッチ	캐치
キャプテン	캡틴
キャンセル	취소
キャンパス	캠퍼스, 교정
キャンペーン	캠페인
キャリア	캐리어, 경력
クラシック	클래식
グラフ	그래프
クラブ	클럽
クリニック—	클리닉, 진료소
グループ	그룹
グレー	회색
ケース	케이스
ゲーム	게임
コース	코스
コード	코드

コーナー	코너
コーラス	코러스
ゴール	골
コピー	복사
コメント	코멘트
コレクション	컬렉션
コンクール	콩쿠르, 경연회
コンサート	콘서트
コンセント	콘센트
コンピューター	컴퓨터
コンプレックス	콤플렉스
サークル	서클
サービス	서비스
サイクル	사이클
サイズ	사이즈
サイン	사인, 서명
サイレン	사이렌, 경적
サッカー	축구
サラリーマン	샐러리맨
サンプル	샘플
シーズン・	시즌
システム	시스템
ジャーナリスト	저널리스트
ジャケット	재킷
シャッター	셔터

ジャンル	장르
ショック	쇼크
ショップ	숍
シリーズ	시리즈
スイッチ	스위치
スター	스타
スタート	스타트
スタイル	스타일
スタミナ	스태미너, 끈기, 정력
スクール	스쿨
スケジュール	스케줄
ステージ	스테이지
ストレス	스트레스
スト(ライキ)	파업
ストップ	스톱
スピーカー	스피커
スピード	스피드
スペース	스페이스
スポーツ	스포츠
スマート	스마트
セルフサービス	셀프서비스
センス	센스, 감수성
センター	센터
ソフト	소프트
ターミナル	터미널

タイトル	타이틀
タイプ	타입
タイミング	타이밍
ダウン	다운
ダンス	댄스
チーム	팀
チャンス	찬스, 기회
チェンジ	체인지
テイクアウト	테이크아웃
ディーラー	딜러, 업자, 상인
ティシュペーパー	티슈
データ	데이터
テーマ	테마
テキスト	텍스트
デザイン	디자인
デモ	데모, 시위
テンポ	템포
トップ	톱
ドライ	드라이, 무미건조함
ドライブ	드라이브
トラブル	트러블
ドラマ	드라마
トランク	여행용 대형 가방
トレーナー	트레이너, 운동복
トレーニング	트레이닝
ドレス	드레스
トン	톤
トンネル	터널
ナイロン	나일론
ナンバー	넘버
ニュース	뉴스
ニュアンス	뉘앙스
ノー	노
パーセント	퍼센트
パーティー	파티
パイロット	파일럿
パジャマ	파자마
パス	패스
パスポート	패스포트, 여권
バック	백, 뒤, 후위
パック	팩
バランス	밸런스
バレーボール	배구
ハンドル	핸들
ハンサム	핸섬
ピークー	피크, 절정
ヒーター	히터(난방장치)
ビールス	바이러스
ビザ	비자
ビジネス	비즈니스

ピストル	피스톨	ボーナス	보너스
ビタミン	비타민	ホーム	홈
ビデオ	비디오	ポスター	포스터
ビルディング	빌딩	ボリューム	볼륨
ヒント	힌트	マーク	마크
ファイル	파일	マージャン	마작(麻雀)
ファン	팬	マーケット	마켓
ブーム	붐	マイク	마이크
プラス	플러스	マイナス	마이너스
プラスチック	플라스틱	マスコミ	매스컴
プラットホーム	플랫폼	マナー	매너
プラン	플랜, 계획	マネージャー	매니저
ブランド	브랜드, 상표	マンション	맨션
フリー	프리	ムード	무드, 분위기
プリント	프린트	メーカー	메이커
ブレーキ	브레이크	メーター	미터
プレゼント	프레젠트, 선물	メッセージ	메시지
プロ	프로	メニュー	메뉴
プログラム	프로그램	メモ	메모
フロント	프런트	メロディー	멜로디
ベスト	베스트	メンバー	멤버
ベテラン	베테랑	モーター	모터
ベル	벨	モデル	모델
ベンチ	벤치	ライバル	라이벌
ポイント	포인트	ラッシュアワー	러시아워

ラベル	라벨, 상표
リード	리드
ルール	룰
リクエスト	리퀘스트, 요망
リズム	리듬
リットル	리터
リボン・	리본
リラックス	릴렉스, 긴장을 품
レジャー	레저
レッスン	레슨, 수업, 교습
レポート	리포트, 과제
レベル	레벨
レンズ	렌즈
ローマ字(じ)	로마자
ローン	론, 대부(금)
ロッカー	로커
ロビー	로비
ユーモア	유머
抗菌(こうきん)グッズ	항균제품
コマーシャル	커머셜, 방송 광고
コミュニケーション	커뮤니케이션
コントロール	컨트롤, 통제, 조절
ユニーク	유니크, 독특, 독자
サポーター	서포터, 지지자, 특히 축구의 열광적인 팬
スポーツドリンク	스포츠 드링크, 이온 음료

ストレッチ体操(たいそう)	스트레치체조
スライド	슬라이드, 임금 등을 맞춰 책정하는 것
ダイニングキッチン	DK, D(Diningroom) 식당, K(Kitchen) 부엌
ツアーコンダクター	단체 여행 안내원
デビットカード	데빗카드, 직불카드
ハイジャック	하이잭, 항공기의 공중 납치
ビジュアル系(けい)	비주얼계, 시각적인 미를 중시하는 남성 아티스트
ファーストフード	패스트푸드, 즉석 식품
ベンチャービジネス	벤처 비즈니스, 고도의 기술력과 전문적인 지식을 살려, 창조적인 사업을 하는 중소기업
ボイコット	보이콧, 불매 동맹, 단결하여 어떤 사람을 배척하거나수업이나 집회 등의 참석을 포기함
ポジション	포지션, 직무상의 지위, 부서
メディア	미디어, 매체, 특히 신문 · 잡지 · 방송 등의 매체
ユニット	유닛, 여러 명의 멤버가 함께 노래하거나 연주하는 그룹
リサイクルショップ	리사이클 숍, 재활용품 · 중고품 등의 판매 · 교환을 하는 상
レーンコート	레인코트, 비옷
レクリェーション	레크리에이션
レム	렘, 방사선의 양을 생체에 미치는 영향의 정도에 의하여 측하는 단위
ロマンチック	로맨틱, 낭만적
アイデアーアイディア	아이디어
アウトドアースポーツ	아웃도어 스포츠, 옥외에서 하는 운동 경기
アウトレット店(てん)	아울렛 매장
アウトレットモール	아울렛 매장이 밀집해 있는 쇼핑센터

アベック	아베크, 동반, 특히 남녀 간의 동반
アルミ＝アルミニウム	알리미늄
インターチェンジ	인터체인지, 입체 교차로
インターナショナル	인터네셜, 국제적
インフォメーション	인포메이션, 안내
インフルエンザ	인플루엔자, 유행성 감기
ウエートレスーウエイトレス	웨이트리스
エレガント	엘리건트, 우아함, 고상함
オートマチックーオートマティク	자동
オートメーション	오토메이션, 자동 제어 장치
オリエンテーション	오리엔테이션
カジュアルデー	캐주얼 데이, 주로 금요일에 회사에 캐주얼한 복장으로 출근하는 날
キャッシュカード	캐시 카드(현금카드)
グローバルスタンダード	글로벌 스탠더드, 세계적으로 통용되는 기업 활동 방식이나 경제 시스템
ゴールデンウィーク	골든위크, 황금연휴

8 외래어